JAVA와 함께하는

네트워크 프로그래밍

저 자 : 윤천균 · 이재훈

청범출판사

머리말

미래학자인 엘빈 토플러(Alvin Toffler, 1928~)는 그의 저서 '제 3의 물결(The Third Waves)'에서 인간이 직면하는 변화(change)를 물결(wave)로 표현하였다. 그의 저서에서 첫 번째 물결은 농업이며 두 번째 물결은 산업혁명이며 세 번째 물결은 정보화라고 정의 및 예측하였고, 그 물결들이 인간에게 다가오는 격차도 매우 빠르게 다가올 것이라고 예견하였다. 현대사회의 정황을 살펴보면 그의 예견과 예측은 정확하였다. 현대사회에서 정보통신과 네트워크의 발전은 이러한 물결의 속도를 더욱 가속화하고 있으며 그 물결의 파고 또한 더욱 높아져만 가고 있다. 우리는 이처럼 홍수처럼 밀려오는 정보의 흐름 속에서 시시각각으로 변하는 현대를 살아가고 있다. 예전에는 손으로 처리하던 여러 작업이 컴퓨터를 통해 이루어지고 있고, 각종 매체의 발달과 인터넷으로 인해 지구촌이 점점 작은 세상으로 변하고 있다.

1991년 Sun Microsystems 사에 의해 탄생된 자바(JAVA)는 빠른 속도로 발전을 거듭하고 있으며, 소프트웨어 개발자들에게 최고의 인지도를 얻고 있는 필수 언어로 군림하고 있다. 자바는 기본적으로 제공되는 API에 포함된 패키지, 클래스 메서드, 필드 등을 이용하여 객체 지향적으로 프로그래밍 하는 언어로 지금까지의 프로그래밍 언어들이 주로 자신의 PC에서 프로그램을 만들고 수행시키는 데 주안점을 둔 것에 반해, 자바는 인터넷을 환경으로 프로그램을 만들고 수행시킬 수 있는 응용 프로그램을 만드는 언어이다. 자바는 기존 프로그래밍 언어의 특성뿐만 아니라 객체 지향 언어의 장점을 포함하고 있으며 꼭 필요한 기능을 위해 C와 C++에서의 불필요한 요소들은 삭제한 것이 특징이다. 또한 구문 자체가 단순해진 반면, 사용자 인터페이스, 그래픽, 네트워크 등을 지원하는 풍부한 클래스 라이브러리를 지원함으로써 사용자가 직접 프로그램 해야 하는 번거로움을 많이 줄여준다. 자바는 네트워크상의 운영을 고려해 설계된 언어로 소켓 바인딩 같은 TCP/IP 프로토콜과 URL 처리 같은 HTTP 프로토콜을 쉽게 처리할 수 있으며, 자바 컴파일러는 소스 코드를 기종에 무관한 바이트 코드(Byte Code)로 만들고, 이를 자바 런타임 시스템(Virtual Machine)상에서 동작하도록 한 인터프리터 언어이다.

이 책에서는 위와 같은 장점을 갖고 있는 자바를 이용한 네트워크 프로그래밍을 학습함으로써 기본 Application Program보다 활용성이 높은 프로그래밍을 실습할 수 있도록 하였으며 크게 네 부분으로 구성되었다. 1~2장에서는 네트워크와 인터넷 그리고 이들과 관련된 이론적 고찰을 통해 네트워크의 필요성과 프로그래밍 부분에 대한 소개를 하였다. 3~4장에서는 네트워크 프로그래밍을 하기 전에 필요한 자바 패키지 중에서 입출력에 관련된 IO 패키지와 쓰레드에 대해서 설명하였다. 5~11장은 본도서의 본론에 해당하는 부분으로 네트워크 프로그래밍에 대한 기술적 방식과 이들을 프로그래밍 하는 방법을 자바 언어를 통해 설명하였고 마지막으로 12~13장은 차세대 네트워크 응용 분야인 RMI와 CORBA에 대한 소개를 간략하게 하였다.

끝으로, 네트워크 프로그램을 이해하고 숙달함으로써 자바 소프트웨어 개발자가 되고자하시는 분들에게 이 책이 조금이나마 도움이 되기 기원합니다. 아울러, 이 책의 출간을 위해 많은 격려와 조언을 해주신 청범출판사 연규산 사장님 이하 임직원 여러분들께 감사드립니다.

2007년 8월
저자들 씀

차 례

CHAPTER 01 네트워크와 인터넷 / 9

1. 네트워크 ········ 10
2. 네트워크 프로토콜과 OSI 7계층 참조모델 ········ 16
3. 인터넷 및 웹 기술 ········ 22
4. 실습 환경 ········ 35

CHAPTER 02 자바 객체지향 프로그래밍 / 39

1. 객체지향 개념과 자바 ········ 40
2. 객체 생성자와 객체 생성 과정 ········ 51
3. 상속 ········ 67
4. abstract/final/interface ········ 83
5. 선언 지역에 따른 클래스의 구분 ········ 97

CHAPTER 03 I/O Stream / 109

1. java.io 패키지와 스트림 ········ 110
2. 스트림의 사용 ········ 112

CHAPTER 04 Thread / 131

1. 스레드 ········· 132
2. 멀티스레딩과 동기화 ········· 152

CHAPTER 05 인터넷 주소 처리와 관련 클래스 / 165

1. 인터넷의 주소 체계 ········· 166
2. InetAddress 클래스 ········· 177
3. URL 클래스 ········· 182
4. URLEncoder와 URLDecoder 클래스 ········· 189
5. URLConnection 클래스 ········· 192

CHAPTER 06 TCP/IP 클라이언트 소켓 / 197

1. 프로토콜과 TCP/IP 그리고 소켓 ········· 198
2. Socket 클래스 ········· 204

CHAPTER 07 TCP/IP 서버 소켓 / 219

1. 서버 소켓이란? ········· 220
2. ServerSocket 클래스 ········· 221

CHAPTER 08 Client-Server 통신 프로그램 / 227

1. Client-Server 통신 프로그램 ······ 228
2. 간단한 Client-Server 통신 프로그램 ······ 229
3. Echo Client-Server ······ 235
4. Self-Study : 마우스 포인터 ······ 244

CHAPTER 09 채팅 프로그램 / 253

1. 채팅 서버 구현 ······ 254
2. 클라이언트의 서버 접속 인터페이스 구현 ······ 258
3. 채팅 기능 구현 ······ 263

CHAPTER 10 UDP 프로그램 / 269

1. UDP 소켓 ······ 270
2. UDP 응용 프로그램 ······ 276

CHAPTER 11 멀티캐스트 소켓 / 285

1. 개요 ······ 286
2. MulticastSocket 클래스 ······ 287
3. 멀티캐스트 패킷 송수신 방법 ······ 288

CHAPTER 12 RMI / 293

1. 개요 ········ 294
2. RMI Architecture ········ 298
3. Remote Method Invocation(RMI)의 특징 ········ 300
4. 구현 process 단계 ········ 304

CHAPTER 13 CORBA / 315

1. 개요 ········ 316
2. CORBA ········ 318
3. CORBA와 Java의 연동 ········ 320

CHAPTER 01

네트워크와 인터넷

1. 네트워크
2. 네트워크 프로토콜과 OSI 7계층 참조모델
3. 인터넷 및 웹 기술
4. 실습 환경

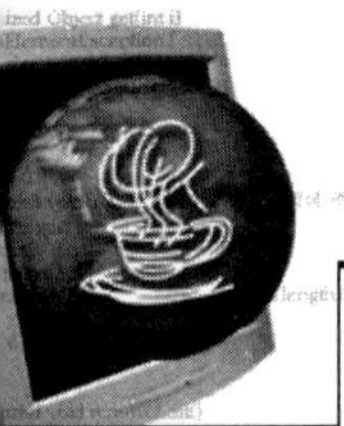

1. 네트워크

네트워크를 제대로 이해하는 것은 생각보다 복잡한 일이다. 네트워크를 단순히 네트워크 장비와 케이블로 연결된 하드웨어의 구성으로 보면 어렵지 않겠지만, 현재의 네트워크는 이미 수많은 네트워크 장비와 소프트웨어, 애플리케이션, 주변기기들로 이뤄진 복합체다. 네트워크 이론에 대한 심도 깊은 내용은 여기에서 다루지 않겠고 여기에서는 간단한 네트워크의 전체적인 모양새만 학습하기로 한다.

네트워크를 이해하는 가장 빠른 길은 네트워크 구성도를 이해하는 것이라고들 한다. 하지만 구성도가 나타내고자 하는 의미는 고사하고 구성도의 각 요소조차도 알지 못한다면, 구성도를 이해하는 것은 아직은 무리라고 할 수 있다. 하지만 초보자에게 네트워크를 설명하는 가장 쉬운 방법은 아직까지도 구성도 이상의 교재가 없다는 사실은 변함이 없다.

[그림 1-1]은 일반적인 기업의 네트워크 구성을 나타낸 것이다. 이 구성도를 보고 무엇이 무엇이고 어떤 의미인지를 이해한다면, 굳이 이런 기초학습을 볼 필요가 없을 것이다. 하지만 구성도의 용어 중에서 이름은 들어봤지만 무슨 뜻인지를

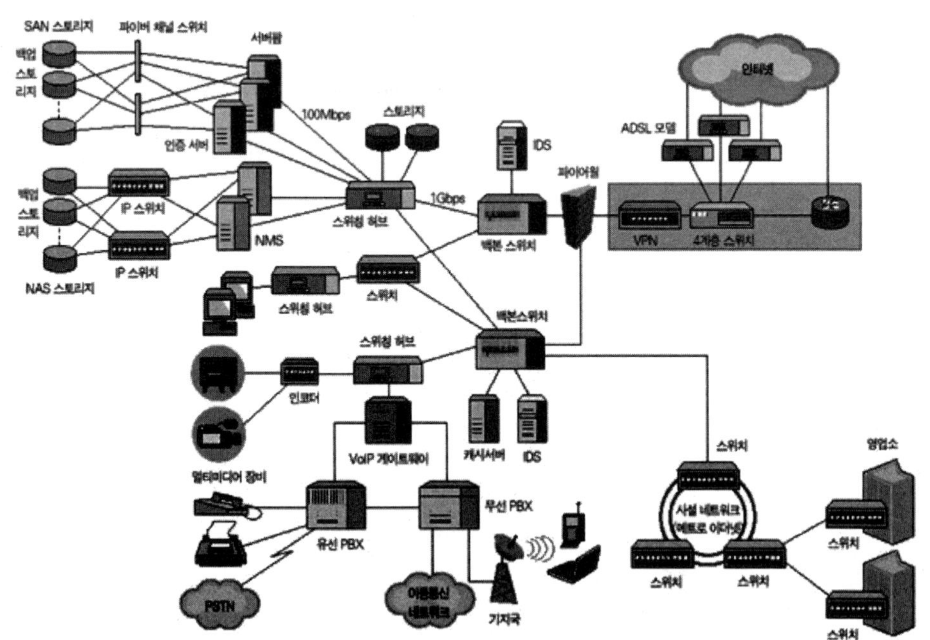

[그림 1-1] 엔터프라이즈 네트워크의 구성

CHAPTER

01 네트워크와 인터넷

1. 네트워크
2. 네트워크 프로토콜과 OSI 7계층 참조모델
3. 인터넷 및 웹 기술
4. 실습 환경

1. 네트워크

네트워크를 제대로 이해하는 것은 생각보다 복잡한 일이다. 네트워크를 단순히 네트워크 장비와 케이블로 연결된 하드웨어의 구성으로 보면 어렵지 않겠지만, 현재의 네트워크는 이미 수많은 네트워크 장비와 소프트웨어, 애플리케이션, 주변기기들로 이뤄진 복합체다. 네트워크 이론에 대한 심도 깊은 내용은 여기에서 다루지 않겠고 여기에서는 간단한 네트워크의 전체적인 모양새만 학습하기로 한다.

네트워크를 이해하는 가장 빠른 길은 네트워크 구성도를 이해하는 것이라고들 한다. 하지만 구성도가 나타내고자 하는 의미는 고사하고 구성도의 각 요소조차도 알지 못한다면, 구성도를 이해하는 것은 아직은 무리라고 할 수 있다. 하지만 초보자에게 네트워크를 설명하는 가장 쉬운 방법은 아직까지도 구성도 이상의 교재가 없다는 사실은 변함이 없다.

[그림 1-1]은 일반적인 기업의 네트워크 구성을 나타낸 것이다. 이 구성도를 보고 무엇이 무엇이고 어떤 의미인지를 이해한다면, 굳이 이런 기초학습을 볼 필요가 없을 것이다. 하지만 구성도의 용어 중에서 이름은 들어봤지만 무슨 뜻인지를

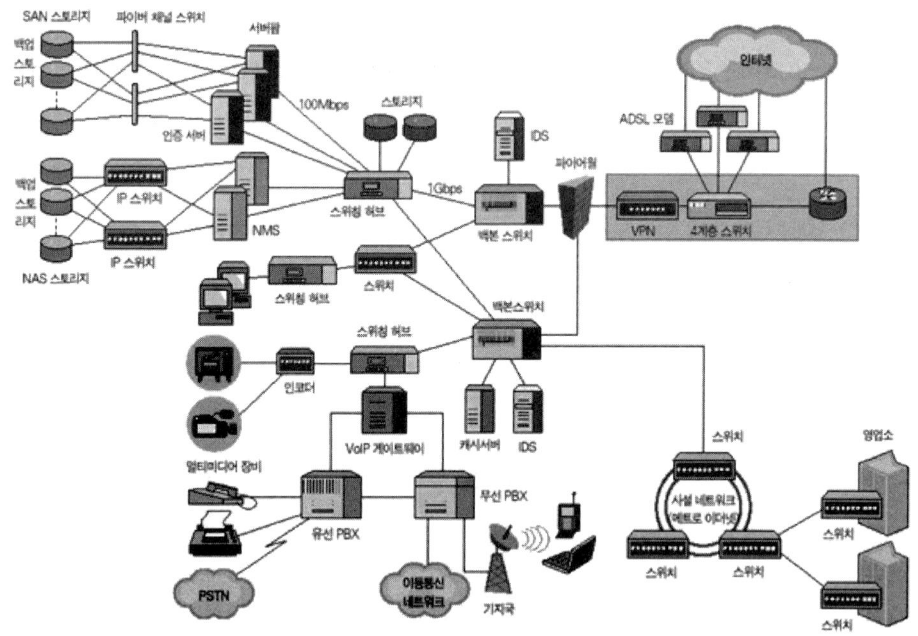

[그림 1-1] 엔터프라이즈 네트워크의 구성

모르는 것이 절반이 넘는다면, 네트워크에 개념을 파악하는데 중요한 학습이 될 것이다.

1.1 기본적인 네트워크의 구성

네트워크는 과연 어떤 것인가. [그림 1-2]는 '이것도 네트워크다'라고 할 수 있을 최소한의 네트워크를 나타낸 것이다. 물론 현재는 이런 형식의 피어 투 피어(Peer-to-Peer) 네트워크는 거의 사용되지 않는다. 이런 연결을 지원하는 케이블이나 인터페이스 카드를 구하는 것도 어려울 것이다. 하지만 두 대 이상의 단말기를 연결해 상호 간에 데이터를 공유하고 커뮤니케이션을 할 수 있는 네트워크의 기본적인 조건은 갖추고 있다.

여기에 사용되는 것은 PC에 설치되는 네트워크 인터페이스 카드(Network Interface Card, NIC), 흔히 LAN 카드라고 부르는 것과 이 두 대의 PC를 연결하기 위한 케이블, 그리고 두 PC 간에 말이 통하도록 해주는 프로토콜이나 운영체제, 애플리케이션 등의 소프트웨어가 전부다.

[그림 1-3]은 일반적인 소규모 사무실에서 흔히 볼 수 있는 네트워크 구성이다. [그림 1-2]와의 가장 큰 차이점은 뭔가 다른 장비를 통해 PC와 PC를 연결한다는 것, 그리고 PC와는 다른 역할을 하는 서버라는 컴퓨터가 있다는 정도일 것이다.

우선 PC와 PC를 연결하는 데 사용되는 장비는 일반적으로 허브라고 부르는 것으로, 단순히 두 PC를 연결하는 역할만 한다. 하지만 이렇게 연결하는 것만으로도 네트워크의 기능과 모양을 대폭 바꿀 수 있다. 서버 역시 단순히 한 대의 컴퓨터를 추가한 것을 넘어 다양한 기능과 서비스, 그리고 편의성을 구현할 수 있다.

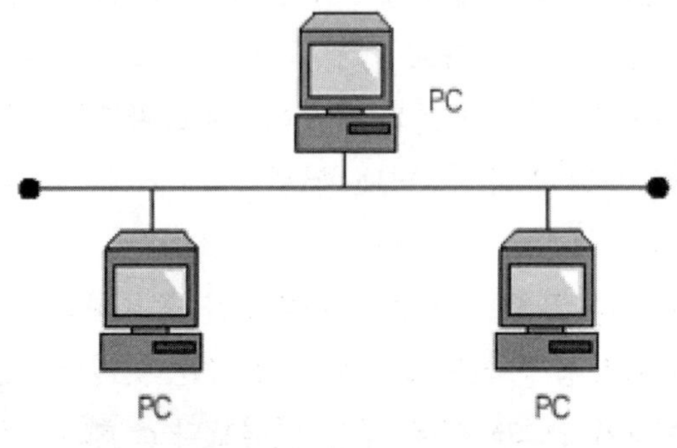

[그림 1-2] 가장 간단한 네트워크의 예

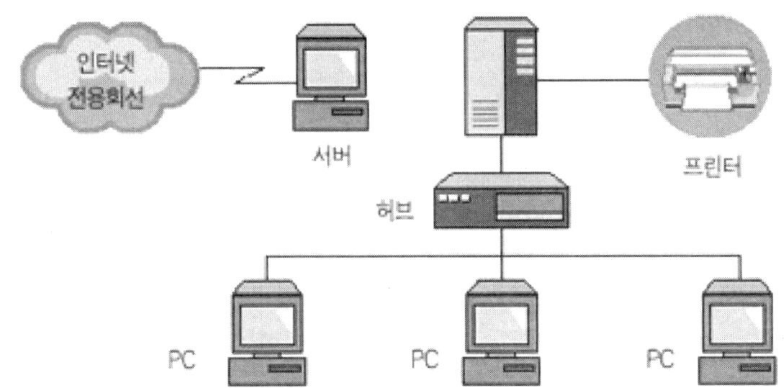

[그림 1-3] 단순화시킨 소규모 기업 네트워크의 예

물론 이것만으로 네트워크를 완성했다고 할 수는 없다. 네트워크는 기업의 규모와 필요에 따라 다양한 모습을 나타내며, [그림 1-1]은 일반적인 기업의 요구를 대부분 수용할 수 있는 네트워크를 나타낸 것이다. 필요에 따라 네트워크는 훨씬 더 복잡해질 수도, 단순해질 수도 있다.

이 정도의 설명만으로는 네트워크를 이해한다는 것은 어렵다. 하지만 향후 소개되는 내용을 통해 설명할 각각의 구성 요소, 즉 NIC나 허브, 스위치, 라우터 같은 네트워크 하드웨어, 운영체제, 미들웨어, 프로토콜, 서버 등이 네트워크의 어떤 부분에 위치하고 어떤 요소와 연결돼 자신의 역할을 수행하는지 알고 있다면, 한결 이해하기가 쉬울 것이다.

1.2 네트워크의 목적과 기능

기본적으로 모든 IT는 특정한 목적을 가지고 개발되고 발전해 왔다. 그런 발전의 한 가운데 있는 것이 바로 기업의 비즈니스 활동이다. 네트워크 역시 기업의 비즈니스를 중심에 두고 발전해 왔으며, 네트워크가 지금처럼 확산되고 보편화되는 데 가장 큰 역할을 한 인터넷 열풍 역시 소위 'e-비즈니스'란 새로운 가치를 중심에 두고 있다.

네트워크의 기본 목적은 정보와 서비스를 공유하는 것이며, 이런 정보와 서비스의 공유는 기업의 경쟁력을 향상시키기 위한 것이다. 앞서 언급한 하드웨어와 소프트웨어를 이용해 PC와 서버 등을 연결했다고 해도, 정보와 서비스의 공유가 제대로 이뤄지지 않는다면 네트워크가 아니라고 해도 과언이 아니다.

네트워크가 기업 비즈니스에 미치는 영향은 IT가 기업 비즈니스에 미치는 영향과 같다고 해도 과언이 아니다. 일반 사원의 데스크톱에서부터 기업의 주요 데이

터가 저장되는 서버에 이르기까지 모든 IT 시스템은 네트워크 위에서 운용되고 있으며, 기업 커뮤니케이션의 상당 부분은 이미 전자우편과 메시징 시스템, 그리고 IP 텔레포니를 기반으로 움직이고 있다. 또한 인터넷이나 인트라넷을 통해 기업 비즈니스에 필요한 정보가 전송되고 공유되고 있으며, 협력업체나 고객과의 관계도 네트워크를 통해 긴밀하게 이뤄진다.

이렇게 네트워크가 기업 비즈니스에서 중요한 역할을 하고 있는 것은 누구나 알고 있는 사실이다. 그것은 한 순간이라도 네트워크가 정지됐을 때, 어떤 일이 일어나는지를 겪어보면 확실히 알게 될 것이다.

그렇다면 네트워크는 어떤 기능을 통해 이런 역할들을 수행해 내는 것일까. 네트워크가 수행하는 기능은 네트워크를 구축했을 때 제공받을 수 있는 가장 기본적인 기능인 파일이나 프린터 공유에서부터 고차원의 애플리케이션 서비스까지 무수히 많다. 주요 기능을 정리하면 다음과 같다.

파일 공유

파일 공유는 네트워크가 탄생하게 된 최초의 이유이자 목적이라고 해도 과언이 아니다. 사실 1990년대 초반까지도 중소기업의 네트워크는 파일 공유를 주목적으로 구축되고 운용됐다. 파일 공유는 기업 비즈니스에 있어서 1차원적인 정보의 공유, 즉 문서와 데이터의 공유를 의미한다. 이렇게 기본적인 기능인 까닭에 기본적인 파일 공유 기능은 매우 구현하기도 쉽다. 네트워크를 지원하는 일반적인 운영체제, 예를 들어 윈도우 2000이나 리눅스 등에서는 기본적으로 네트워크를 통한 파일 공유 기능을 지원한다. 하지만 일정 규모 이상의 사용자가 있는 기업에서의 파일 공유는 이런 단순한 기능만으로 이용하기 힘든 경우가 많다. 우선은 개별 PC의 성능 문제도 있고, 공유하고 있는 파일을 안정성을 확보하기가 어렵기 때문에 별도의 파일 서버를 두고, 공유된 파일에 접근할 수 있는 사용자, 파일을 수정하고 삭제할 수 있는 사용자 등에 대해 관리하는 경우가 대부분이다.

프린터 공유

파일 공유와 비슷한 개념으로, 초기 네트워크 구축의 주요 목적 중 하나였던 기능이다. 초기에 프린터는 고가의 출력 장비였기 때문에 보통 워크그룹 단위로 한 대의 프린터를 사용했는데, 네트워크가 없으면 프린터가 연결된 PC에서만 문서를 인쇄할 수 있었다. 프린터 공유 기능을 이용하면 단일 네트워크 내에서 사용자가 자신의 PC에서 다른 사람의 PC 혹은 서버에 연결된 프린터로 바로 문서를 출력할 수 있다. 프린터 공유 기능은 파일 공유 기능만큼이나 기본적인 기능으로, 일반적

인 네트워크 지원 운영체제에서 기본으로 지원하고 있다. 하지만 최근에는 기본적으로 네트워크 인터페이스 카드를 장착한 프린터가 대세를 이루고 있기 때문에, 별도로 프린터 공유 기능을 이용하는 경우는 SOHO 환경에서나 볼 수 있는 상황이다.

커뮤니케이션

전자우편으로 대변되는 커뮤니케이션 기능은 현재 네트워크의 가장 중요한 기능 중 하나로 꼽힌다. 초기에는 전자우편을 중심으로 정보가 담긴 메시지를 주고받는데 중점을 두었지만, 최근에는 전자우편 외에도 MSN과 같은 IM(Instant Message)의 활용이 확대되면서 의사소통에 비중을 둔 커뮤니케이션으로 발전했다. 파일 공유 기능이 단순히 파일의 이동과 관리 기능을 수행하며 정보를 공유한다면, 커뮤니케이션 기능은 사용자와 애플리케이션이 다른 사용자와 애플리케이션과 정보를 주고받으며 의사 소통을 한다는 점에서 다르다. 또한 전자우편이나 IM은 정보의 송수신 상황을 통보해 준다는 점에서도 차이가 있다.

애플리케이션 서비스

기업 전체가 사용하는 대규모 데이터베이스는 네트워크를 기반으로 구현할 수 있는 것이다. 수십 수백 명의 사용자가 동시에 데이터를 조회하고 수정하며, 이런 변경 사항은 모든 사용자에게 똑같이 적용된다. 기업 경쟁력 강화를 위해 사용되는 ERP나 SCM, CRM 등의 모든 엔터프라이즈 애플리케이션은 네트워크를 기반으로 모든 사용자가 연결돼 있을 때 의미가 있다. 이런 애플리케이션 서비스의 대부분은 중앙의 고성능 서버에 데이터베이스와 핵심 기능을 두고, 사용자 PC에는 데이터를 조회하거나 처리를 요청할 수 있는 클라이언트를 두는 형식으로 이뤄진다.

원격 접속

네트워크가 없다면, 사용자가 사무실에서 자신의 PC 앞에 앉아야만 자신의 정보와 데이터를 이용할 수 있다. 하지만 외부와 연결된 네트워크를 갖추고 있다면, 외근 중이거나 지방 출장을 가서도, 또는 재택근무를 하면서 자신의 사무실 PC에 접속해 파일을 관리하거나 전자우편을 받을 수 있다.

이외에도 네트워크가 수행하는 기능은 열거하기에 따라 수없이 많다. 오히려 모든 컴퓨팅은 네트워크를 기반으로 이뤄진다고 생각하는 것이 편할 것이다. 또한 이런 네트워크의 기능은 하나의 기능만으로 수행되기 보다는 여러 가지 기능이 서로 유기적으로 연결돼 이뤄지기 때문에 정확하게 구분할 수 없는 경우가 많다. 하지만 기본적인 네트워크의 기능을 알고 있는 것은 네트워크 하드웨어나 소프트웨

어, 프로토콜 등 네트워크 구성 요소의 기능과 역할을 이해하는 데 기반이 될 것이다.

1.3 네트워크의 분류와 구분

기본적인 네트워크의 형식은 비슷하지만, 보는 관점에 따라 네트워크는 여러 가지 이름으로 불린다. 네트워크의 구성원 간의 관계에 따라 피어 투 피어 네트워크, 클라이언트/서버 네트워크로 나누기도 하고, 네트워크의 서비스 영역에 따라 LAN, MAN, WAN 등으로 나뉘기도 한다. 이들 개념은 시대적인 상황과 주류가 되는 기술에 따라 여러 가지 의미로 해석되기도 하는데, 여기서는 기본적인 개념만을 파악하기로 한다. 실제로 이런 분류는 개념을 이해하는 것만으로도 네트워크를 이해하는 데 충분하다.

피어 투 피어 네트워크는 1대 1 접속을 기본으로 하며, 각각의 PC가 서로 대등하게 연결되는 방식이다. 원초적인 네트워크의 형태라고 볼 수 있으며, 필요한 네트워크 기능을 각각의 PC에서 구현해야 한다. 전용 서버 장치가 필요없기 때문에 2~3명 정도의 소규모 사무실이나 가정에 적합한 네트워크다. 대신 복잡한 네트워크 기능은 구현하기는 어렵다.

클라이언트/서버 네트워크는 서비스를 제공하는 쪽과 이를 요청하고 이용하는 쪽이 구분되는 방식의 네트워크다. 별도의 서버 장치를 두고 파일 공유나 프린터 공유 등의 네트워크 기능을 서버에서 담당하고, 클라이언트에 해당하는 일반 사용자의 PC는 주로 서버가 제공하는 서비스를 이용하는 형식이다. 일반적인 네트워크의 구성으로 서버의 성능과 용량에 따라 대규모 네트워크를 구성할 수 있으며, 다양한 네트워크 기능을 구현할 수 있다.

서비스 영역에 따른 네트워크의 구분은 크게 LAN(Local Area Network)과 WAN(Wide Area Network)의 두 가지로 나눌 수 있다.

일반적인 기업의 네트워크를 지칭하는 LAN은 규모가 사무실이나 건물, 학교 캠퍼스 등과 같이 비교적 가까운 지역에 한정돼 있는 네트워크를 말한다. WAN은 멀리 떨어져 있는 LAN을 연결한 네트워크라고 이해할 수 있다. LAN에 사용된 기술과 미디어는 전송 거리에서 일정한 제약을 갖고 있기 때문에 LAN에 사용한 기술과 장비 외에 다른 기술과 장비를 사용해 이들 네트워크를 연결해야 하기 때문이다. 하지만 최근에는 LAN을 구성하는 주요 기술의 발전으로 이런 구분이 모호한 경우가 많으며, 고성능화된 LAN 기술을 적용해 대도시 규모의 영역을 연결하는 MAN 등이 등장하면서 LAN과 WAN의 구분은 큰 의미가 없어졌다.

2. 네트워크 프로토콜과 OSI 7계층 참조모델

네트워크를 이해하는데 빠지지 않고 등장하는 것이 OSI 7계층 참조모델이다. 실질적인 프로토콜도 아닌 참조모델이 네트워크 교육내용에 빠지지 않고 등장하는 것은 초보 네트워커들에게 네트워크의 구성과 동작 방식을 이해하는데 가장 좋기 때문이다.

네트워크는 수많은 컴퓨터와 장비로 이뤄져 있다. 신기한 것은 이들 구성요소들이 모두 말이 통한다는 것이다. 장비의 개발업체도 다르고 사용하는 운영체제도 다르지만, 네트워크를 통해 서로 통신을 할 수 있는 것은 바로 프로토콜 때문이다. 때문에 프로토콜은 네트워크가 성립되기 위한 가장 기본적이 요소 중 하나다.

이제 일반명사라고 해도 과언이 아닐 정도로 많이 사용되는 프로토콜은 원래 외교협약 같은 좀 더 고상한 용어다. 즉 말이 통하지 않는 두 장비가 의사소통을 하기 위한 절차나 규칙 등을 체계적으로 정리해 놓은 것이다.

2.1 OSI 참조모델에 대한 오해

초기의 네트워크 역시 프로토콜에 따라 통신을 했다. 하지만 OSI 7계층 참조모델(Open System Interconnection Reference Model)이 등장하기 전까지의 네트워크 프로토콜은 IBM의 SNA나 DEC의 DECNet처럼 특정 업체가 자사의 장비들을 연결하기 위해 만든 것들이었다. 따라서 서로 다른 네트워크 간에는 호환되지 않는다는 한계를 갖고 있었다.

OSI 7계층 참조모델은 이런 문제를 해결하기 위해 ISO가 제정한 것이다. OSI 참조모델은 네트워크 통신의 전 과정을 7계층으로 나누고, 각 계층마다 일정한 역할을 수행하도록 해 하나의 네트워크 통신이 완성되는 과정을 나타낸 것이다. 말 그대로 "이런 식으로 프로토콜을 만들면 서로 호환될 수 있으니, 프로토콜들은 이것을 참조하라"는 것이다.

OSI 참조모델에 대한 가장 큰 오해는 바로 모든 네트워크 프로토콜이 OSI 참조모델에 따라 7계층 구조를 갖고 있을 것이라고 생각하는 것이다.

네트워크는 목적에 따라 두세 단계의 프로토콜만으로도 원하는 통신을 할 수 있다. 따라서 억지로 7단계로 통신 절차를 나눌 필요는 없다. 실제로 우리가 사용하는 네트워크 프로토콜과 OSI 참조모델이 직접적으로 대응되는 경우는 그리 많지 않으며, 많은 프로토콜이 OSI 참조모델의 여러 계층에 걸친 기능을 제공한다. "이

프로토콜은 3~4계층에서 동작한다"는 말을 많이 듣게 되는 것도 이 때문이다.

이런 특징 때문에 OSI 참조모델은 초보자가 네트워크를 이해하는 데 더없이 훌륭한 교재가 되고 있다. OSI 참조 모델은 실제 네트워크 프로토콜을 이해하기 쉽도록 만들어, 네트워크 프로토콜의 역할과 구조, 나아가 네트워크의 동작 방식을 쉽게 이해할 수 있도록 해준다.

2.2 계층화된 프로토콜의 역할

[그림 1-4]는 OSI 참조 모델을 정리한 것이다. 여기서 가장 아래 부분인 물리 계층부터 각각의 계층마다 고유의 작업들이 정의돼 있다. 또한 각 계층은 반드시 자신의 영역에서 운영되는 하위 계층을 통해 서비스를 받고, 상위 계층으로 서비스를 제공하도록 규정돼 있다. 예를 들면 3계층의 네트워크 계층은 2계층인 데이터링크 계층을 통해 서비스를 받고, 상위 계층인 전송 계층에 작업한 내용을 서비스하는 식이다.

한편 각 계층은 전송 데이터에 각 계층에서의 요구 조건과 처리 정보를 포함한 헤더라는 고유의 제어 정보를 전달 메시지에 추가해 다음 계층으로 보내며, 수신측의 동일 계층에 의해 해석돼 처리된다. 예를 들면 송신측 컴퓨터의 5계층에서 추가된 헤더는 수신측 컴퓨터의 5계층에서 해석되며, 해석된 헤더는 지정된 작업을 수행한 다음 제거된 상태로 다음 계층으로 넘어가, 최종적으로 수신측 컴퓨터에는 데이터만 전송된다. 이때 각 계층 간에 전달되는 데이터의 단위는 계층에 따라 서로 다른 이름으로 불리며, 이를 '서비스 데이터 단위'라고 한다.

프로토콜이 데이터를 전송하기 위해 사용하는 기본 단위를 PDU(Protocol Data Unit)라고 한다. 즉, 물건을 운반할 때 상자 단위로 포장해 운반하는 것과 같이 프로토콜은 정보의 운반을 위해 PDU라는 상자를 이용하는 것이다.

상자 단위로 물건을 포장해서 운반할 때 상자마다 물품의 내용이나 발송처, 수신처 등을 표기하는 것과 마찬가지로 PDU에도 사용자 정보뿐만 아니라 데이터의 발신처와 수신처에 대한 주소 정보와 전송 중에 에러가 발생했는지 확인하기 위한 패리티, 그밖에 흐름 제어 등을 위한 각종 정보가 함께 들어간다.

계층화된 프로토콜에서는 계층마다 PDU 이름을 독특하게 붙여 사용하는 경우가 있다. 2계층 PDU는 프레임(Frame), 3계층 PDU는 패킷(Packet), 4계층 PDU는 세그먼트(Segment) 등으로 부르는 것이 일반적이다. 그리고 특별한 이름이 없는 경우에는 그냥 몇 계층의 PDU라고 부른다. 특히 세그먼트라고 불리는 4계층 PDU는 TCP에서 사용하는 경우가 많다.

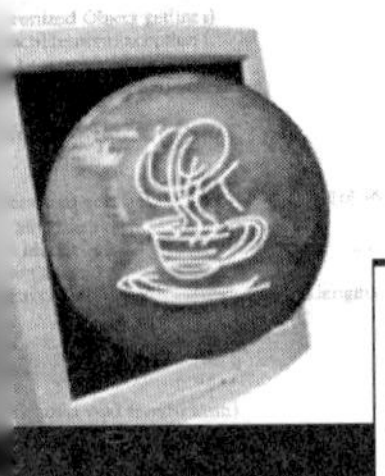

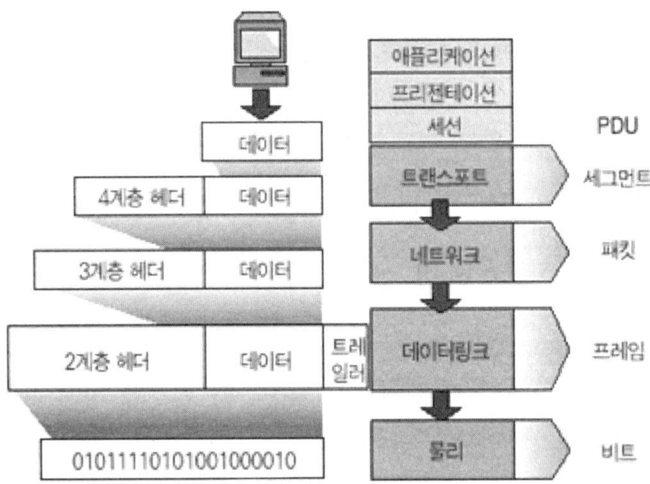

[그림 1-4] OSI 7계층 참조모델에 따른 데이터의 전송

2.3 TCP/IP와 OSI 참조 모델

TCP/IP는 좁은 의미로는 1969년 미 국방부가 제시한 ARPNET(Advanced Research Projects Agency NETwork)에서 제안한 프로토콜의 집합 중 인터네트워킹에 대한 핵심적 기능을 제공하는 TCP와 IP만을 지칭한다. 하지만 OSI의 3계층에서 7계층까지 해당 소프트웨어나 서비스 관련 프로토콜을 통틀어 얘기할 때도 사용한다.

TCP/IP는 3계층 프로토콜인 IP와 4계층 프로토콜인 TCP가 합쳐진 용어다. 네트워크 계층에 해당하는 IP는 네트워크 환경에 흩어져있는 여러 노드 중에서 지정된 목적지를 찾아가는 경로를 설정하는 작업을 수행하고, TCP는 안정된 데이터 전송을 위해 흐름과 오류를 제어하는 역할을 맡는다.

TCP 외에 또 다른 4계층 프로토콜 중 하나인 UDP(User Datagram Protocol)는 TCP와는 달리 데이터의 신뢰성 있는 전송을 보장하지는 않는다. 그러나 신뢰성이 매우 높은 회선을 사용하거나 데이터의 확실한 전송을 요하지 않는 통신, 또는 한 번에 많은 상대에게 메시지를 전송할 경우에는 보다 효율적이다.

일반적인 고속 이더넷 환경에서 FTP를 통해 서버에 접속하는 경우를 OSI 참조 모델을 통해 생각해 보자. 우선 클라이언트의 FTP 클라이언트는 애플리케이션 계층의 프로토콜인 FTP 규격에 맞춰 데이터에 헤더를 붙여 하위 계층으로 전송하고, 4계층 TCP 프로토콜이 수신측 서버의 4계층과 통신을 통해 데이터의 정합성

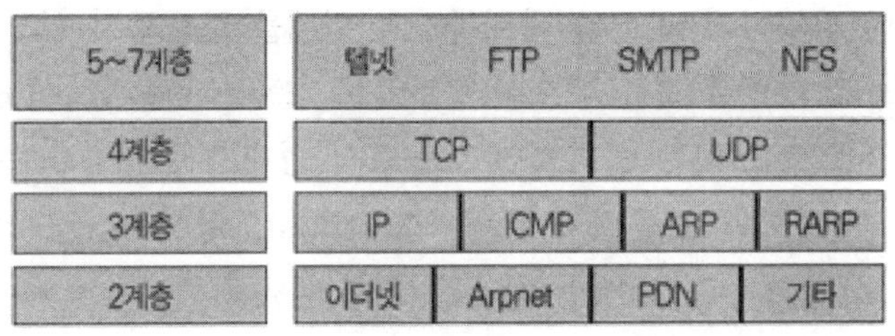

[그림 1-5] OSI 7계층 참조모델과 TCP/IP의 구성

을 테스트하고 오류가 있을 경우 재전송을 하는 등의 일을 처리한다. 또한 3계층에서는 IP 어드레스를 통해 송신측이 특정 수신측을 지정하고 경로를 설정한다.

그 아래의 2계층과 1계층에서는 두 노드 사이의 물리적인 연결과 디지털 데이터를 전기적인 신호로 변환해 전송하고 신호가 약할 경우에는 증폭하는 등의 일을 처리한다.

2.4 OSI 참조모델의 계층별 이해

물리 계층

OSI 7계층 참조 모델의 1계층은 물리 계층이다. 이 계층에서 담당하는 것은 네트워크 케이블과 신호에 대한 것으로, 물리적 신호(bit)의 전송 규칙을 조정하는 역할을 한다.

물리 계층은 전송 매체에 대한 규정은 정하지 않지만, 이를 구현하는 방법적인 면에서는 전송 매체와 깊은 관계를 맺고 있다. 참고로 물리 계층과 관련된 네트워크 연결 장비들은 다음과 같다.

- 허브나 리피터 등의 전기적 신호를 재 발생시키는 장비
- 각종 커넥터와 같은 전송 매체 연결 소자 등의 기계적인 연결 장치
- MODEM, CODEC 등 디지털/아날로그 신호 변환기

기본적으로 네트워크는 일대일 또는 멀티 포인트 방식으로 연결된다. 잘 알고 있듯이 일대일 방식은 두 통신 장비들이 직접 연결된 상태를 말한다. 이런 식으로 연결하면 회선을 전용으로 사용할 수 있으므로, 장비간 정해진 전송 용량과 대역폭을 보장받을 수 있다. 한편 멀티 포인트 연결은 3대 이상의 장비를 연결하는 방식을 말한다. 이 방식은 같은 주파수대를 공유하며, 전송 매체에 연결된 모든 장비가 전체 기능을 공유할 수 있다. 일반적으로 대규모 네트워크를 구축할 경우에는 일대일 연결과 다중점 방식을 적절히 혼합하는 방식으로 설계한다.

이 같이 다양하게 연결된 네트워크의 형태를 토폴로지라고 부른다. 즉, 어떤 형태나 구조로 연결된 것을 네트워크 토폴로지(Network Topology)라고 이해하면 된다. 단, 눈으로 보이는 물리적인 토폴로지 형태가 논리적으로는 동일하지 않을 수도 있다. 일반적인 토폴로지에는 버스형(Bus), 링형(Ring), 스타형(Star), 메시형(Mesh), 셀룰러형(Cellular) 등이 있다.

1계층에서는 이외에도 전기적인 펄스나 광학적인 방법 또는 전자기적 파동을 통해 신호를 전달하는 방법에 대한 정의도 수행하며, 동기화 방식, 대역폭 등에 대한 개념을 정의한다.

데이터 링크 계층

OSI 참조 모델의 두 번째 계층인 데이터링크 계층은 데이터 패킷을 생성하고 전송하는 방법을 규정하는 프로토콜에 대한 계층이다. 이 계층이 하는 일은 물리계층에서 넘어오는 데이터의 오류를 검사하고 복구 기능을 담당할 뿐 아니라, 시스템 간 전송 속도 차에 의한 오류나 흐름 제어까지 도맡아 처리한다. 쉽게 얘기하자면 화물을 트럭에 싣고, 각 트럭을 고속도로로 보내며 화물이 무사히 목적지에 도착하도록 관리하는 역할을 담당한다.

다른 모든 계층과 마찬가지로 데이터링크 계층 또한 고유의 식별 정보를 전송데이터 앞에 붙이고 있다. 이 정보에는 수신자와 송신자(물리적 또는 하드웨어적인)의 어드레스와 프레임 길이, 그리고 상위 계층의 정보가 포함돼 있다. 이 계층에 속하는 네트워크 연결 장비로는 브리지, 지능형 허브 등을 들 수 있다.

데이터 링크 계층의 여러 기능은 대개 MAC(Media Access Control)과 LLC(Logical Link Control)의 두 가지 계층으로 다시 세분화할 수 있다. MAC 계층은 동일채널을 공유하는 통신 방법을 제어하기 위한 것이고, LLC 계층은 데이터 전송을 위해 각 장비들을 논리적으로 연결하고, 연결을 유지하는 역할을 담당한다.

네트워크 계층

네트워크 계층은 여러 개의 독립적인 네트워크 사이에서 데이터 전송에 관한 계층이다. 앞서 설명한 데이터링크 계층의 데이터 전송은 물리적인 장치의 어드레스 지정을 통해 단일 네트워크로 연결된 모든 장치에 데이터를 브로드캐스팅하며, 수신측 장비에서 확인해 자신에게 오는 데이터를 수신 받는 방식이다.

그러나 네트워크 계층에서는 네트워크와 네트워크를 연결하는 인터네트워킹 환경에서 특정 경로를 선택해 권한이 없는 네트워크에 데이터를 전송하는 것을 미연에 방지할 수 있다. 또한 서로 다른 네트워크로 구성된 인터네트워킹을 통해 올바

른 데이터 경로를 보장할 수도 있다. 네트워크 계층에서는 기본적으로 다음과 같은 사항을 수행한다.

- 논리적으로 분리된 모든 네트워크에 고유한 네트워크 어드레스를 부여한다.
- 인터네트워크를 통해 컴퓨터와 라우터가 최적의 데이터 경로를 결정하도록 라우팅을 구현한다.
- 네트워크는 인터네트워크 내에서 예상되는 오류의 개수에 따라 서로 다른 단계의 연결 서비스를 구현한다.

전송 계층

전송 계층은 복잡한 하위 계층 구조를 상위 계층이 알 필요가 없도록 감추기 위한 계층이다. 여기서는 상위 계층의 메시지를 세그먼트화한 후, 이 세그먼트를 세션 계층이나 상위 계층 프로세스에게 신뢰성 있게 전달하는 역할을 한다. 전송 계층은 하위 계층에서의 신뢰성이 모자라는 연결 서비스나 연결 지향 연결 서비스가 갖는 미비점을 해소하기 위한 역할을 수행한다. 여기서 신뢰성이 보장된다는 말은 데이터가 항상 전달된다는 것을 의미하지는 않는다.

예를 들어 케이블이 끊어졌을 경우에는 데이터의 전달을 보장할 수 없다. 만일 어떤 데이터가 수신측 장치에게 올바르게 전달되지 않은 경우, 전송 계층은 재전송을 개시하거나 상위 계층에게 이 사실을 통보할 수 있으며, 이에 근거해 상위 계층에서는 필요한 조치를 취하거나 사용자에게 옵션을 제공하게 된다.

세션 계층

세션 계층은 상위 계층에서 필요로 하는 서버 이름과 어드레스를 하위 계층에서 제공되는 논리 어드레스 정보를 사용해 식별할 뿐 아니라, 서비스 제공자와 요청자 간을 연결하고 대화를 개시하는 역할을 담당한다. 이 기능을 수행하는 경우 세션 계층은 각 네트워크 구성 요소를 소개하거나 식별해내며 액세스 권한을 조정하기도 한다.

프리젠테이션 계층

프리젠테이션 계층은 변환과 암호화를 통해 데이터를 주고받는 서로 다른 환경의 컴퓨터와 애플리케이션이 데이터를 이해할 수 있도록 돕는 기능을 수행한다.

애플리케이션 계층

사용자로부터 데이터를 받아 하위 계층으로 전달하고, 하위 계층에서 전달하는

데이터를 사용자에게 전달하는 애플리케이션 계층은 여러 가지 실제적인 네트워크 서비스를 제공하는 계층이다. 애플리케이션 계층에는 각각의 네트워크 서비스에 대한 특정한 주제와 기능이 포함된다. 다시 말해, 이 계층 하부에 있는 여섯 계층이 일반적으로 네트워크 서비스를 지원하는 기술과 작업을 포함하는데 반해, 애플리케이션 계층에서는 특정 네트워크 서비스 기능을 수행하는데 필요한 프로토콜을 지원한다.

애플리케이션 계층 프로토콜이 지원하는 서비스로는 네트워크 서비스에 해당하는 파일, 프린트, 메시지, 애플리케이션, 데이터베이스 서비스 등이 포함된다.

OSI 7계층을 만든 이유는 프로토콜을 체계적으로 연구하기 위한 목적 외에도, 공용으로 사용할 수 있는 공개된 프로토콜을 만들기 위한 것도 있었다. 그러나 7계층이 발표된 시점에 이미 많은 프로토콜이 사용되고 있었고, 특히 WAN에서는 TCP/IP가 표준으로 자리 잡아 독보적인 위치를 확보하고 있었다. 그 이후, 1계층과 2계층에서는 이더넷, 3계층과 4계층에서는 TCP/IP, NetBEUI, IPX 등이 업계 표준으로 자리 잡았다.

한편 5, 6, 7계층은 각각이 별도로 구현되기보다는 통합된 형태의 서비스라는 이름으로 제공된다. 텔넷, FTP, 전자우편(SMTP, POP), HTTP, 뉴스그룹(NNTP), NetBIOS 등이 이와 같은 서비스에 해당한다.

3. 인터넷 및 웹 기술

3.1 인터넷 기술

인류 문명의 역사는 네트워크를 만들고 이를 넓혀나가는 역사이기도 하다. 도시와 도시 간에 인간과 재화를 실어 나르는 자연적인 강의 네트워크에서부터 19세기에는 대륙과 대륙을 잇는 철도 및 운하의 네트워크와 또 20세기 들어서는 전화 및 무선기술과 같은 커뮤니케이션 네트워크에 이르기까지 네트워크를 중심으로 문명이 발전해 왔다고 해도 과언이 아니다.

이제 최근에 와서는 인터넷이라고 하는 방대한 규모의 네트워크가 등장해서 우리의 삶 가운데 개인들을 서로 연결해주며 생활의 방식을 변화시키고 있다. 소비자가 웹에서 제품을 주문해 놓고 며칠 후 인근의 상점에 가서 제품을 받아오는 시대가 열리고 있다. 단순하게는 인터넷을 하나의 기술 정도로 볼 수도 있다. 그러

나 인터넷이 우리의 경제와 사회와 문화에 초래하는 변화 관점에서 지니는 의미를 이해하는 것도 중요하다. 아래에서는 인터넷 기술 인프라에 관한 배경 및 개념들을 살펴보고 또 인터넷이 비즈니스 활동을 위해 어떻게 활용되고 있는지 알아보기로 한다.

3.1.1 인터넷의 개념적 이해

(가) 인터넷의 개념 및 역할

인터넷(Internet)은 네트워크들을 상호 연동한다는 의미를 지닌 'Internetwork'의 줄임 말이다. 전 세계에 흩어져 있는 수 만여 개의 컴퓨터 네트워크들을 상호 연결하는 네트워크로서 흔히 네트(Net)라고도 불린다. 인터넷은 기업과 정부기관과 교육기관의 컴퓨팅 자원들을 상호 연결해 주며, 끝없는 정보의 바다와도 같은 공간으로 인식되고 있다.

인터넷이 의미하는 바는 개인과 기업에 대해 각각 다르다. 우선 개인 관점에서 보면 인터넷은 생활에 필요한 정보를 얻을 수 있는 새로운 매체를 의미한다. 매우 오래 전에는 개인이 정보를 접할 수 있는 방법은 서신이나 구두에 의한 수단뿐이었다. 또 매스미디어(mass media) 시대가 열리면서 불특정 다수에게 단 방향으로 정보가 전달되는 인쇄매체(신문, 잡지 등) 및 방송매체가 주된 정보전달 수단으로 부각되기 시작했다. 그러다가 정보화 시대에 접어들면서부터는 이들 매체 외에도 인터넷이 개인에게 정보를 전해주는 추가적인 채널로 부상한 것이다.

반면, 인터넷은 기업에 대해 두 가지 특별한 의미를 지닌다. 첫째, 인터넷 기술은 기업내부 프로세스를 효율화하고 조직의 속도 및 유연성을 증대시키기 위한 목적으로 사용될 수 있다. 개별화 마케팅, 고객서비스, 인력채용 등 기업의 주된 활동들을 위해 유용한 가치를 제공할 수 있어 e-비즈니스 추세를 더욱 가속화시키고 있다. 둘째, 인터넷은 기업이 개인 혹은 다른 기업과 낮은 비용으로 연결이 가능하도록 함으로써 기업에게 상거래를 수행할 수 있는 새로운 공간을 제공한다. 즉, 소매업체의 경우 기존의 오프라인 매장 이외에도 제품을 판매할 수 있는 추가적인 판매채널을 제공하므로 매출을 확대할 수 있는 기회를 제공한다. 이는 e-커머스와 관련된 개념으로 본 장의 뒷부분에 상세하게 다루기로 한다.

(나) 인터넷의 유래

냉전시대 당시 미국 군부 및 관련 핵심브레인 기관에서는 한 가지 문제에 봉착했는데, 이는 곧 핵 공격의 위협이었다. 즉, 중앙집중식인 통신 "통제센터"는 모두

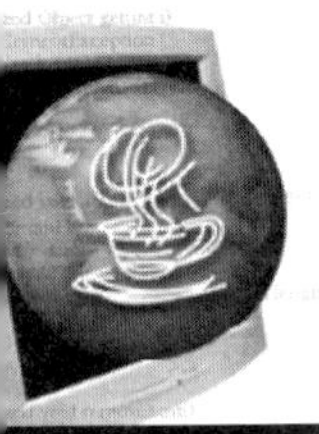

핵 공격시 주된 목표물이 될 것이기 때문에 군 전략가들은 이를 두고 고민했다. 결국 이 문제에 대한 해결방안으로서 통제센터 파괴로 인한 통신마비에 대비하기 위해 분산통신 네트워크의 구축이 추진되었다. 이 연구는 미 국방부 산하기관으로서 연구 과제를 관리하는 ARPA(Advanced Research Projects Agency)란 기관에 의해 수년간 지원을 받아 수행됐다.

이러한 연구의 일환으로 1969년 미국 국방부 산하 첨단 연구 프로젝트(ARPA)와 스탠포드, UCLA, 유타, 캘리포니아 등의 대학이 개발한 통신망을 연결한 알파넷(ARPANET)이 탄생하였다. 알파넷은 초기에 주로 국방연구 프로젝트에 관련한 소수 연구소들에 국한되어 한정적으로 이용이 되었으나, 차츰 외부 연구소 및 대학들도 연결됨에 따라 연구 용도의 망으로 확장되기 시작했다.

1985년에는 미 과학재단(National Science Foundation: NSF)의 재정지원을 받아 NSFNET가 구축되면서 교육 및 연구 기능을 지원하는 학술망으로 발전하였다. 이 당시 인터넷에서 사용이 가능했던 애플리케이션은 단 네 개였다. 우선, 가장 흔하게 사용된 서비스는 e-메일로서 이는 한 컴퓨터의 이용자가 문자 메시지를 전송하고 이를 다른 이용자가 추후 편리할 때 받아볼 수 있도록 상대방 컴퓨터에 저장하도록 되어있다. 그 외에, 열거식 토론실(discussion list) 및 뉴스그룹(newsgroup)이 많이 이용되었는데, 이들을 통해 뉴스그룹이나 토론실에 메시지를 수록하면 등록된 모든 다른 이용자들에게 메시지가 자동으로 복사되어 이용자들 간에 아이디어의 손쉬운 공유가 가능했다. 또 하나의 중요한 애플리케이션은 ftp(file transfer protocol : 파일전송규약)로서 사용자는 누구나 이 프로그램을 이용해서 크고 작은 파일들을 신속하게 전송하거나 전송을 받을 수가 있었다. 끝으로, 텔넷(telnet) 프로그램은 원격 로그인 기능을 통해 마치 사용자가 호스트컴퓨터에 직접 접속한 것처럼 컴퓨터를 원격으로 조정하는 것이 가능했다.

그러다가 1991년 NSF가 드디어 인터넷의 상용화를 발표하게 되었으나 실제로 인터넷 기반의 상거래가 폭발적인 성장을 시작한 것은 그 후 인터넷을 그래픽환경에서 용이하게 이용할 수 있는 웹브라우저가 등장하고 나서부터이다. 1992년 일리노이 대학의 NCSA(미 슈퍼컴퓨팅 연구센터)가 개발한 Mosaic란 연구목적의 웹브라우저를 개발하였지만, 이를 토대로 1994년 Netscape사에서 Navigator 소프트웨어를 내놓으면서 비로소 인터넷은 오늘날 인간의 생활에 심오한 영향을 미치는 요인으로 자리 잡게 된다.

(다) TCP/IP와 상호접속성

컴퓨터가 기업에 도입되기 시작한 1950년대 이래로 기업들의 컴퓨터 환경은 서

로 섞일 수 없는 물과 기름과도 같은 것이었다. 기업들은 각기 독자적인 컴퓨터시스템(proprietary systems)을 구축하여 운영하여왔기 때문에 상호 호환이 거의 되지 않았다. 가령, 어느 기업이 IBM의 메인프레임 컴퓨터를 구입할 경우, 그 이후 구입하는 컴퓨터, 주변기기 및 통신시스템 등은 모두 IBM 방식을 따르는 제품만을 구입해야만 사내에서는 이들 기기 간의 호환성을 유지할 수가 있다. 만일 어느 백화점인 A사에서는 IBM 컴퓨터 환경인데, 이 백화점에 제품을 공급하여 주는 B사에서는 DEC 컴퓨터 환경이라면, 서로 접속이 되지 않으며 또 재고와 관련한 데이터도 교환할 수가 없다. 이러한 문제에 대한 해결책으로 등장한 것이 곧 TCP/IP이다.

TCP/IP(Transmission Control Protocol/Internet Protocol)란 하드웨어 및 통신기기 제조업체들이 함께 모여 만든 통신규약으로서 메이커가 서로 다른 이기종(異機種) 기기 간에도 호환이 될 수 있도록 하기 위한 수단이 되고 있다. 글로벌 인터넷 환경에서는 Windows 계열의 PC, 애플 매킨토시, 리눅스 컴퓨터 등 데스크톱 컴퓨터는 물론 유닉스 서버 및 무선 휴대용 PDA에 이르기까지 다양한 기종의 컴퓨터들이 함께 존재한다. TCP/IP는 이러한 이질적인 컴퓨터 환경에서 컴퓨터들 간에 상호접속성(interconnectivity)을 제공할 수 있는 핵심 도구라는 점에서 그 중요성이 매우 크게 인식되고 있다. 즉, 세계 어느 곳에 있는 어떤 컴퓨터라 하더라도 TCP/IP 통신규약을 따르는 기기라면 언제든지 인터넷 망에 접속할 수가 있다는 의미이다.

(라) 인터넷의 특성

인터넷은 다음과 같은 네 가지 특성이 기존의 다른 통신 네트워크와 다른 점이라고 할 수 있다.

- 개방성(Open Network Architecture) : 인터넷은 전 세계의 컴퓨터를 상호 연결하고 있는 개방/분산 네트워크이다. 즉, 통신표준을 사용하는 통신망으로 연결된 서로 다른 기종의 컴퓨터가 자료를 상호 교환할 수 있다는 점에서 인터넷은 개방형이며, 하나의 호스트 컴퓨터에 집중되어 있는 PC 통신망과는 달리 전 세계의 여러 컴퓨터가 상호 연결되어 있다는 점에서 분산형 통신망이다.
- 멀티미디어 정보 전송능력 : 인터넷이 처음부터 화려한 멀티미디어를 전송할 수 있었던 것은 아니었다. 초기에는 인터넷이 문자정보의 전송만 가능했기 때문에 흥미로운 정보를 통해 효과적으로 커뮤니케이션 할 수 있는 방법이

없었지만, 웹(World Wide Web)이 등장한 이후로는 동화상, 정지화상, 음성 등 다양한 정보형태를 통해 전송이 가능해지면서 인터넷은 새로운 전기를 맞게 된 것이다.

- 네트워크 용량의 지속적인 확대 : 제1장에서도 언급되었듯이, 우리나라 뿐 아니라 전 세계적으로 개인과 기업, 정부기관 및 기타 기관들을 상호 연결하는 네트워크의 용량이 최근 수년간 크게 확대됐다. 광케이블을 기반으로 한 초고속전송회선이 활발하게 구축되고 또 전화선을 이용한 DSL 회선의 전송능력도 크게 향상됨에 따라, 오늘날 이용자들은 고해상도의 사진 및 동영상 자료도 별 불편 없이 전송할 수 있게 됐다.
- 지역적, 시간적 장벽의 해소 : 인터넷과 같은 통신 인프라 기술이 우리 생활에 그토록 큰 파장을 불러오고 있는 주된 이유 중의 하나는 인터넷을 통해 지구촌의 모든 사람들이 하나가 될 수 있다는 점이다. 이는 인터넷이 지역적 장벽과 시간적 장벽을 모두 허물어 주기 때문에 가능하다. 비록 한국에 사는 우리가 지구 반대편에 사는 유럽 사람들과 거리가 1만 킬로미터 이상 떨어져 있다 해도, 또 우리와 그들의 시간대가 정반대여서 서로 동시에 대화할 수 있는 기회를 찾기가 불가능하다 해도, 인터넷을 이용하면 그러한 시공의 장벽에 구애받지 않고 자유로이 대화가 가능하다.

3.1.2 인터넷의 애플리케이션

앞서 '인터넷의 유래'에서 함께 살펴보았듯이, 인터넷이 등장한 초기에는 e-메일 등이 주된 정보교류 수단이었지만, 근래에 와서는 월드와이드웹의 출현으로 인터넷 이용이 보다 용이해짐에 따라 e-메일 이외에 인스턴트 메시징, 검색 엔진, 지능형 에이전트, 채팅 등 다양한 애플리케이션들이 널리 이용되고 있다.

(가) E-메일

인터넷을 기반으로 가장 널리 이용되는 애플리케이션은 e-메일이다. 오늘날 전 세계적으로 매일같이 310억 개의 e-메일이 전송되는 것으로 조사를 통해 나타나고 있다. 또 최근 국내의 한 인터넷시장 조사업체가 실시한 설문조사에 의하면, 인터넷의 이용용도가 무엇이냐는 문항에 대해 e-메일 응답(79.2%)은 정보 검색(88.2%) 응답 다음으로 높은 비중을 차지했다(Korea.com, 2003). 이는 우리 국민들이 인터넷을 사용하는 이유로서 e-메일이 점차 더 중요해지고 있음을 의미한다.

E-메일은 SMTP, POP 등 관련 프로토콜을 이용해 문자, 이미지, 음성 및 동영상 자료를 담은 메시지를 한 이용자로부터 다른 이용자에게로 전달하는 것이 가능

하다. 문자화된 정보를 명료하고 신속하게 전달할 수가 있어 기업에서도 비즈니스 업무관련 정보를 교환하기 위한 목적으로도 널리 이용되고 있는 추세이다. 또 메일에 별도의 파일을 첨부할 수 있어 전달할 수 있는 정보의 형태가 문자에만 국한되지 않으며 다양한 정보를 필요에 따라 보낼 수가 있다. 다만 E-메일은 서로 다른 시간대에 의사소통을 할 수 있다는 점이 장점이므로, 상대방으로부터 급한 피드백이 필요한 경우에는 인스턴트 메시징이나 채팅과 같은 실시간 커뮤니케이션 프로그램을 활용해야 한다.

e-메일의 역기능에 대한 이해도 필요하다. 한 예로, 개인 간의 사적인 정보교류를 위해 개발된 e-메일이 광고 및 홍보 목적을 위해 이용되는 사례가 급증하고 있는 추세이다. 개인의 필요 및 수신의지에 관계없이 불특정 다수에게 상업적 혹은 비상업적인 목적으로 뿌리는 '스팸'(spam) 메일이 바로 그 것이다. 뿐만 아니라, e-메일에 바이러스를 내장시켜 전송한 다음 e-메일을 열어보는 순간에 바이러스에 의해 시스템이 감염되는 사례가 종종 발생하고 있어 이용자들에게 주의가 요구되고 있다.

인터넷이 널리 확산되기 이전에는 유료 e-메일 서비스를 이용하거나 혹은 기관 내에서 제공되는 사내 e-메일을 이용해야 했지만, 근래에 와서 e-메일은 포털사이트나 기타 인터넷 전문사이트에서 무료로 제공이 되고 있다. 우리나라의 이용자들은 주로 다음, 네이버, 야후, 네이트, 핫메일 등의 포탈 사이트들이 제공하는 e-메일 서비스를 이용하는 추세이다.

(나) 인스턴트 메시징

E-메일이 이용자가 아무 때나 편리하게 메일을 확인할 수 있도록 함으로써 시간의 장벽을 허무는 비실시간 커뮤니케이션 수단이라면, 인스턴트 메시징은 동일 시간대에 메시지를 주고받는 실시간 커뮤니케이션 수단이라고 할 수 있다. 이용자가 컴퓨터에서 입력하는 단어들이 상대방 컴퓨터 화면에 즉시 나타나게 되며, 메시지를 수신하는 상대방 이용자도 전송자에게 즉시 답변을 전송할 수 있다).

2006년 11월 기준으로 IT분야 시장조사 기관인 IDC은 전 세계 기업의 인스턴트 메시징(EIM) 어플리케이션 시장이 2006년 25,900만 유로에서 2009년 60,500만 유로로 성장할 것으로 전망했다. 전 세계적으로 2,800만 명 이상이 날마다 인스턴트 메시징 서비스를 이용해 거의 10억 개의 메시지를 송신하며, 한때 10대들의 전유물로만 여겨졌던 인스턴트 메시징이 기업 협업 어플리케이션에 있어 중요한 부분을 담당하고 있는 것으로 나타났다. 인스턴트 메시징은 이제 인터넷 기반의 주요 커뮤니케이션 수단으로 자리를 잡아가고 있는 것이다.

[그림 1-6] 인스턴트 메시징의 예(MSN Messenger)

현재 국내에서의 인스턴트 메시징 서비스는 마이크로소프트, 네이트 등의 포털 사업자들에 의해 각각 MSN/윈도우 메신저, 네이트 메신저 등의 전문소프트웨어를 통해 제공되고 있다. 인스턴트 메시징은 e-메일에 비해 훨씬 빠른 피드백을 받을 수가 있어, 구성원들 간에 긴밀한 협력이 요구되는 팀 업무를 수행하는데 유용한 커뮤니케이션 수단으로 이용될 수 있다.

더구나 [그림 1-6]에서처럼 문자나 음성은 물론 화상을 통해서도 대화를 나눌 수가 있기 때문에, e-메일에 비해 정보 풍족도(richness)가 더 높은 커뮤니케이션을 즐길 수 있다는 점이 주된 장점으로 인식되고 있다. 즉, 단순한 문자 정보에 의존하기 보다는 얼굴표정이나 음성을 통해 의사소통을 할 수 있어 미묘한 정보전달이 필요한 협상 혹은 설득에 이상적이다.

(다) 검색엔진

좁은 의미에서, 검색엔진은 한 사이트 내에서 주제어와 관련된 페이지를 찾아내는 소프트웨어 모듈을 뜻한다. 그러나 일반적으로 검색엔진이란 특정 주제에 관한 정보를 찾아볼 수 있는 검색전용 웹사이트를 의미한다. [그림 1-7]에서 볼 수 있듯이, 네이버 사이트에 접속한 후 키워드 박스에 찾고 싶은 주제어를 입력하면 이

주제어와 관련된 블로그, 뉴스, 웹사이트 등 다양한 카테고리의 검색결과가 나타난다.

검색엔진은 웹상에 존재하는 수많은 웹페이지들을 대상으로 검색을 실시해서 이 중 사용자가 입력한 주제어와 가장 관련이 높은 페이지들을 찾아내 보여주는 역할을 담당한다. 이 때 관련페이지들을 찾아내는 기법은 검색사이트들마다 서로 다르다. 야후! 등 대부분 검색 사이트들이 관련 페이지에 포함된 해당 키워드 빈도수를 기준으로 하여 순위를 낸 다음 빈도수가 많은 페이지들부터 순서대로 열거해 보여주는 데 반해, 구글은 해당 키워드를 포함하고 있는 웹페이지들에 대한 링크 수를 기준으로 순위를 낸 다음 링크 수가 높은 웹페이지들부터 차례대로 나열하는 방식이다. 쉽게 말해, 기존 검색사이트들에 의해 1순위로 제시된 웹페이지는 키워드가 가장 여러 번 나타나고 있음을 의미하지만, 구글 사이트에 의해 1순위로 제시된 웹페이지는 가장 조회가 많이 되고 있음을 의미하므로 그만큼 인기가 높다는 사실을 알 수 있다. 이러한 차별화된 검색서비스를 기반으로, 구글은 창업한지 불과 몇 년 만에 2006년 10월 기준으로 회사가치가 1300달러 규모에 달하고 주식 가격이 주당 426 달러에 달하는 회사로 키워낼 수가 있었던 것이다.

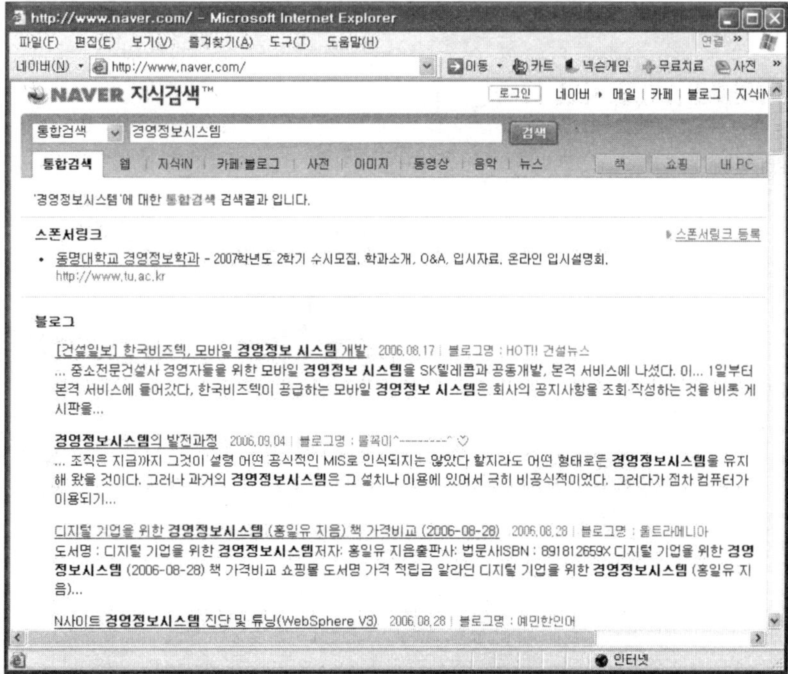

[그림 1-7] 검색엔진(네이버)

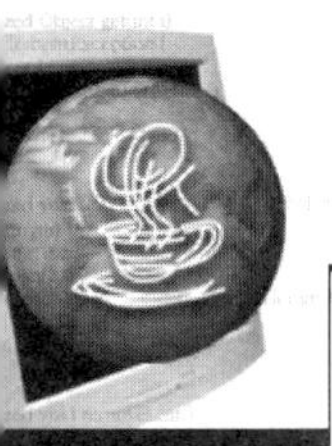

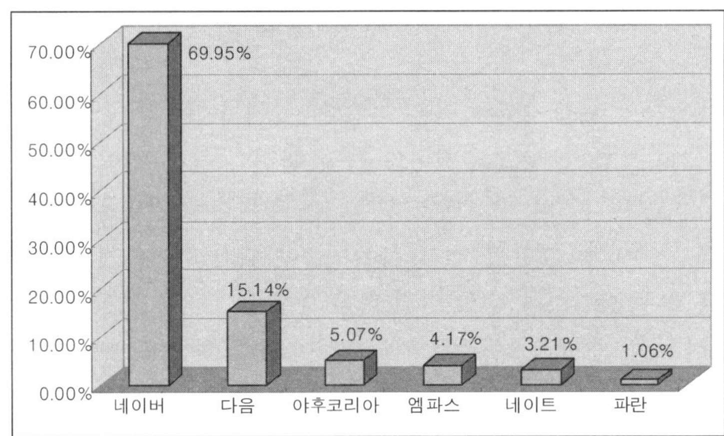

[그림 1-8] 검색사이트들의 트래픽 점유율 (하루 접속 트래픽 기준)

(출처 : 랭키 닷컴, 2006)

(라) 스트리밍 미디어 재생

인터넷에서 파일사이트가 큰 영화를 받아 재생할 수 있는 방법에는 두 가지가 있다. 한 가지는 다운로드를 받은 후 이용자 PC의 하드디스크에서 직접 재생하는 방법이다. 두 번째 방법은 긴 시간 동안 다운로드할 필요 없이, 파일을 여러 조각으로 나누어 전송함으로써 연속적으로 영화 파일을 재생하는 방법인데, 이를 가리켜 스트리밍 미디어라고 부른다.

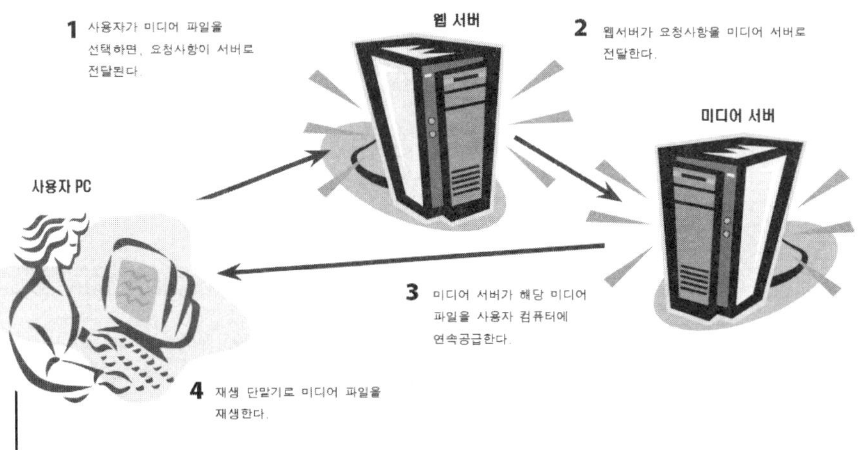

[그림 1-9] 스트리밍미디어의 재생과정

(마) 인터넷 전화

우리에게 이미 익숙한 기존 전화망은 19세기에 설계된 아날로그 회선에 기반을 둔 음성신호 전송기술로서, 장거리 통화 시 아직도 비용이 높은 것이 단점으로 지적되고 있다. 이에 반해, VoIP(Voice over IP)라고도 불리는 인터넷 전화는 인터넷을 구성하는 IP망을 통해 디지털 형태로 음성신호를 전송할 수 있는 새로운 기술이다.

(바) 인터넷 TV

최근 우리나라에서는 KT가 IPTV(Internet Protocol TV)라는 서비스를 개발 완료하였으며, 가까운 장래에 서비스 출시를 할 계획을 발표한 바 있다. 이는 인터넷망 가입자가 컴퓨터 통신을 위해 이용하는 인터넷 회선을 TV방송 수신을 위한 목적으로도 이용할 수 있는 서비스를 뜻한다. IPTV 이용자는 인터넷에 접속만 되어 있으면 컴퓨터를 이용해 TV방송을 시청할 수 있으므로 인터넷 이용자들에게는 환영을 받을 것으로 예상되는 반면, IPTV서비스가 기존의 지상파 및 케이블 방송사들의 서비스와 경쟁관계에 놓일 것으로 전망된다.

3.1.3 인트라넷과 엑스트라넷

(가) 인트라넷

인트라넷(intranet)은 인터넷 기술을 기반으로 한 기업내부 네트워크로서 조직의 정보 및 업무를 조직 구성원들이 서로 공유할 수 있도록 하는데 초점을 둔다. 쉽게 말해서, 기존의 사내 정보시스템을 통해 이용하던 기능을 인터넷 기술 기반으로 옮겨와 이제는 웹사이트를 통해 기업 업무를 처리하는 셈이다. 따라서 인트라넷은 일반 인터넷과 마찬가지로 어디서든지 IP주소에 의해 웹사이트에 접속이 되지만, 조직 구성원들에게만 이용이 제한되며 이를 위해 로그인(log-in) 과정을 거치게 된다.

인트라넷은 흔히 조직 구성원들이 내부업무를 위해 서로 커뮤니케이션을 하고, 함께 팀워크에 의한 협업을 하기도 하며, 또 업무관리를 하는 툴로 활용된다. 특히, HTTP 및 기타 인터넷 프로토콜을 사용하므로, 기존의 기업 대형시스템과 접목되어 손쉽게 전사적 데이터를 조회 혹은 관리할 목적으로 흔히 사용된다. 따라서 오늘날 많은 기업들이 내부업무에 대해 e-비즈니스를 실현하기 위해 인트라넷을 이용하고 있다.

인트라넷은 다음과 같은 네 가지 장점을 지닌다. 우선, 기업들 대부분이 이미 인터넷 접속을 할 수 있는 기술적 토대가 구축되어 있으므로 인트라넷을 구축하는 데 별도로 큰 비용이 소요되지 않는다. 둘째, 이용자 관점에서 보면 인트라넷이 친숙한 웹사이트에 기반을 두고 있으므로 인트라넷의 사용은 곧 기존 인터넷의 사용이나 다름없다. 따라서 추가적인 학습요구량이 적으므로 시스템에 대한 교육비용도 낮게 든다는 것이 특징이다. 끝으로, 인트라넷상에서는 정보를 멀티미디어 형태로 제공할 수 있어 이용자의 흥미를 유발시킬 수 있다.

인트라넷의 성공사례는 여러 세계 유수기업들에게서 찾아볼 수 있다. 다국적 컨설팅기업 KPMG사는 회사의 모든 정보자산을 KWorld라고 하는 인트라넷으로 이동시켰다. 시스코시스템즈사의 성공 배후에는 회사 인트라넷의 창의적 구축 및 활용이 있다. 중국은 인터넷 규제에 의해 금지된 정보에 대한 접근을 제한적으로 허용하는 국가 인트라넷을 구축하고 있다. 포드 자동차사는 전 세계 950곳의 175,000명 직원들이 각각 회사의 인트라넷인 마이포드(Myford.com) 시스템을 접근할 수 있도록 했다.

(나) 엑스트라넷

위의 인트라넷이 인터넷 기술을 조직 내부에 적용시킨 네트워크라면, 엑스트라넷 (extranet)은 조직내부 시스템을 조직 외부인들에게 접속을 허용한 네트워크이다. 구체적으로 엑스트라넷은 고객, 협력사, 제휴업체, 공급사 등에게 접속이 허용되도록 구축된 '조직과 조직을 서로 잇는 조직간 정보네트워크'이다. 위에서 소개한 인트라넷의 일부를 업무수행 목적으로 외부의 일부 기업에게 제한적으로 연결할 수 있도록 허용한 네트워크인 것이다.

따라서 기업 내부망에 외부인들의 접속을 허용하게 되면 가장 위험의 소지가 있는 것이 시스템 보안의 문제이다. 외부의 위협요인으로부터 시스템 침입을 차단하기 위해 방화벽(Firewall)을 설치하는 것이 필수적이다. 또 조직 내부망은 조직 내부적인 용도에 한정되는 경우가 대부분이므로 내부망에서 인터넷으로 접속할 일이 많지 않다. 그러나 인터넷 접속이 허용될 경우, 안전한 접속을 위해 게이트웨이를 통하게 되며, 사용자인증, 메시지 암호화, 및 VPN(가상사설망)을 흔히 이용하는 추세이다.

고객과 공급사 등 외부인은 인터넷으로 기업의 인트라넷에 로그인하여 허용된 데이터에 국한해서 정보를 조회할 수가 있으며 또 필요할 경우에는 조직 내의 담당자와 커뮤니케이션을 할 수가 있다.

엑스트라넷은 조직간 정보시스템(interorganizational system)에 속하며, 기업간 전략적 제휴를 지원하는데 중요한 역할을 담당하는 통신 인프라의 요소이다.

3.2 월드와이드웹의 등장

흔히 웹이라고 알려져 있는 월드와이드웹이 없다면 오늘날 급증하고 있는 전자상거래를 상상할 수조차 없다고 해도 과언이 아니다. 웹의 출현으로 수백만 명의 컴퓨터 이용자들에게 문자, 정지화상, 애니메이션, 동화상 및 음성 등 다양한 디지털 서비스를 용이하게 제공하는 것이 가능해졌다. 다시 말해, 웹은 전 세계의 컴퓨터 이용자들에게 마켓플레이스를 제공하기 위해 필요한 사용자 친화적인 표현을 가능하게 하고 있다.

3.2.1 월드와이드웹의 개념

(가) 월드와이드웹이란?

월드와이드웹(World Wide Web)은 인터넷상의 컴퓨터들의 모음으로서 하이퍼텍스트 기능을 수행할 수 있는 기술 환경을 뜻한다. 하이퍼텍스트(Hypertext)는 첫 페이지에서 마지막 페이지까지 단순히 순서대로 나열하지 않는다는 점에서 일반적인 텍스트와 다르다. 즉, 관심 있는 어휘나 그림을 선택해서 즉시 선택된 부분에 대한 보다 많은 정보를 얻을 수 있기 때문에 망의 다양한 경로를 따라 원하는 항목들을 볼 수가 있는 것이다. 페이지에 표시된 모든 항목들을 선택할 수 있는 것은 아니므로, 이용자가 선택할 수 있는 항목들은 특별히 눈에 띄도록 표시된다. 페이지의 작성자가 페이지 내의 중요한 항목들을 선택해서 해당 페이지에서 추가적인 정보가 존재하는 다른 페이지로 연결될 수 있도록 이들 항목에 링크를 만드는 것이다. 웹에서 페이지들은 주로 콘텐트라고 불리며, 콘텐트 작성자는 흔히 이들 페이지들을 작성함은 물론 페이지들을 서로 연결하기도 한다.

(나) 웹의 출현

인터넷에 비해, 웹은 1990년경이 돼서야 처음 출현했다. 웹을 처음 개발한 사람은 CERN(유럽분자물리연구소)의 팀 버너스리(Tim Berners-Lee)이다. 그보다 앞서 이미 1940년대에 바네스바 부시는 지식을 상호 연결된 페이지들로 구성함으로써 이용자들이 이를 자유로이 찾아볼 수 있게 할 수 있다는 가능성을 제시한 바 있으나, 이러한 아이디어가 실현된 것은 1990년대가 되어서야 팀 버너스리에 의

해 가능해진 것이다. 팀 버너스리는 CERN에서 웹의 기본적인 네 가지 요소인 HTML, HTTP, 웹서버 및 브라우저를 개발하였다.

3.2.2 웹의 구성요소

(가) 하이퍼텍스트

우리가 흔히 웹사이트에 접속해서 둘러보는 페이지들은 하이퍼텍스트 문서의 형태로 존재한다. 이들 웹페이지는 HTTP 프로토콜에 기반을 둔 인터넷 서버에 저장된 페이지들에 대해 웹브라우저 소프트웨어가 요청을 함으로 인해 인터넷을 통해 접근이 가능하다. 하이퍼텍스트(hypertext)란 페이지 내용 및 양식을 작성하기 위한 방법으로서 문서들을 상호 연동하기 위한 링크를 포함하며, 페이지들을 음성, 동영상, 애니메이션 등 기타 개체들과 연결해 준다. 따라서 이용자가 웹페이지의 그래픽이나 동영상을 클릭할 경우, 실제로는 하이퍼링크를 클릭하는 것이며 이 하이퍼링크에 연결된 해당 개체가 화면에 표시되는 것이다.

(나) 웹 서버

서버는 네트워크 자원을 관리하는 인터넷 상의 호스트로서, 웹 서버, 이메일 서버, 데이터베이스 서버, 파일 서버 등 다양한 서버들이 존재한다. 웹 서버도 이러한 유형의 호스트에 해당한다.

웹 서버(Web server)란 HTTP 서비스를 요청하는 네트워크상의 이용자 컴퓨터들에게 HTML로 작성된 웹 페이지를 전달하기 위한 목적으로 지정된 컴퓨터를 의미한다. 반면에, 웹 클라이언트(Web client)는 HTTP 기반의 웹브라우저를 이용해 웹 서버에 존재하는 문서를 요청하고 그에 대해 전송받은 웹 페이지를 이용자 화면에 표시해 주는 컴퓨터이다.

웹 환경에서는 FTP, HTTP 등 다양한 서버들이 윈도우, 매킨토시 등 다양한 클라이언트와 함께 연동이 되어 이용자들이 자유자재로 정보를 접근할 수가 있는데, 이러한 연동은 통신 프로토콜을 통해 가능해진다. 웹 환경의 주된 프로토콜로는 주소체계를 정의하는 URL 프로토콜, 멀티미디어 정보로 구성된 문서를 전송할 수 있도록 하는 HTTP 프로토콜, 그리고 인터넷 기반의 메일 메시지형식을 인식할 수 있게 하는 MIME, 이메일 수신을 위한 POP(post office protocol) 프로토콜, 그리고 이메일 발신을 위한 SMTP(simple mail transfer protocol) 등이 있다.

(다) 웹 브라우저

웹브라우저(Web browser)란 하나의 소프트웨어 프로그램으로서 전 세계의 인

터넷서버에 존재하는 HTML 문서들을 받아볼 수 있는 도구 역할을 한다. 이들 문서 네트워크를 일컬어 월드와이드웹이라고 부른다.

텍스트는 물론 그래픽, 동영상 등 멀티미디어 정보를 통해 시각적으로 흥미를 유발할 수 있는 웹사이트의 페이지들은 웹페이지 구성언어(markup language)를 이용해 작성된다. 아래에서는 HTML 및 XML의 두 가지 구성언어를 살펴보기로 한다.

HTML

웹페이지를 구성하는데 가장 보편적으로 사용되어 온 HTML(HyperText Markup Language)는 태그를 통해 페이지를 작성하는 언어이다. 태그란 페이지 구성을 표현하기 위해 해당 문서 내에 삽입되는 명령문으로서, 이 태그를 웹브라우저가 해석하여 완성된 페이지 모양이 나타난다.

XML

HTML과 유사하지만 매우 다른 목적으로 사용되는 XML(eXtensible Markup Language)은 W3C(the World Wide Web Consortium)에 의해 개발된 새로운 페이지구성 언어이다. HTML이 화면표시 모양을 만들어 내기 위한 언어라면, XML은 데이터 및 정보를 정의하기 위한 언어이다.

4. 실습 환경

본서의 예제들을 실습하는 환경은 최대한 간편하게 처리하였다. JAVA는 가급적 이클립스(eclipse)를 이용하여 개발하는 것이 보통이나 여기에서는 시스템 자원을 가급적 적게 차지하는 Editplus를 이용하여 소스를 편집하고 Windows에서 제공하는 콘솔을 이용하여 실습하려고 한다.

4.1 JDK 설치

다음의 단계로 JDK를 설치한다.

① http://java.sun.com에서 jdk-6u2-windows-i586-p.exe를 다운로드 받는다. 현재 JDK는 버전이 상당히 향상되어 j2se_6_2까지 나와 있다.

② 다운로드 받은 설치파일을 실행시키고 특별한 설정이 없는 한 "Next" 버튼을 눌러 설치한다. 기본적으로 JDK가 설치되는 경로는 'C:₩Program Files₩Java₩jdk1.6.0_02'이다.

③ 다음으로 개발의 편의를 위해 경로를 지정한다. 경로지정은 [시스템 등록정보] - [고급]에서 환경변수를 활성화하고 다음과 같이 PATH를 지정해주면 된다.

4.2 Editplus 설치

① Editplus를 다운로드 받는다(http://www.editplus.com).

② 특별한 조건 없이 그냥 '계속' 버튼만 누른다.

③ 실행을 하면 초기 화면이 나온다.

④ 상단 메뉴에서 도구 ⇨ 사용자 도구 구성을 선택하면 '기본 설정' 팝업창이 나온다.

⑤ 그룹이름 선택 ⇨ java로 바꾼다.

⑥ 컴파일러 연결

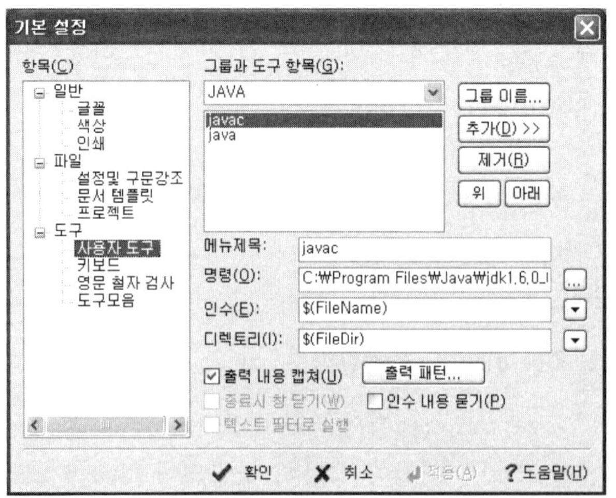

⑦ 인터프리터 연결

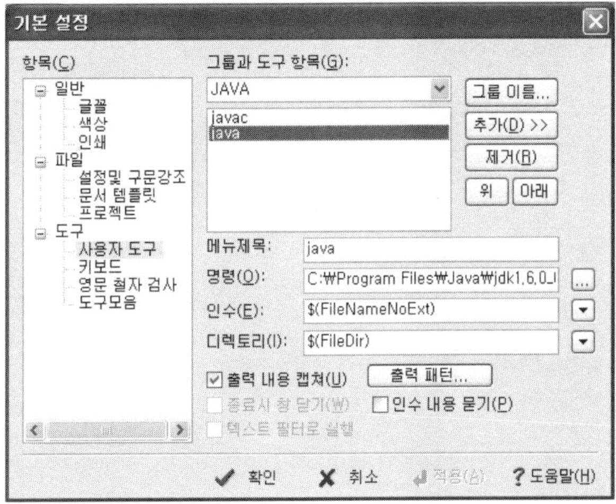

4.3 실행 결과

실행 결과는 네트워크 프로그래밍의 특성상 대부분 2개의 프로그램(서버 측과 클라이언트 측)을 실행해야만 한다. 따라서 결과 확인도 콘솔을 2개 이용하여 그 결과를 확인하도록 한다.

```
C:₩WINDOWS₩system32₩cmd.exe
himec.honam.ac.kr의 21번 포트는 특정한 서버가 사용합니다.
himec.honam.ac.kr의 22번 포트는 특정한 서버가 사용합니다.
himec.honam.ac.kr의 23번 포트는 특정한 서버가 사용합니다.
himec.honam.ac.kr의 25번 포트는 특정한 서버가 사용합니다.
himec.honam.ac.kr의 53번 포트는 특정한 서버가 사용합니다.
himec.honam.ac.kr의 79번 포트는 특정한 서버가 사용합니다.
himec.honam.ac.kr의 80번 포트는 특정한 서버가 사용합니다.
himec.honam.ac.kr의 110번 포트는 특정한 서버가 사용합니다.
himec.honam.ac.kr의 111번 포트는 특정한 서버가 사용합니다.
himec.honam.ac.kr의 513번 포트는 특정한 서버가 사용합니다.
himec.honam.ac.kr의 514번 포트는 특정한 서버가 사용합니다.
himec.honam.ac.kr의 587번 포트는 특정한 서버가 사용합니다.
himec.honam.ac.kr의 898번 포트는 특정한 서버가 사용합니다.

D:₩exam>
```

CHAPTER 02

자바 객체지향 프로그래밍

1. 객체지향 개념과 자바
2. 객체 생성자와 객체 생성 과정
3. 상속
4. abstract/final/interface
5. 선언 지역에 따른 클래스의 구분

1. 객체지향 개념과 자바

1.1 객체지향 개념

객체지향 개념을 이해하기 위해 기본적으로 객체에 대해 알아야한다. 여러분 주위를 한 번 둘러보자. 주위에 보이는 세계를 실세계라하고, 그 실세계에 존재하는 여러 객체들이 보일 것이다. 옆에서 강의를 듣는 학급동료, 여러분이 지금 사용하고 있는 컴퓨터, 또는 강의실 밖에서 모터 소리를 내며 홀로 복도를 지키는 자판기 등을 모두 객체라고 할 수 있다. 이러한 실세계에 존재하는 객체는 다음과 같은 두 가지 구성요소를 갖는다.

- 상태(state) : 객체가 가지고 있는 속성 또는 특성
- 행동(behavior) : 객체가 가지고 있는 기능 또는 할 수 있는 행동

예를 들어, 실생활에 존재하는 자동차 객체는 색, 네 개의 바퀴, 핸들, 배기량, 현재 속도, 현재 기어 위치 등등의 상태를 갖고, 달린다, 멈춘다, 기어를 바꾼다, 속도를 높이거나 낮춘다, 경적을 울리다 등과 같은 행동을 할 수 있다.

이러한 실세계의 객체를 소프트웨어적으로 표현하기 위한 방법 중의 하나가 객체지향 방법이다. 따라서 소프트웨어 객체는 실세계의 객체가 갖는 구성요소를 모두 표현할 수 있어야 한다. 이를 위해 객체지향 방법을 이용하여 실세계의 객체가 갖는 상태(state)와 행동(behavior)을 소프트웨어 객체의 변수(variable)와 메소드(method 또는 function)로 모델링(modeling)하게 된다. 자세히 말하자면, 소프트웨어 객체는 실세계의 객체가 갖는 특성이나 상태를 나타내기 위해 변수를 이용하고, 이러한 특성이나 상태를 변경시키는 행동을 표현하기 위해 변수의 값을 변경하거나 다른 객체로부터 온 요청에 대한 서비스를 수행하는 메소드 즉 함수를 구현하는 것이다. 그리고 이 상태를 나타내는 변수들과 상태를 변경해 주는 행동을 구현한 메소드(또는 함수)를 하나로 묶어줌으로써 실세계의 객체를 소프트웨어 객체로 모델링하고 구현할 수 있다. 이러한 객체지향 방법에서 나타나는 몇 가지 특징들을 살펴보면 다음과 같다.

캡슐화(Encapsulation)

상태 정보를 저장하고 있는 변수와 상태를 변경하거나 서비스를 수행하는 메소드를 하나의 소프트웨어 묶음으로 캡슐처럼 만드는 것이다. 캡슐화는 소프트웨어

의 개발자에게 높은 모듈성(modularity)과 정보은닉(information hiding) 등 두 가지 이득을 제공해 준다. 모듈성은 하나의 객체를 위한 소스 코드가 다른 객체를 위한 소스 코드와 무관하게 유지될 수 있다는 것이다. 객체가 자신이 갖는 정보에 대해 public 접근 권한을 줌으로써 다른 객체들이 접근할 수 있도록 하거나, 또는 다른 객체가 접근할 수 없도록 private 접근 권한을 줄 수 있다. 이러한 접근 권한을 이용하여 중요한 정보 또는 불필요한 접근이 필요하지 않은 정보에 대해서는 다른 객체에게 공개하지 않아도 된다는 것이다. 또한, 객체 자신이 가지고 있는 정보에 대해 접근 권한을 달리함으로써, 또는 자신이 제공한 메소드를 이용하여 접근하도록 함으로써 정보에 대한 보호를 할 수 있다.

메시지(Message)

객체는 메시지를 다른 객체에게 보냄으로써 다른 객체와 통신을 한다. 다시 말해서 객체 A는 객체 B에게 메시지를 보냄으로써 객체 B의 메소드를 수행할 수 있다는 것이다. 이러한 메시지는 메시지를 받을 객체, 수행을 요청한 메소드의 이름, 그리고 메소드에 의해 필요한 매개변수 등 세 가지 구성요소를 갖는다.

클래스(Class)

클래스란 어떤 특정 종류의 모든 객체들에 대해 일반적으로 적용할 수 있는 변수와 메소드를 정의하고 있는 소프트웨어적인 설계도(blueprint) 또는 프로토타입(prototype)이라 할 수 있다. 예를 들어, 실세계에 존재하는 자동차들인 자가용, 택시, 버스, 관광버스 등의 자동차들이 가질 수 있는 상태 정보와 행동에 대하여 일반화시켜 정의해 놓은 것이 자동차 클래스가 될 수 있다. 다시 말해서, 실세계에 존재하는 객체들이 가질 수 있는 상태와 행동들에 대해 소프트웨어적으로 추상화(abstraction) 해 놓은 것이 클래스라는 것이다. 이러한 클래스를 청사진이라 표현하기도 하고, 벽돌을 찍기 위한 하나의 틀로써 비유되기도 한다.

인스턴스(Instance)

자동차라는 클래스를 만들었다고 해서, 우리가 실제로 사용할 수 있는 것은 아니다. 자동차 클래스라는 것은 단지 자동차 객체가 가질 수 있는 상태 정보와 행동들에 대한 정의이기 때문이다. 자신이 소유하고 있는 동일한 상표의 자동차가 전부 자신의 자동차가 아니듯이 실제로 자동차 클래스는 ○○가 가지고 있는 승용차, □□이 가지고 있는 택시 등의 식으로 나타나야 하는데 이를 실제화라고 한다. 이렇게 클래스를 실제로 사용할 수 있도록 선언하는 것, 다시 말해서 클래스에 대한 변수를

선언하는 것을 "인스턴스를 생성한다(instantiate)"라고 하고, 이렇게 생성된 변수를 인스턴스라 하며, 이 인스턴스는 메모리 공간을 차지하게 된다. 그리고 인스턴스의 메소드를 이용하여 변수들의 값을 설정 및 변경할 수 있다. 인스턴스를 생성한다는 것은 벽돌 틀을 이용해서 벽돌을 찍는 것과 같다고 볼 수 있다.

객체(Object)

객체지향 개념에 대하여 처음 접하게 될 때, 혼동되는 것 중 하나가 클래스, 객체, 인스턴스 등의 차이를 구분하는 것이다. 물론 그 구분이 명확하다면 다른 혼동에 빠져들 것이다. 먼저, 클래스와 객체를 구분하는 것은 실세계를 살펴볼 때 좀 더 명확해 질 수 있다. 예를 들어, 자동차 클래스가 있으면, 아반떼, 누비라, 그랜저, 티코, 아토스, 봉고, 또는 버스 등을 실세계에 존재하는 객체라고 할 수 있다. 그리고 이를 소프트웨어적으로 추상화시켜 놓은 것을 클래스라 하고, 클래스를 실제 사용할 수 있도록 실제화시켜 놓은 것을 또는 클래스가 실제 값들을 가질 수 있도록 메모리 공간을 할당해 놓은 것을 인스턴스라 한다. 이를 소프트웨어적으로 정리하자면, 클래스는 객체의 상태(또는 변수)와 행동(또는 메소드)을 정의하고 있는 설계도(blueprint) 또는 프로토타입(prototype)이고, 클래스를 실제 사용할 수 있도록 변수 선언한 것을 인스턴스이며, 이 인스턴스를 객체라 할 수 있다. 객체는 높은 모듈성(modularity)과 정보은닉(information hiding)의 장점을 제공해 준다. 클래스는 재사용성(reusability)의 장점을 제공해 준다. 자동차 공장에서는 하나의 자동차 설계도(클래스)를 이용하여 여러 대의 자동차(객체 또는 인스턴스)를 생산해 냅니다. 이렇듯 하나의 클래스를 선언해 놓으면 그 클래스를 여러 번 재사용할 수 있지요. 소프트웨어 개발자 역시 하나나 둘 이상의 또는 수 없는 인스턴스 또는 객체를 생성하기 위해 하나의 클래스를 수 없이 우려먹겠지요. 이러한 것이 가능한 것은 클래스가 제공해 주는 재사용성의 장점 때문이다.

상속(Inheritance)

객체지향 개념은 클래스를 이용하여 다른 클래스를 생성 또는 정의할 수 있도록 하고 있다. 예를 들어, 자동차가 갖는 일반적인 상태와 행동들을 자동차 클래스로 정의해 놓고, 이 자동차 클래스를 확장하여 버스만이 갖는 상태와 행동을 추가하여 버스 클래스를 정의하고, 트럭이 갖는 상태와 행동을 추가하여 트럭 클래스를 정의하고, 그리고 자가용이 갖는 상태와 행동들을 추가하여 자가용 클래스를 정의할 수 있다. 이 때, 자동차 클래스를 상위 클래스(superclass)라 하고 버스 클래스, 트럭 클래스, 자가용 클래스 등을 하위 클래스(subclass)라 하며, 이들 간의

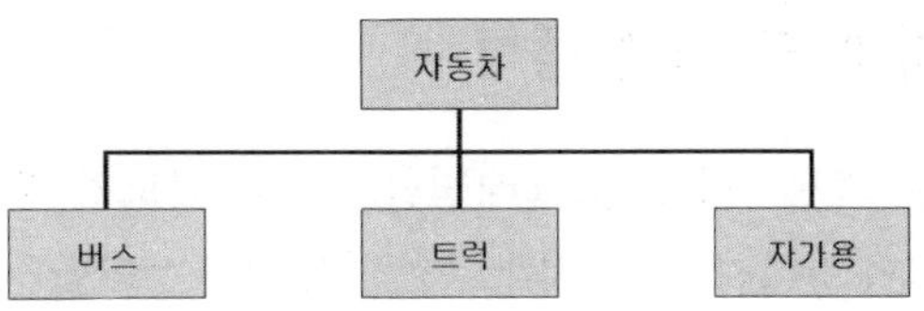

[그림 2-1] 클래스 계층도

관계에 대해 얘기할 때 "하위 클래스는 상위 클래스를 상속한다(inherit)."라고 한다. 다시 말해서, 하위 클래스는 상위 클래스가 갖고 있는 모든 특성들을 상속하여 사용할 수 있다는 것이다. 이러한 상속 관계를 트리로 나타낼 수 있고, 이 상속관계 트리를 클래스 계층도(class hierarchy)라 한다. 상속의 장점을 살펴보면, 상위 클래스는 하위 클래스들이 가질 수 있는 일반적인 상태와 행동을 정의하고 있고, 하위 클래스는 하위 클래스 만이 갖는 특별한 상태와 행동을 정의하도록 함으로써 상위 클래스를 여러 하위 클래스들이 재사용할 수 있고 소프트웨어 개발에 드는 비용을 감소할 수 있다. 프로그램 개발자는 상위 클래스를 일반적인 행동(generic behavior)을 정의하도록 할 수 있고, 이러한 클래스를 추상 클래스(abstract class)라 한다. 이러한 추상 클래스는 부분적으로 구현되거나 구현이나 정의가 이루어지지 않을 수 있는데, 이는 하위 클래스를 정의하면서 완성할 수 있도록 가이드라인을 제공해 주는 역할을 한다.

다형성(Polymorphism)

다형성의 기본 개념은 여러 개의 클래스가 같은 메시지에 대해서 각자의 방법으로 작용할 수 있는 능력이라고 볼 수 있다. 다시 말해서, 다형성은 같은 이름을 갖는 여러 가지 형태가 존재한다는 것이다. 다형성을 제공해 주기 위해 C++에서는 연산자 다중정의(overloading), 함수 다중정의, 그리고 함수 재정의(overriding) 등을 제공해 주고 있지만, 자바에서는 메소드(함수) 다중정의와 메소드 재정의를 제공해 주고 있다.

```
class OverloadingExam {
   …
   int overmethod(int x);   int overmethod(float x);
   int overmethod(double x);
   …
}
```

[그림 2-2] 메소드 다중정의 예

1.2 클래스 정의 및 객체 생성

자바 언어는 객체지향 프로그래밍을 할 수 있도록 문법을 제공해 주고 있다. 객체지향 프로그래밍이란 기본적으로 클래스를 정의할 수 있고, 객체를 생성할 수 있어야 한다. 자바 언어를 이용하여 클래스를 정의하면 다음과 같은 형태가 된다.

```
[ modifier]  class ClassName [ extends SuperClassName] [ implements
Interfaces] {
  // 변수
  // 생성자
  // 메소드
}
```

[그림 2-3] 클래스의 구조

객체가 갖는 상태를 변수로써 정의하고, 행동을 메소드로써 정의할 수 있고, 이를 하나의 묶음으로 캡슐화 하기 위해 "class { … }"와 같이 하면 된다. 따라서 자바에서는 위와 같이 클래스를 정의할 수 있다.

이렇게 정의된 클래스를 실제로 인스턴스로 생성할 수 있고, 이렇게 생성된 인스턴스를 객체라고 할 수 있다고 했다. 클래스에 대한 객체 또는 인스턴스를 생성하기 위해서는 먼저 클래스에 대한 객체 또는 인스턴스를 선언해야 하며, 객체 또는 인스턴스를 선언하는 방법은 의외로 간단하다. 기본 자료형에 대한 변수를 선언하는 것과 같다. 다시 말해서 클래스형에 대한 변수를 선언한다고 생각할 수 있다. C++에서와 마찬가지로 자바에서 클래스에 대한 인스턴스 또는 객체를 선언하고 생성하는 방법은 다음과 같다.

```
ClassName instanceName;
instanceName = new ClassName();
또는
ClassName instanceName = new ClassName();
```

[그림 2-4] 클래스에 대한 객체 선언 및 생성

자바에서 클래스에 대한 객체(또는 인스턴스)를 선언하고 생성하기 위해 클래스에 대한 변수를 선언함과 동시에 생성하는 방법과, 클래스에 대한 변수를 선언하

고 나중에 필요할 때 객체 (또는 인스턴스)를 생성하는 방법 등 두 가지 방법을 모두 제공해 주고 있다. 자바에서는 이러한 클래스에 대한 변수를 클래스 참조형 변수라 하고, 클래스 참조형 변수는 참조형이므로 반드시 new 연산자를 이용하여 메모리 공간을 할당해 주어야 한다.

다음 〈예제 2-1〉은 자바 언어를 이용하여 먼저 클래스를 정의하고, 이 클래스에 대한 객체를 선언하고 생성하는 예를 보여주는 예제이다.

[예제 2-1] ClassTest.java

```
class Point {
   int x, y;
   void setX(int xValue) { x = xValue; }
   void setY(int yValue) { y = yValue; }
   int getX() { return(x); }
   int getY() { return(y); }
   void move(int xValue, int yValue) {
      x += xValue;
      y += yValue;
   }
}

class Circle {
   Point center = new Point();
   int radius;
   void setRadius(int r) { radius = r; }
   void setCenter(int x, int y) {
      center.setX(x);
      center.setY(y);
   }
   int getRadius() { return(radius); }
   int getCenterX() { return(center.getX()); }
   int getCenterY() { return(center.getY()); }
   double getArea() { return(Math.PI * radius * radius); }
}

class ClassTest {
   public static void main(String args[ ] ) {
```

```
29         Circle c1 = new Circle(), c2;
30         c2 = new Circle();
31         c1.setRadius(5);
32         c1.setCenter(10, 10);
33         c2.setRadius(10);
34         c2.setCenter(20, 20);
35         System.out.println("c1(x,y,r): (" + c1.getRadius() +
36                 ", "+ c1.getCenterX() + "," + c1.getCenterY() + ")");
37         System.out.println("c2(x,y,r): (" + c2.getRadius() +
38                 "," c2.getCenterX() + "," + c2.getCenterY() + ")");
39     }
40 }
```

〈예제 2-1〉은 1행과 13행에서 Point 클래스와 Circle 클래스를 선언하였고 이를 27행의 ClassTest 클래스 안에서 생성하고 사용하는 예제이다. 각 클래스는 멤버 변수와 메서드로 구성되어 있다. 예를 들면 Point 클래스를 살펴보면 2행에서 x와 y를 멤버 변수로 선언하였고 3~10행에서 setX(), setY(), getX(), getY(), move() 메서드를 선언하고 있다.

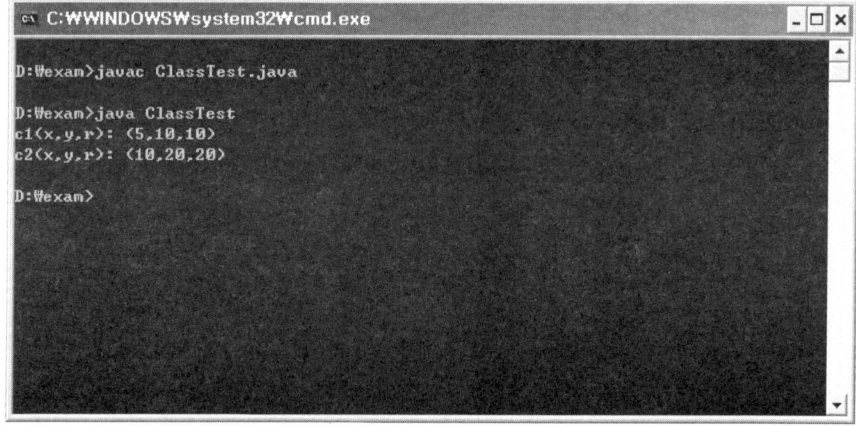

1.3 변수 및 메소드의 접근제어

지금까지 클래스를 정의하고 객체를 선언 및 생성하는 방법에 대하여 살펴보았다. 객체지향 개념에서는 객체가 갖는 상태 정보에 대해 접근 및 변경할 수 있는

메소드를 제공해 줌으로써 객체가 갖는 상태 정보에 대한 잘못된 접근 또는 변경을 막을 수 있었다. 또한, 상태 정보를 나타내는 변수 또는 행동이나 접근 및 변경을 위한 메소드에 대한 접근 권한을 지정해 줌으로써 객체가 갖는 데이터에 대한 정보은닉을 가능하도록 했다. 자바에서는 객체가 갖는 변수 또는 메소드에 대한 접근 권한을 지정하도록 하기 위해 다음과 같은 네 가지 종류의 접근지정자를 제공해 주고 있다.

public

같은 클래스, 하위 클래스, 또는 같은 패키지 내에 있는 어떤 클래스에서도 접근할 수 있다. 이 접근 권한은 클래스 또는 객체의 외부 인터페이스를 제공해 줄 때 주로 사용한다.

private

같은 클래스 내에서만 접근가능 한다. 다시 말해서, 이 접근 권한으로 지정된 변수 또는 메소드를 다른 객체에서 참조하거나 사용하는 것이 불가능하고, 자신의 클래스 내에 있는 메소드에서만 참조하거나 사용할 수 있다. 클래스가 제공하는 기능을 내부적으로 구현할 때 주로 사용하고, 이렇게 함으로써 완벽한 정보은닉이 가능하다.

protected

자바에서 정의된 클래스들은 기본적으로 하나의 그룹 단위 또는 묶음단위로써 유지되는데, 이를 패키지라 한다. 다시 말해서 패키지는 클래스들의 그룹이라 볼 수 있다. protected 접근지정자를 이용하면 같은 클래스, 하위 클래스, 또는 같은 패키지 내의 모든 클래스에서 접근가능하다.

생략(friendly)

같은 클래스 또는 같은 패키지 내에 있는 모든 클래스 내에서 접근가능하다. protected 접근지정자와는 달리 하위 클래스에서는 접근할 수 없다.

```
modifier variable;
modifier method();
```

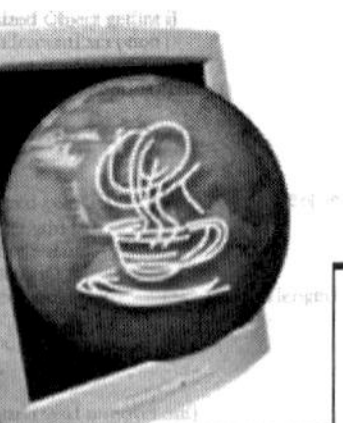

〈예제 2-2〉는 접근지정자를 사용하고 있는 자바 프로그램이다. 접근지정자 private로 선언된 변수 또는 메소드는 같은 클래스 내에서만 접근할 수 있다. 따라서 다음에 나오는 자바 프로그램에서와 같이 Point 클래스가 아닌 곳에서는 사용할 수 없고, 단지 Point 클래스에서 제공해 주는 접근 가능한 메소드를 사용하여 값을 참조해야 한다.

[예제 2-2] AccessModifierTest.java

```
01  class Point {
02     private int x, y;
03     public void setX(int xValue) { x = xValue; }
04     public void setY(int yValue) { y = yValue; }
05     public int getX() { return(x); }
06     public int getY() { return(y); }
07     public void move(int xValue, int yValue) {
08        x += xValue;
09        y += yValue;
10     }
11  }
12
13  class AccessModifierTest {
14     public static void main(String args[ ] ) {
15        Point p1 = new Point();
16        Point p2 = new Point();
17
18        p1.setX(5); p1.setY(10);
19        p1.move(10, 10);
20        p2.setX(35); p2.setY(30);
21
22        System.out.println("p1(" + p1.x + "," + p1.y + ")");
23                         // 에러 발생
24        System.out.println("p2("+p2.getX()+",
25                         "+p2.getY()+")");
26     }
27  }
```

〈예제 2-2〉을 컴파일 해보면 다음과 같은 오류가 발생하는데 이는 2행의 Point

클래스의 멤버 변수 x와 y의 접근지정자가 private로 되어 있어서 다른 클래스에서 접근을 제한하고 있기 때문이다. 이 오류를 해결하는 방법은 접근지정자의 종류를 변경하는 것과 또 다른 메소드를 Point 클래스에서 정의하여 x와 y를 반환하는 방법이 있다.

```
C:₩WINDOWS₩system32₩cmd.exe

D:₩exam>javac AccessModifierTest.java
AccessModifierTest.java:15: x has private access in Point
                System.out.println("p1(" + p1.x + "," + p1.y + ")"); // 에러 발
생
                                              ^
AccessModifierTest.java:15: y has private access in Point
                System.out.println("p1(" + p1.x + "," + p1.y + ")"); // 에러 발
생
                                                          ^
2 errors

D:₩exam>
```

1.4 메소드의 다중정의(Overloading)

C++와 같은 객체지향 언어에서 다형성을 제공해 주기 위한 방법 중의 하나가 다중정의이다. 다중정의란 같은 이름으로 여러 가지 일을 하는 것은 말한다. C++에서는 함수 다중정의와 연산자 다중정의 등 두 가지 다중정의를 제공해준다. 함수 다중 정의는 같은 이름의 함수가 여러 개 존재하는 것이고, 연산자 다중정의란 같은 이름의 연산자가 클래스에 따라 다른 연산을 수행할 수 있도록 하는 것이다. 이러한 다중정의에 대해 자바에서는 연산자 다중정의는 제공해주지 않고, 단지 함수 다중정의 즉 메소드 다중정의만을 제공해 주고 있다. 그렇다면 메소드의 이름이 같다면 어떤 것을 이용하여 같은 이름의 여러 개의 메소드를 구별할 수 있을까? C++에서와 마찬가지로 자바에서도 같은 이름의 여러 개의 메소드를 구별하기 위하여 메소드가 갖는 매개변수의 개수와 자료형을 이용하여 구분한다. 예를 들면, 다음과 같은 메소드는 메소드 다중정의에 의해 서로 구별가능 한다.

void f(char n) { … } void f(int n) { … } void f(int i, int j) { … }	void f(long n) { … } void f(float n) { … }

이렇게 메소드 다중정의에 의해 선언된 메소드는 그 메소드를 호출할 때의 매개변수의 개수 또는 매개변수의 자료형에 따라 동적으로 호출이 이루어진다. 따라서 메소드를 호출할 때 호출되는 메소드는 실매개변수의 자료형과 가장 가까운 형식 매개변수를 갖는 메소드가 호출된다. 〈예제 2-3〉은 메소드 다중정의에 대한 예를 보여주는 예제이다.

[예제 2-3] MethodOverloadingTest.java

```
class MethodOverloadingTest {
   // static void f(char n) { System.out.println("char:"+n);}
   static void f(byte n) { System.out.println("byte:"+n);}
   static void f(short n) { System.out.println("short:"+n);}
   static void f(int n) { System.out.println("int:"+n);}
   static void f(long n) { System.out.println("long:"+n);}
   static void f(long n) { System.out.println("long:"+n);}
   static void f(double n) { System.out.println("double:"+n);}

public static void main(String args[]) {
       short i=1;      long l=2;
      f('A');
      f(1);
      f(i);
      f(l);
      f(3.141592);
   }
}
```

위의 〈예제 2-3〉에서 char 자료형 매개변수를 갖는 메소드는 주석 처리되었지만, 위에서는 메소드 호출이 성공적으로 이루어진 것을 볼 수 있다. 이런 경우가 가능한 것은, 앞에서도 살펴보았듯이 암시적 형변환이 이루어지기 때문에 가능하다. 다시 말해서, char 자료형 매개변수를 갖는 메소드를 찾고, 이러한 메소드가 없을 경우 char 자료형에 대해 내부적으로 형변환이 가능한 int 자료형 매개변수를 갖는 메소드를 찾게 되고, 이 int 자료형 매개변수를 갖는 메소드가 존재하므로, 이 메소드를 호출하게 되는 것이다.

```
C:\WINDOWS\system32\cmd.exe

D:\exam>javac MethodOverloadingTest.java

D:\exam>java MethodOverloadingTest
 int: 65
 int: 1
 short: 1
 long: 2
 double: 3.141592

D:\exam>_
```

2. 객체 생성자와 객체 생성 과정

2.1 객체 생성자

자바 언어를 이용하여 객체를 생성하고 필요에 따라 값을 초기화 해 주어야 하는 경우가 있다.

```
Point p1 = new Point();
p1.setX(5); p1.setY(10);
```

위의 예에서는 Point 클래스 객체 p1을 선언하고, "new Point()"를 통해서 객체를 생성하였다. 그리고 마지막으로 p1 객체가 같은 상태를 저장하기 위한 x와 y 변수에 각각 "p1.setX(5)"와 "p1.setY(10)" 메소드를 이용하여 초기화하고 있다. 이러한 작업을 좀 더 간단하게 할 수는 없을까?

자바 프로그램을 처음 시작하거나 자바를 이용하여 많은 프로그램을 작성해 본 프로그래머들이라도 쉽게 지나칠 수 있는 것이 객체 생성자이다. 이러한 객체 생성자는 new 연산자를 이용하여 객체를 생성할 때 호출된다. 객체 생성자의 특징을 살펴보면 다음과 같다.

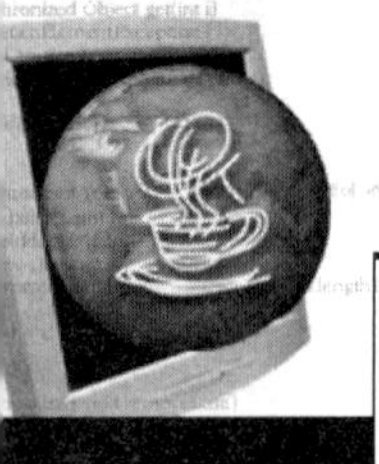

- 객체가 생성될 때 자동으로 호출되며, 주로 객체가 가지는 변수에 대한 초기화 작업 또는 메모리 할당 등의 작업을 주로 한다.
- new 연산자를 이용하여 객체를 생성할 때 호출되며, 이 때 객체를 위한 메모리를 할당하고, 다음으로 객체 생성자를 호출한다.
- 메소드와 비슷한 구조를 갖지만, 다른 점은 객체가 생성될 때 자동으로 호출되며, 반환값을 갖지 않으며, 메소드와 같이 직접 호출할 수 없다.
- 메소드 다중정의에 의해 같은 이름을 갖는 메소드가 여러 개 존재할 수 있듯이, 객체 생성자도 여러 개 존재가능하며 객체 생성자가 갖는 매개변수의 개수와 자료형을 이용하여 서로 구별하여 준다.
- 객체 생성자가 여러 개 정의되어 있을 때, 필요에 따라 하나의 객체 생성자에서 다른 객체 생성자를 호출 할 수 있는데, 이 때 this라는 키워드를 사용하고, 상속 관계에 있는 하위 클래스에서 상위 클래스의 객체 생성자를 호출할 때는 super라는 키워드를 사용하며, 이러한 다른 객체 생성자의 호출은 반드시 첫 번째 줄에 나타나야 한다.
- 객체 생성자를 정의하지 않으면, 자바 컴파일러는 아무런 매개변수도 취하지 않고 아무런 작업도 하지 않는 디폴트 객체 생성자를 자동으로 추가하여 준다.

```
클래스이름(형식매개변수 리스트) { … }
클래스이름(형식매개변수 리스트) {
   다른 객체 생성자 호출;  // 반드시 첫 번째 줄에서  이루어져야 함.
   …
}
클래스이름 변수이름 = new 클래스이름(실 매개변수 리스트);
```

new 연산자를 이용하여 객체를 생성할 때, 먼저 객체를 위한 메모리 공간을 할당하여 이를 default 값으로 초기화 하며, 객체 생성자의 첫 번째 문장이 다른 생성자를 호출할 경우 이를 먼저 처리하고, 다음으로 객체가 갖는 인스턴스 변수의 초기화 수식, 초기화 블록, 생성자의 몸체를 순서대로 수행한다. 〈예제 2-4〉는 이러한 과정을 보여주기 위한 자바 프로그램이다.

[예제 2-4] ConstructorTest.java

```
01  class Point {
02    private int x, y;
03    Point() {
04    }
05    Point(int xValue, int yValue) {
06      x = xValue;
07      y = yValue;
08    }
09    public void setX(int xValue) { x = xValue; }
10    public void setY(int yValue) { y = yValue; }
11    public int getX() { return(x); }
12    public int getY() { return(y); }
13    public void move(int xValue, int yValue) {
14      x += xValue;
15      y += yValue;
16    }
17    public String toString() {
18      return("(" + x + "," + y + ")");
19    }
20  }
21
22  class ConstructorTest {
23    public static void main(String args[]) {
24      Point p1 = new Point();
25      Point p2 = new Point(10, 20);
26      System.out.println("p1: " + p1);
27      System.out.println("p2: " + p2);
28    }
29  }
```

〈예제 2-1〉과 〈예제 2-4〉를 비교했을 때 큰 차이점은 3~8행에 걸쳐 생성자가 추가되었다는 것이다. 생성자는 클래스를 객체화 했을 때 객체에 초기값을 부여하는 기능을 제공하여 더욱 간결한 코드를 구현하기 위함이다.

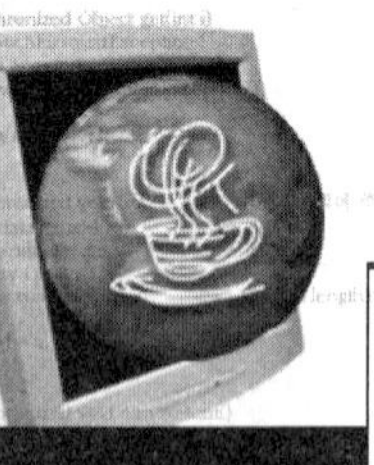

```
C:\WINDOWS\system32\cmd.exe

D:\exam>javac ConstructorTest.java

D:\exam>java ConstructorTest
p1: (0,0)
p2: (10,20)

D:\exam>
```

이 때, 자바 프로그램에서 Circle 클래스를 정의하고 Circle 클래스를 위한 아무런 객체 생성자도 정의해 주지 않았다면, 자바 컴파일러에 의해 자동으로 삽입되는 Circle 클래스의 객체 생성자는 다음과 같다.

```
public Circle() {    }
```

2.2 this

자바에서는 일반적으로 객체의 메소드 내에서 객체가 가지고 있는 변수 또는 메소드를 직접 참조할 수 있다. 그런데, 자바에서 클래스를 정의하고 객체를 생성할 때, this라는 키워드를 자주 사용하게 된다. 그렇다면 this는 어떤 역할을 하도록 자바에서 제공해 주는 것일까? this는 다음과 같은 몇 가지 중요한 특징을 갖는다.

- 객체 자신에 대한 참조값을 갖는다.
- 메소드 내에서만 사용된다.
- 매개변수와 객체 자신이 가지고 있는 변수의 이름이 같을 경우 이를 구분하기 위해 자신이 가지고 있는 변수 앞에 this를 사용한다.
- 객체 생성자 내에서 다른 생성자를 호출하기 위해 사용한다.
- 객체 자신에 대한 참조값을 메소드에 전달하거나 리턴해 주기 위해 사용하기도 한다.
- this를 사용함으로써, 모호하지 않고 조금 더 명확한 프로그램을 작성할 수 있다.

```
this
this.멤버변수
this(매개변수);
```

다음 〈예제 2-5〉의 Point 클래스는 예약어 this를 사용하여 〈예제 2-4〉의 Point 클래스를 재구성한 프로그램이다. 이처럼 this를 사용하면 자바 프로그램을 더욱 간결하고 모호하지 않게 표현할 수 있다.

[예제 2-5] ThisTest.java

```
class Point {
   private int x, y;

   Point() {
      this(0, 0);
   }

   Point(int x, int y) {
      this.x = x;
      this.y = y;
   }

   public void setX(int x) {  this.x = x; }
   public void setY(int y) {  this.y = y; }
   public int getX() {  return(this.x); }
   public int getY() {  return(this.y); }

   public void move(int x, int y) {
      this.x += x;
      this.y += y;
   }

   public String toString() {
      return("(" + this.x + "," + this.y + ")");
   }
}

```

```
class ThisTest {
  public static void main(String args[ ] ) {
    Point p1 = new Point();
    Point p2 = new Point(10, 20);
    System.out.println("p1: " + p1);
    System.out.println("p2: " + p2);
  }
}
```

```
C:\WINDOWS\system32\cmd.exe

D:\exam>javac ThisTest.java

D:\exam>java ThisTest
p1: (0,0)
p2: (10,20)

D:\exam>_
```

〈예제 2-6〉은 this를 사용하여, 자신의 다른 객체 생성자를 호출하였을 경우, 그 생성 과정은 어떻게 되는 지를 보여주기 위한 예이다.

[예제 2-6] ThisTest2.java

```
class Point {
  private int x, y;
  Point() {
    this(0, 0);
    System.out.println("Point(): ("+x+","+y+")");
  }
  Point(int x, int y) {
    this.x = x;
    this.y = y;
    System.out.println("Point(x,y):("+this.x+","+this.y+")");
  }
```

```
12     public void setX(int x) {  this.x = x; }
13     public void setY(int y) {  this.y = y; }
14     public int getX() {  return(this.x); }
15     public int getY() {  return(this.y); }
16     public void move(int x, int y) {
17        this.x += x;
18        this.y += y;
19     }
20     public String toString() {
21        return("(" + this.x + "," + this.y + ")");
22     }
23  }
24
25  class ThisTest2 {
26     public static void main(String args[ ] ) {
27        Point p1 = new Point();
28        Point p2 = new Point(10, 20);
29     }
30  }
```

3행에서는 인수가 없는 Point() 생성자가 정의되었고 7행에서는 두 정수를 인수로 사용되는 Point(int x, int y) 생성자가 정의되었다. 하지만 4행의 this(0, 0) 생성자를 이용하여 객체 생성자 내에서 다른 생성자(7행)를 호출하여 사용하였다.

```
C:\WINDOWS\system32\cmd.exe

D:\exam>javac ThisTest2.java

D:\exam>java ThisTest2
Point(x,y): (0,0)
Point(): (0,0)
Point(x,y): (10,20)

D:\exam>_
```

2.3 클래스 멤버와 인스턴스 멤버

클래스 내에 정의되어 있는 멤버는 변수와 메소드가 있고, 이는 다시 인스턴스 변수와 인스턴스 메소드 및 클래스 변수와 클래스 메소드로 나뉜다. 일반적으로 클래스 내에 선언된 변수와 메소드는 대부분이 인스턴스 변수와 인스턴스 메소드이다. 이는 클래스에 대해 인스턴스를 생성할 때, 각 인스턴스가 독립적으로 이를 위한 메모리 공간을 확보하기 때문이다. 이와는 달리, 클래스 변수와 클래스 메소드는 클래스의 모든 객체(또는 인스턴스)가 공유하는 전역 변수와 전역 메소드를 말한다. 클래스 변수 또는 메소드는 기존의 인스턴스 변수와 인스턴스 메소드의 앞에 'static'이라는 키워드를 명시해 주면 된다. 이러한 이유 때문에 클래스 변수와 클래스 메소드를 각각 static 변수와 static 메소드라고도 한다.

인스턴스 변수는 각 인스턴스(또는 객체)가 따로 갖는 변수이고 클래스 변수는 메소드 영역에 따로 잡혀 해당 클래스에 대한 모든 인스턴스들이 공유하는 변수이다. 따라서 클래스 변수는 객체의 생성과 관련이 없으며, 클래스가 메모리에 로드될 때 단 한번 클래스 변수를 위한 메모리가 할당되고 초기화된다. 따라서 객체를 생성하지 않더라도 클래스 변수에 대한 접근이 가능하다.

클래스 변수와 클래스 메소드의 선언

```
[접근권한] static 변수 선언;
[접근권한] static 메소드 선언;
```

클래스 변수와 클래스 메소드의 접근

```
클래스이름.클래스메소드()
클래스메소드()
객체참조값.클래스메소드()
```

인스턴스 메소드는 각 객체에 속하는 메소드이므로 인스턴스 메소드를 호출할 때는 해당 객체에 대한 참조값이 필요하지만, 클래스 메소드는 객체에 속한 것이 아니므로 객체에 대한 참조값이 필요가 없다. 또한, 인스턴스 변수 내에서는 자신에 대한 참조값 또는 상위 클래스에 대한 참조값을 각각 나타내는 this와 super와 같은 객체 참조값을 사용할 수 있고, 따라서 변수와 메소드의 사용에 제약이 없으

나, 클래스 메소드 내에서는 해당 객체에 대한 참조값을 갖지 않으므로 인스턴스 변수 또는 인스턴스 메소드를 사용할 때는 해당 객체 참조값을 명시해 주어야 하며, 그렇지 않을 경우 클래스 메소드 내에서는 인스턴스 변수 또는 인스턴스 메소드를 참조할 수 없다. 다음 〈예제 2-7〉은 클래스 변수와 클래스 메소드를 사용하는 자바 예제 프로그램이다.

[예제 2-7] ClassVarMethodTest.java]

```
class Point {
  private static int countPoint=0;
  private int pointID;
  private int x, y;
  Point() {
    this(0, 0);
  }

  Point(int x, int y) {
    pointID = ++countPoint;
    this.x = x;
    this.y = y;
  }

  public static int getCount() {  return(countPoint); }
  public int getID() {  return(pointID); }
  public void setX(int x) {  this.x = x; }
  public void setY(int y) {  this.y = y; }
  public int getX() {  return(this.x); }
  public int getY() {  return(this.y); }
  public void move(int x, int y) {
    this.x += x;
    this.y += y;
  }

  public String toString() {
    return(" ("+this.getID()+"/" + this.getCount() + ":"
      + this.x + "," + this.y + ")");
  }
}
```

```
class ClassVarMethodTest {
   public static void main(String args[] ) {
      Point p1 = new Point();
      Point p2 = new Point(10, 20);
      System.out.println("p1: " + p1);
      System.out.println("p2: " + p2);
   }
}
```

```
C:\WINDOWS\system32\cmd.exe

D:\exam>javac ClassVarMethodTest.java

D:\exam>java ClassVarMethodTest
p1: (1/2:0,0)
p2: (2/2:10,20)

D:\exam>
```

다음에 나오는 〈예제 2-8〉은 클래스 메소드에서 인스턴스 변수에 접근하는 잘못된 경우를 보여 주고 있는 예이다.

[예제 2-8] ClassVarMethodTest2.java

```
class Point {
   private static int countPoint=0;
   private int pointID;
   private int x, y;

   Point() {
      this(0, 0);
   }
```

```
10    Point(int x, int y) {
11       pointID = ++countPoint;
12       this.x = x;
13       this.y = y;
14    }
15
16    public static int getCount() { return(countPoint); }
17    public static void printPointID() {
18       System.out.println("pointID:"+pointID);  // 에러 발생
19    }
20    public static void printPointID(Point p) {
21       System.out.println("pointID: " + p.pointID);
22    }
23    public int getID() { return(pointID); }
24    public String toString() {
25       return(" ("+this.getID()+" /"+this.getCount()+" :"
26              + this.x + "," + this.y + ")");
27    }
28 }
30
31 class ClassVarMethodTest2 {
32    public static void main(String args[ ] ) {
33       Point p1 = new Point();
34       Point p2 = new Point(10, 20);
35       System.out.print("p1" + p1 + " ");
36       System.out.println("p2" + p2);
37    }
38 }
```

15행에서 에러가 발생하는 이유는 printPointID() 메서드는 클래스 메서드로 선언되었으나 인스턴스 변수 pointID에 접근을 시도하였기 때문에 발생하는 것이다. 따라서 오류를 수정하는 방법은 몇 가지가 있지만 프로그램의 의미상 15행의 printPointID() 메소드를 인스턴스 메서드로 선언하는 것, 즉 static 예약어를 삭제하는 것으로 오류를 해결할 수 있다.

```
C:₩WINDOWS₩system32₩cmd.exe

D:₩exam>javac ClassVarMethodTest2.java
ClassVarMethodTest2.java:9: non-static variable pointID cannot be referenced fro
m a static context
                System.out.println("pointID: " + pointID); // 에러 발생
                                                 ^
1 error

D:₩exam>_
```

오류 부분을 수정하여 다시 번역하고 실행하면 다음과 같은 결과를 얻을 수 있다.

```
C:₩WINDOWS₩system32₩cmd.exe

D:₩exam>javac ClassVarMethodTest2.java

D:₩exam>java ClassVarMethodTest2
p1(1/2:0,0) p2(2/2:10,20)

D:₩exam>
```

2.4 클래스 초기화 및 객체의 생성 과정

자바에서 클래스를 처음으로 메모리에 적재(loading)하고, 클래스에 대한 객체(또는 인스턴스)를 생성할 때 자바에서는 내부적으로 초기화 작업을 수행한다. 클래스는 클래스 변수 및 클래스 메소드 등과 같은 클래스 멤버와 인스턴스 변수 및 인스턴스 메소드 등과 같은 인스턴스 멤버로 구성되어 있다. 이 때, 클래스 메소드와 인스턴스 메소드를 메모리에 적재하고, 클래스 변수와 인스턴스 변수에 대한 메모리를 할당하고 초기화해야 하는데, 자바에서 언제 어떻게 이러한 작업을 수행하는 지에 대하여 살펴보도록 하겠다.

자바에서는 자바 가상머신에 의해 해당 클래스가 메모리에 적재될 때 클래스 초기화를 무엇보다도 먼저 수행한다. 이 때 수행되는 클래스 초기화는 다음과 같이 이루어진다.

- 먼저, 모든 클래스 변수는 자바에서 제공해 주는 세 가지 메모리 영역 중 메소드 영역에 위치한다.
- 다음으로, 각 클래스 변수는 0, '₩u0000', false, 또는 null 등과 같은 디폴트 초기값으로 초기화 된다.
- 마지막으로, 클래스 변수 초기화 수식과 클래스 초기화 블록을 정의된 순서대로 실행하게 된다.

다음과 같이 클래스 변수의 초기화 수식만으로 클래스 변수 초기화할 수 없을 경우 클래스 초기화 블록을 사용할 수 있다.

- 배열형의 클래스 변수를 초기화 할 때
- 여러 개의 클래스 변수를 한꺼번에 초기화 할 때
- 예외(exception)를 발생시키는 메소드를 호출할 때

클래스 초기화는 객체의 생성과는 무관하게 클래스가 메모리에 적재될 때 이루어지는 것과는 달리, new 연산자에 의해 객체가 생성될 때마다 수행되는 작업이 있는데 다음과 같다.

- new 연산자는 객체를 위한 메모리 공간을 할당한다.
- 객체가 가지고 있는 모든 인스턴스 변수들을 디폴트 초기값(0, '₩u0000', false, null)으로 초기화 된다.
- 객체가 갖고 있는 인스턴스 변수의 초기화 수식 및 초기화 블록을 실행한다.
- 객체 생성자의 첫번째 문장에서 다른 생성자를 호출할 경우 이를 먼저 처리한다.
- 마지막으로 객체 생성자의 몸체를 실행한다.

클래스 변수의 초기화 및 초기화 블록

```
static 변수선언 = 초기값;
또는
static 배열형변수선언 = new 배열형;
static {
   여러 개의 변수들의 초기화
   또는
   배열의 초기화;
}
```

클래스 변수의 초기화 및 초기화 블록의 예

```
static int countPoint=0;
또는
static int monthDays[ ] = new int[ 10] ;
static {
  monthDays[ 0] = 31; monthDays[ 1] = 28;
      ...
  monthDays[ 10] = 30; monthDays[ 11] = 31;
}
```

단, 인스턴스 변수의 초기화 및 초기화 블록은 위에서 static 를 제거하면 된다.

new 연산자를 이용하여 객체를 생성할 때, 먼저 객체를 위한 메모리 공간을 할당하여 이를 디폴트값으로 초기화 하며, 객체 생성자의 첫 번째 문장이 다른 생성자를 호출할 경우 이를 먼저 처리하고, 다음으로 객체가 갖는 인스턴스 변수의 초기화 수식, 초기화 블록, 생성자의 몸체를 순서대로 수행한다. 〈예제 2-9〉는 이러한 과정을 잘 보여주는 자바 프로그램이다.

[예제 2-9] ConstructionTest.java

```
class Point {
  private int x, y;
  Point() {
    System.out.println("Point()");
  }
  Point(int xValue, int yValue) {
    x = xValue;
    y = yValue;
    System.out.println("Point("+x+","+y+")");
  }
  public void setX(int xValue) { x = xValue; }
  public void setY(int yValue) { y = yValue; }
  public int getX() { return(x); }
  public int getY() { return(y); }
  public void move(int xValue, int yValue) {
    x += xValue;
    y += yValue;
  }
```

```
    public String toString() {
        return("(" + x + "," + y + ")");
    }
}

class ConstructionTest {
    Point p1 = new Point();
    {
        System.out.println("Point p1 = new Point();");
    }
    Point p2;
    {
        p2 = new Point(10, 20);
        System.out.println("p2 = new Point(10, 20);");
    }

    ConstructionTest() {
        System.out.println("ConstructionProcessTest()");
    }

    public static void main(String args[]) {
        new ConstructionTest();
    }
}
```

```
C:\WINDOWS\system32\cmd.exe

D:\exam>javac ConstructionTest.java

D:\exam>java ConstructionTest
Point()
Point p1 = new Point();
Point(10,20)
p2 = new Point(10, 20);
ConstructionProcessTest()

D:\exam>
```

또한, 객체의 생성과는 무관하게 클래스를 메모리에 적재하면서 클래스 변수의 초기화 클래스 초기화 블록의 실행 등의 초기화를 수행하고, 객체를 생성할 때 인스턴스 변수의 초기화 및 초기화 블록의 실행 등을 하고 객체 생성자를 실행한다. 〈예제 2-10〉은 이러한 과정을 잘 보여주는 자바 프로그램이다.

[예제 2-10] ClassInitTest.java

```
class A {
   A() {
      System.out.println("A()");
   }
}
class ClassInitTest {
   static int monthNum=12;
   static int monthDays[ ] ;
   static
   {
      monthDays = new int[ monthNum] ;
      monthDays[  0]  = 31; monthDays[  1]  = 28;
      monthDays[  2]  = 31; monthDays[  3]  = 30;
      monthDays[  4]  = 31; monthDays[  5]  = 30;
      monthDays[  6]  = 31; monthDays[  7]  = 31;
      monthDays[  8]  = 30; monthDays[  9]  = 31;
      monthDays[ 10]  = 30; monthDays[ 11]  = 31;

      System.out.println("static int monthDays[ ] ;...");
   }
   A a;
   {
     a = new A();
      System.out.println("A a;");
   }
   ClassInitTest() {
      this(0);
      System.out.println("ClassInitTest()");
   }
   ClassInitTest(int x) {
      System.out.println("ClassInitTest(int x)");
```

```
    }
    public static void main(String args[ ] ) {
        new ClassInitTest();
        System.out.println("new ClassInitTest();");
    }
}
```

```
C:\WINDOWS\system32\cmd.exe

D:\exam>javac ClassInitTest.java

D:\exam>java ClassInitTest
static int monthDays[];...
A()
A a;
ClassInitTest(int x)
ClassInitTest()
new ClassInitTest();

D:\exam>
```

3. 상속

3.1 상속

객체지향 개념은 클래스를 이용하여 새로운 클래스를 생성 또는 정의할 수 있도록 하고 있다. 예를 들어, 자동차가 갖는 일반적인 상태와 행동들을 자동차 클래스로 정의해 놓고, 이 자동차 클래스를 확장하여 버스만이 갖는 상태와 행동을 추가하여 버스 클래스를 정의하고, 트럭이 갖는 상태와 행동을 추가하여 트럭 클래스를 정의하고, 그리고 자가용이 갖는 상태와 행동들을 추가하여 자가용 클래스를 정의 할 수 있겠지요. 이 때, 자동차 클래스를 상위 클래스(superclass)라 하고 버스 클래스, 트럭 클래스, 자가용 클래스 등을 하위 클래스(subclass)라 하며, 이들 간의 관계에 대해 얘기할 때 "하위 클래스는 상위 클래스를 상속한다(inherit)"라

고 한다. 다시 말해서, 하위 클래스는 상위 클래스가 갖고 있는 모든 특성들을 상속하여 사용할 수 있다는 것이다. 이러한 상속 관계를 트리로 나타낼 수 있고, 이 상속관계 트리를 클래스 계층도(class hierarchy)라 한다.

자바에서의 모든 클래스들은 반드시 어떤 클래스로부터 파생되어야 하는데, 클래스 계층 구조의 최상위 클래스는 바로 java.lang이라는 패키지에 있는 Object라는 클래스이다. 따라서 자바에서 정의된 모든 클래스는 기본적으로 Object클래스로부터 파생된 클래스가 되며, 자바 개발자가 만든 클래스가 그 어떤 클래스도 상속하지 않도록 정의하였다면, 자바는 내부적으로 이 사용자 클래스가 Object 클래스를 상속하도록 코드를 추가하여 준다. 그러므로 자바에서 생성된 모든 클래스는 Object 클래스가 가지고 있는 변수와 메소드를 상속하여 그대로 사용할 수 있다.

```
class A {
  ...
}
class B extends A {
  ...
}
```

위와 같이 함으로써, 클래스 B는 클래스 A를 상속하면서 확장하게 되고, 이 때 클래스 A에 있는 변수와 메소드에 대해 접근 권한에 따라 상속하여 사용할 수 있다. 다음 〈예제 2-11〉은 클래스 B가 클래스 A를 상속하도록 하고 있는 자바 프로그램이다.

[예제 2-11] InheritanceTest.java

```
class A {
   int x, y;
   A() {
      x = 0; y = 0;
   }
   public void setXY(int x, int y) {
      this.x = x;
      this.y = y;
   }
   public int getX() { return(this.x); }
```

```
    public int getY() { return(this.y); }
}

class B extends A {
    int z;
    public void setXYZ(int x, int y, int z) {
        setXY(x, y);
        this.z = z;
    }
    public int getZ() { return(this.z); }
}

class InheritanceTest {
    public static void main(String args[]) {
        A a = new A();
        B b = new B();
        a.setXY(1, 2);
        b.setXYZ(3, 4, 5);
        System.out.println("YZ(" + a.getX() + ","
                                + a.getY() + ")");
        System.out.println("XYZ(" + b.getX() + ","
                                + b.getY() + ","
                                + b.getZ() + ")");
    }
}
```

```
C:₩WINDOWS₩system32₩cmd.exe

D:₩exam>javac InheritanceTest.java

D:₩exam>java InheritanceTest
YZ(1,2)
XYZ(3,4,5)

D:₩exam>
```

3.2 상위 클래스와 하위 클래스

자바에서 "B 클래스가 A 클래스를 상속한다"고 할 때, 상속관계에 있는 두 클래스의 관계를 정의해 보면, A 클래스를 상위 클래스(superclass)라 하고, B 클래스를 하위 클래스(subclass)라 한다. 이 때, 하위 클래스는 다른 클래스로부터 파생된 클래스를 나타내며, 상위 클래스의 모든 상태(변수)와 행동(메소드)을 상속하게 된다. 상위 클래스란 클래스 계층구조에서 바로 한 단계 위 클래스를 나타냅니다. 하위 클래스는 상위 클래스의 외부 인터페이스 및 그 구현에 대해 재사용하므로, 상위 클래스의 모든 변수와 메소드에 대해 하위 클래스에서 접근 가능한 변수와 메소드는 하위 클래스의 것으로 생각할 수 있는데, 하위 클래스가 상속할 수 있거나 그렇지 못한 상위 클래스의 멤버는 다음과 같다.

- public 또는 protected 접근 지정자로 선언된 변수와 메소드는 상속할 수 있다.
- 같은 패키지 내의 상위 클래스에 있는 접근 지정자가 생략되어 있는 변수와 메소드는 상속할 수 있다.
- 상위 클래스와 하위 클래스에 같은 이름의 변수나 메소드가 있는 경우, 하위 클래스에서 상속할 수 없다. 메소드의 이름이 같은 경우 재정의(override)한다고 말한다.
- private 접근 지정자로 선언된 변수와 메소드는 상속할 수 없다.

또한, 자바에서는 C++에서와는 달리 클래스는 단 하나의 클래스만을 상속하도록 하고 있다. 다시 말해서, 상위 클래스와 하위 클래스 간의 관계는 항상 1:1이다. 또한, 클래스는 클래스 계층 구조를 최상위 클래스까지 거슬러 올라가면서 만날 수 있는 상위 클래스, 상위 클래스의 상위 클래스 등등 모든 상위 클래스의 변수 및 메소드를 상속하는 것이다. 마지막으로 상위 클래스는 상위 자료형이라고 말할 수 있고, 하위 클래스는 하위 자료형이라 말할 수 있다. 이 때, 하위 자료형은 수식 내에서 상위 자료형이 나타날 수 있는 어떤 위치에도 나타날 수 있다.

다시 말해서, 하위 자료형은 상위 자료형을 확장한 자료형이므로, 상위 자료형 변수는 하위 자료형 값을 가리킬 수 있지만, 하위 자료형 변수는 상위 자료형 값을 가리킬 수 없다.

```
// 상위 클래스 정의
class A {
  ...
}
```

```
// 하위 클래스 정의 - A 클래스를 확장
class B extends A {
  ...
}
```

다음 <예제 2-12>는 상위 클래스와 하위 클래스의 관계에 따른 상위 자료형과 하위 자료형의 관계를 명확하게 보여주기 위한 자바 예제 프로그램이다.

[예제 2-12] SuperSubClassTest.java

```
class A {
   int x, y;
   A() {
      x = 0; y = 0;
   }
   public void set(int x, int y) {
      this.x = x; this.y = y;
   }
   public int getX() { return(this.x); }
   public int getY() { return(this.y); }
}

class B extends A {
   int z;
   B() {
      x = 0; y = 0; z = 0;
   }
   public void set(int x, int y, int z) {
      set(x, y);
      this.z = z;
   }
   public int getZ() { return(this.z); }
}

class SuperSubClassTest {
   public static void main(String args[ ] ) {
      A a1, a = new A();
```

```
        B b1, b = new B();

        a.set(10, 10);
        b.set(5, 5, 5);
        a1 = b;
        b1 = a;                     // 에러 발생
        System.out.print("YZ("+a.getX()+","+a.getY()+")");
        System.out.print("XYZ("+b.getX()+","+b.getY()+ ","
                +b.getZ()+ ")");
    }
}
```

```
C:\WINDOWS\system32\cmd.exe

D:\exam>javac SuperSubClassTest.java
SuperSubClassTest.java:24: incompatible types
found   : A
required: B
                b1 = a; // 에러 발생
                     ^
1 error

D:\exam>_
```

다음 〈예제 2-13〉은 상위 클래스와 하위 클래스의 관계를 좀 더 명확하게 보여주기 위한 자바 예제 프로그램이다.

[예제 2-13] SuperSubClassTest2.java

```
class A {
  int x, y;
  public void setXY(int x, int y) {
    this.x = x; this.y = y;
  }
  public int getX() { return(this.x); }
  public int getY() { return(this.y); }
}
```

```

class B extends A {
   int z;
   public void setXYZ(int x, int y, int z) {
      setXY(x, y);
      this.z = z;
   }
   public int getZ() { return(this.z); }
}

class SuperSubClassTest2 {
   public static void main(String args[ ] ) {
      A a;
      B b = new B();
      a = b;
      b.setXYZ(1, 2, 3);
      System.out.println("XYZ("+b.getX()+","+b.getY()+ ","
           + b.getZ() + ") ");
      a.setXY(4, 5);
      System.out.println("XYZ("+b.getX()+","+b.getY()+ ","
           + b.getZ() + ") ");
      b.setXY(6, 7);
      System.out.println("XYZ("+b.getX()+","+b.getY()+ ","
           + b.getZ() + ")");
   }
}
```

```
C:\WINDOWS\system32\cmd.exe

D:\exam>javac SuperSubClassTest2.java

D:\exam>java SuperSubClassTest2
XYZ(1,2,3)
XYZ(4,5,3)
XYZ(6,7,3)

D:\exam>
```

3.3 상속과 생성자 및 생성 과정

자바에서는 상위 클래스에 있는 변수와 메소드에 대해 하위 클래스에서 접근 가능한 모든 변수와 클래스를 하위 클래스가 상위 클래스로부터 상속하여 자신의 것으로 사용한다. 그러나 상위 클래스가 가지고 있는 객체 생성자는 하위 클래스가 상속할 수 없고, 대신 하위 클래스의 객체 생성자에서 상위 클래스의 객체 생성자를 호출할 수 있도록 한다. 클래스의 객체 생성자에서 자신의 다른 객체 생성자를 호출하기 위해, 키워드 this를 사용하여 객체 생성자의 첫 줄에 나타내 주었습니다. 그렇다면, 하위 클래스의 객체 생성자에서 상위 클래스의 객체 생성자를 호출하기 위해서는 어떻게 해야 할까? 하위 클래스의 객체 생성자에서 상위 클래스의 객체 생성자를 명시적으로 호출하기 위해서는 super라는 키워드를 사용한다. 그리고 하위 클래스의 객체 생성자에서 상위 클래스의 객체 생성자를 호출하는 문장을 명시적으로 나타내 주지 않으면, 자바 컴파일러는 자동으로 "super();" 문장을 삽입해 준다. 여기서, 객체 생성자에서 다른 객체 생성자를 호출하기 위해 다음과 같은 키워드를 사용할 수 있고, 이러한 문장은 반드시 객체 생성자의 첫 번째 문장으로 나타나야 한다.

- this(…) : 클래스 내의 객체 생성자에서 다른 객체 생성자를 호출한다.
- super(…) : 하위 클래스의 객체 생성자에서 상위 클래스의 객체 생성자를 호출한다.

이렇게, 자바 프로그램이 상속과 다른 객체 생성자를 호출하게 되는 복잡한 구조를 갖게 될 때, 객체의 생성 순서를 살펴보면 다음과 같다.

- new 생성자를 이용하여 객체를 위한 메모리 공간을 할당한다.
- 모든 인스턴스 변수를 0, '₩u0000', false, 그리고 null 등과 같은 디폴트 초기치로 초기화한다.
- 상위 클래스의 생성자를 호출한다.
- 하위 클래스에 선언된 인스턴스 변수 초기자 수식 및 인스턴스 초기화 블록을 실행한다.
- 하위 클래스의 생성자 몸체를 실행한다.

```
class A {
   A() {
      this(…);
```

```
        ...
    }
    ...
}

class B extends A {
    B() {
        super(…);
        ...
    }
    ...
}
```

다음 〈예제 2-14〉와 〈예제 2-15〉는 상속에 따른 생성자들의 관계를 보여주기 위한 자바 예제 프로그램이다.

[예제 2-14] SuperThisTest.java

```
class A {
    static int check(String msg) {
        System.out.println(msg);
        return(0);
    }
    int a = check("int a");
    public A() {  check("public A()"); }
}

class SuperThisTest extends A {
    public int b = check("public int b");
    public SuperThisTest() {
        check("public SuperThisTest()");
    }
    public static void main(String args[ ] ) {
        SuperThisTest b = new SuperThisTest();
    }
}
```

```
C:₩WINDOWS₩system32₩cmd.exe

D:₩exam>javac SuperThisTest.java

D:₩exam>java SuperThisTest
int a
public A()
public int b
public SuperThisTest()

D:₩exam>_
```

[예제 1-15] SuperThisTest2.java

```java
class A {
   static int check(String msg) {
      System.out.println(msg);
      return(0);
   }
   int a = check("int a");
   public A() {
      check("public A()");
   }
   public A(int i) {
      this();
      check("public A(" + i + ") after this()");
   }
}

class SuperThisTest2 extends A {
   public int b = check("public int b");
   public SuperThisTest2() {
      super(1);
      check("public SuperThisTest2()");
   }
   public static void main(String args[]) {
      SuperThisTest2 b = new SuperThisTest2();
   }
}
```

```
C:\WINDOWS\system32\cmd.exe

D:\exam>javac SuperThisTest2.java

D:\exam>java SuperThisTest2
int a
public A()
public A(1) after this()
public int b
public SuperThisTest2()

D:\exam>_
```

3.4 상속과 인스턴스 메소드의 재정의(Overriding)

자바에서는 객체지향 개념에서 정의하고 있는 특성 중 하나인 다형성(Polymorphism)을 제공해 주기 위해, 메소드의 재정의(method overriding) 및 메소드의 다중정의(method overloading)를 할 수 있도록 하고 있다. 상속관계에서 나타날 수 있는 다형성의 특징이 메소드 재정의이다. 이러한 다형성은 보다 더 강력한 소스 코드 및 외부 인터페이스 재사용할 수 있도록 해 주고, 상위 클래스의 일부 메소드가 하위 클래스에 적합하지 않을 경우에도, 적합하지 않은 메소드만 재정의(overriding) 함으로써 상속이 가능하며 나머지 부분은 재사용 될 수 있다. 또한, 프로그램의 다른 부분이 수정 없이 재사용되고, 응용 프로그램의 개발을 돕기 위한 뼈대 구조를 제공하는 강력한 클래스 라이브러리(패키지)를 제공할 수 있다.

하위 클래스는 상위 클래스로부터 상속되는 상태와 행동들을 가질 수 있다. 또한, 하위 클래스는 자신에게 필요한 변수들과 메소드를 추가적으로 정의할 수 있다. 그리고, 하위 클래스는 상위 클래스에서 정의된 메소드와 같은 이름, 같은 인자들을 갖는 새로운 메소드를 정의하여 상위 클래스에서 상속되는 메소드를 재정의(overriding)할 수 있다. 이렇게 하위 클래스가 상위 클래스의 인스턴스 메소드를 새로 구현함으로써 상위 클래스에서 제공해주고 있는 메소드를 하위 클래스에 맞게 새롭게 구현할 수 있는 것이다. 하위 클래스에서 상위 클래스의 메소드를 재정의하기 위해서는 다음과 같은 규약을 지켜주어야 한다.

- 인스턴스 메소드이어야 한다.
- 메소드의 이름이 같아야 한다.

- 매개변수의 개수가 같아야 한다.
- 매개변수 각각의 자료형이 일치해야 한다.
- 메소드의 리턴형이 일치해야 한다.

매개 변수의 개수나 자료형이 일치하지 않을 경우, 이는 메소드 다중정의(method overloading)가 된다.

```
class A {
   …
   int m1(int i) { … }
   int m2(float f) { … }
   …
}
class B extends A {
   …
   int m1(int i) { … }                    // 메소드 재정의
   int m2(float f1, float f2) { … }<        // 메소드 다중정의
   int m3() { … }                        // 메소드 추가
   …
}
```

상위 자료형을 갖는 변수를 통하여 재정의된 메소드를 호출하면, 참조되고 있는 객체의 실제 클래스에서 마지막으로 재정의된 메소드가 호출된다. 그리고, 인스턴스 변수, 클래스 변수, 그리고 클래스 메소드는 은닉될 수는 있어도 재정의 될 수는 없다. 마지막으로, 하위 클래스에서 재정의 되었지만 상위 클래스에 있는 메소드를 호출하기 위해서는 super라는 키워드를 사용한다. 기존의 상위 클래스의 메소드 및 그 상위 클래스에 접근하는 기존 클래스의 재사용 인스턴스 메소드 내에서의 super 변수는 this 변수와 마찬가지로 현재 객체의 참조값을 갖지만, 그 자료형은 직계 상위 클래스의 자료형이 된다. 따라서 super 키워드를 통하여 재정의된 메소드를 호출할 경우에는, 현재의 클래스에 재정의된 메소드를 호출하지 않고 상위 클래스의 메소드를 호출하는 특별한 의미를 갖는다.

〈예제 2-16〉은 메소드 재정의 및 메소드 다중정의를 보여주기 위한 자바 프로그램이다.

[예제 2-16] OverridingTest.java

```
class SuperClass {
   void m1(int i) {
      System.out.println("SuperClass:m1:" + i + " ");
   }
   void m2(float f) {
      System.out.println("SuperClass:m2:" + f + " ");
   }
}

class SubClass extends SuperClass {
   void m1(int i) {   // method overriding
      super.m1(i);
      System.out.println(" SubClass:m1:" + i + " ");
   }
   void m2(float f1, float f2) {   // method overloading
      System.out.println(" SubClass:m2:"+f1+","+f2+" ");
   }
   void m3() {
      System.out.println("  SubClass:m3");
   }
}

class OverridingTest {
   public static void main(String args[ ]) {
      SubClass sub = new SubClass();
   sub.m1(10);
      sub.m2(3.141592f);
      sub.m2(30, 40);
      sub.m3();
   }
}
```

```
C:\WINDOWS\system32\cmd.exe

D:\exam>javac OverridingTest.java

D:\exam>java OverridingTest
SuperClass:m1:10
 SubClass:m1:10
SuperClass:m2:3.141592
 SubClass:m2:30.0,40.0
 SubClass:m3

D:\exam>_
```

3.5 상속과 변수 및 메소드의 접근제어

인스턴스 변수, 클래스 변수, 그리고 클래스 메소드는 은닉될 수는 있어도 재정의 될 수는 없다. 또한, 상위 클래스에 있는 변수를 참조하거나 또는 메소드를 호출하기 위해서는 super라는 키워드를 사용한다. 기존의 상위 클래스의 변수, 메소드 및 그 상위 클래스에 접근하는 기존 클래스의 재사용 인스턴스 메소드 내에서의 super 변수는 this 변수와 마찬가지로 현재 객체의 참조값을 갖지만, 그 자료형은 직계 상위 클래스의 자료형이 된다. super 키워드를 통하여 재정의된 메소드를 호출할 경우에는, 현재의 클래스에 재정의된 메소드를 호출하지 않고 상위 클래스의 메소드를 호출하는 특별한 의미를 갖는다.

하위 클래스는 상위 클래스의 외부 인터페이스 및 그 구현에 대해 재사용하므로, 상위 클래스의 모든 변수와 메소드에 대해 하위 클래스에서 접근 가능한 변수와 메소드는 하위 클래스의 것으로 생각할 수 있는데, 하위 클래스가 상속할 수 있거나 그렇지 못한 상위 클래스의 멤버는 다음과 같다.

- private 접근 지정자로 선언된 변수는 상속할 수 없고, 메소드는 상속 및 재정의 할 수 없다.
- public 또는 protected 접근 지정자로 선언된 변수와 메소드는 상속할 수 있고, 메소드에 대해 재정의 할 수 있다.
- 같은 패키지 내에 있는 상위 클래스에 있는 접근 지정자가 생략되어 있는 변수와 메소드는 상속할 수 있고, 메소드에 대해 재정의 할 수 있다

```
class A {
   int x, y, z;
   …
   …
}
class B extends A {
   int x;                        // x는 새롭게 정의
   float y;                      // y는 새롭게 정의
                                // z는 상속
   …
   int m3() {
      this.x = super.x;
      this.y = super.m1(this.x);
   …
}
```

〈예제 2-17〉에 나오는 자바 프로그램에서 B 클래스가 A 클래스를 상속하도록 하였는데, 다음에 나오는 프로그램에서 상속 가능한 변수 또는 메소드에 대하여 생각해보고, 결과를 살펴보고 확인해 보시오.

[예제 2-17] AccessRightTest.java

```
class A {
   public int x;
   protected int y;
   private int z;
   int getX() { return(this.x); }
   private int getY() { return(this.y); }
   protected int getZ() { return(this.z); }
}

class B extends A {
   public int x;
   public void setXYZ(int x, int y, int z) {
      this.x = x;
      this.y = y;
      this.z = z;                        // 에러 발생
```

```
    }
}

class AccessRightTest {
    public static void main(String args[ ] ) {
        B b = new B();
        b.getX();
        b.getY();                              // 에러 발생
        b.getZ();
    }
}
```

```
C:\WINDOWS\system32\cmd.exe

D:\exam>javac AccessRightTest.java
AccessRightTest.java:20: z has private access in A
                this.z = z; // 에러 발생
                    ^
AccessRightTest.java:27: cannot find symbol
symbol  : method getY()
location: class B
                b.getY(); // 에러 발생
                 ^
2 errors

D:\exam>
```

〈예제 2-18〉은 접근 권한에 따른 상속을 보여주기 위한 자바 프로그램이다. B 클래스가 A 클래스를 상속하도록 하였는데, 다음 중 상속과 관련하여 에러가 발생하는 부분에 대해서 다시 한 번 살펴보시기 바란다.

[예제 2-18] AccessRightTest2.java

```
class A {
    int i;
    public int j;
    protected int k;
    private int l;
}

class B extends A {
    public void print() {
```

```
            System.out.println("i:" + i);
            System.out.println("j:" + j);
            System.out.println("k:" + k);
            System.out.println("l:" + l);               // 에러 발생
        }
    }

    class AccessRightTest2 {
        public static void main(String args[ ] ) {
            A a = new A();
            new B().print();
            System.out.println("ii:" + a.i);
            System.out.println("jj:" + a.j);
            System.out.println("kk:" + a.k);
            System.out.println("ll:" + a.l);            // 에러 발생
        }
    }
```

```
C:\WINDOWS\system32\cmd.exe

D:\exam>javac AccessRightTest2.java
AccessRightTest2.java:13: l has private access in A
                System.out.println("l:" + l); // 에러 발생
                                          ^
AccessRightTest2.java:24: l has private access in A
                System.out.println("ll:" + a.l); // 에러 발생
                                            ^
2 errors

D:\exam>_
```

4. abstract/final/interface

4.1 추상 클래스와 추상 메소드

추상 클래스(abstract class)는 추상적인 클래스로써 그 구현이 덜 되었거나 또는 아직은 미완성 클래스이므로 실제 인스턴스(또는 객체)를 생성할 수 없도록 한

클래스이다. 다시 말해서, 추상 클래스는 객체가 가지는 특성들을 추상화시켜 놓았을 뿐 아직 구체화 시키지 못한 클래스이므로, 이 추상 클래스를 상속하는 하위 클래스에서 좀 더 구체화 시키도록 하는 것이다. 따라서 추상 클래스를 상위 클래스로 하여 상속하는 하위 클래스는 추상 클래스인 상위 클래스에서 완전히 구현하지 못한 부분들을 완전하게 구현해 주어야만 하위 클래스에 대한 객체 생성이 가능하고, 그렇지 못할 경우 하위 클래스는 상위 클래스인 추상 클래스와 같이 미완성이므로 자체적으로 객체를 생성할 수 없고, 이 하위 클래스는 다시 추상 클래스가 된다.

추상 메소드는 추상 클래스와 마찬가지로 아직 구현이 이루어지지 않고 단지 그 프로토타입만을 가지고 있는 메소드를 말한다. 추상 메소드의 특징은 다음과 같다.

- 추상 메소드는 미완성 메소드이어야 하므로, 메소드의 몸체(body)를 가질 수 없다.
- 추상 메소드는 클래스가 가져야 할 인터페이스에 대한 프로토타입(메소드의 형태)을 정의하고 있다.
- 추상 메소드는 하위 클래스가 가져야 할 인터페이스를 정의한다.
- 추상 메소드를 포함하는 클래스는 반드시 추상 클래스로 선언되어야 한다.

추상 클래스는 추상 메소드를 포함할 수 있고, 추상 메소드를 포함하는 클래스는 반드시 추상 클래스로 선언되어야 한다. 추상 메소드를 포함하고 있는 추상 클래스를 상속하는 하위 클래스는 추상 클래스가 갖고 있는 모든 추상 메소드를 구현하여 주어야 한다. 그럴 경우, 하위 클래스는 하나의 클래스처럼 사용할 수 있고, 인스턴스의 생성도 가능하지만, 추상 메소드를 모두 구현해 주지 못한 경우에는 하위 클래스도 구현이 완전히 이루어지지 않은 추상 메소드를 포함하게 되므로 추상 클래스가 되며, 이 때 반드시 추상 클래스로 선언되어야 한다. 그렇지 않을 경우 다음과 같은 에러가 발생한다. 이러한 추상 클래스(abstract class)와 추상 메소드는 해당 클래스와 메소드의 앞에 abstract 키워드를 사용하여 다음과 같이 선언할 수 있다.

```
abstract class 클래스이름 {
   abstract 메소드선언;          // 메소드의 몸체는 없음
}
```

예

```
abstract class AbstractClass {
   abstract void abstractMethod();
}
```

〈예제 2-19〉는 abstract를 잘못 사용하고 있는 예를 보여주는 자바 프로그램이다.

[예제 2-19] AbstractTest.java

```
class A {
   abstract void m1();
   abstract void m2();
   abstract void m3() {
      /* ... */
   }
}
class AbstractTest extends A {
   void m1() {
   }
}
```

〈예제 2-19〉를 살펴보면 abstract 메소드를 포함하고 있으므로 abstract로 선언되어야 한다. 그리고 abstract 메소드는 메소드 몸체를 갖지 못한다. 마지막으로, abstract 클래스를 상속하고 있고 abstract 메소드 중 m2()가 아직 구현되지 않았으므로 abstract로 선언되어야 한다.

〈예제 2-20〉을 컴파일 해 보면 에러가 발생하는데, 이는 추상 클래스 참조형 변수를 선언할 수는 있지만, 인스턴스(또는 객체)를 생성할 수는 없기 때문이다.

[예제 2-20] AbstractTest2.java

```
abstract class A {
   abstract void m1();
   abstract void m2();
   void m3() { /* ... */ }
}
abstract class B extends A {
   void m1() { /* ... */ }
```

```
}
class C extends B {
   void m2() {  /* ... */ }
}
class AbstractTest2 {
   public static void main(String args[ ] ) {
      A a;
      B b;
      C c;
      a = new A();                        // 에러 발생
      c = new C();
   }
}
```

4.2 final 변수(상수)와 상수 객체

매개변수, 지역변수, 인스턴스 변수, 클래스 변수 등과 같은 모든 종류의 변수를 final로 선언하면 그 변수의 내용을 변경할 수 없다. 상수는 보통 클래스 상수를 많이 사용한다. 클래스 상수는 기본 자료형일 경우, 이름을 모두 대문자로 만들고, 이름이 여러 단어로 이루어져 있을 경우, 단어와 단어 사이를 '_'로 구분하여 준다. 리터럴 상수에 대한 파이널 변수의 이점은 문서화의 한 형태로서 가독성을 높이고, 상수가 정의한 곳에서만 값을 바꾸어 주면 되므로 수정이 용이하고, 관련된 상수를 하나의 클래스에 모아 놓을 수 있으므로 C에서의 enum 자료형을 대신할 수 있다. final 변수에 아무런 초기값도 대입하지 않을 경우가 있는데, 이러한 상수를 공백 상수(blank constant)라 하고 프로그램 내에서 단 한번 값을 대입할 수 있는데, 이러한 공백 상수는 초기화 수식만으로 초기값을 계산할 수 없거나 초기값을 계산할 때 예외가 발생할 수 있는 경우 주로 사용한다. 이렇게 한 번 설정된 final 변수의 값은 변경할 수 없고, 변경하려 할 경우 에러가 발생한다.

상수 객체란 final 변수(상수)와 같이 그 내용을 변경할 수 없는 것을 말한다. 다시 말해서, 객체의 내용을 외부에서 전혀 바꿀 수 없는 객체를 상수 객체라 한다. 이렇게 객체의 내용을 외부에서 전혀 변경할 수 없게 하기 위해서는, 클래스를 정의할 때 모든 인스턴스 변수를 final로 선언하거나, private 접근권한을 줌으로써 외부에서 아예 접근하지 못하도록 하는 방법이 있다. 또한, 변수의 값을 변경할 수 있도록 제공해주는 메소드에 대해서도 private 접근권한을 줌으로써 외

부에서 변수에 대해 변경할 수 있는 방법을 아예 없애버리는 것이다. 실제로 자바에서 기본적으로 제공되고 있는 클래스 중 이러한 방법을 사용하여 내용을 전혀 변경할 수 없도록 정의된 클래스에 대한 예를 들면, String 클래스와 Integer 클래스 등이 있다. 그런데 한 가지 재미있는 것은, final 변수가 참조형일 경우, final 변수가 직접 저장하고 있는 참조값은 바꿀 수 없지만, 참조하고 있는 객체 또는 배열의 내용은 바꿀 수 있다는 것이다.

```
final 변수선언=초기값;
또는
final 변수선언; … 변수=초기값;
```

〈예제 2-21〉은 final 변수(상수)에 대한 사용 예를 보여주기 위한 자바 프로그램이다.

[예제 2-21] ConstantTest.java

```
class ConstantClass {
   final static int MAXIMUM_NUM=5;
   static int countNum=0;
   final int num;
   ConstantClass() {
      this.num = ++countNum;
   }
   static boolean avaiableNum() {
      return(countNum <MAXIMUM_NUM);
   }
   public String toString() {
      return(" (" + num + "/" + countNum + ")");
   }
}

class ConstantTest {
   public static void main(String args[]) {
      final int finalLocalVar;
      finalLocalVar = 10;
      inc(20);
```

```
        System.out.print(" MAXIMUM_NUM: " +
            ConstantClass.MAXIMUM_NUM);
        System.out.print(" " + new ConstantClass().num);
        System.out.print(" " + new ConstantClass().num);
        System.out.print(" " + new ConstantClass());
    }
    static int inc(final int a) {
        System.out.print("final int a: " + a++);
        return(a);
    }
}
```

```
C:\WINDOWS\system32\cmd.exe

D:\exam>javac ConstantTest.java
ConstantTest.java:20: final parameter a may not be assigned
                System.out.print("final int a: " + a++);
                                                   ^
1 error

D:\exam>
```

위의 〈예제 2-21〉처럼 final 변수는 지역변수, 매개변수 등 모두 가능하다. 대신, 한 번 값을 지정하였으면, 더 이상 변경할 수 없고, 변경하려고 하면 에러가 발생하게 된다.

〈예제 2-22〉는 final 변수(상수)에 대한 사용 예를 보여주기 위한 자바 프로그램이다.

[예제 2-22] EnumVarTest.java

```
class MenuClass {
    final static int MENU_MIN    =0;
    final static int MENU_EXIT   =0;
    final static int MENU_INSERT=1;
    final static int MENU_DELETE=2;
    final static int MENU_SEARCH=3;
```

```
    final static int MENU_UPDATE=4;
    final static int MENU_MAX   =4;
    final static String[] menuStr = { "Exit",
                                "Insert",
                                "Delete",
                                "Search",
                                "Update" };
    final static boolean validMenu(int i) {
      return((i >= MENU_MIN)&&(i <= MENU_MAX));
    }
    final static void printMenu() {
      System.out.println("[ 1]  Insert\n[ 2]  Delete\n
          [ 3]  Search\n[ 4]  Update\n\n[ 0]  Exit");
    }
}
class EnumVarTest {
    public static void main(String args[])
      throws java.io.IOException
    {
      int menu;
      for(;;) {
        do {
          MenuClass.printMenu();
          menu = System.in.read() - '0';
          System.in.read(); System.in.read();
        } while(!MenuClass.validMenu(menu));
        System.out.println("Selected menu: "
              + MenuClass.menuStr[menu]);
        if(menu == MenuClass.MENU_EXIT) break;
      }
    }
}
```

자바 언어에서는 C/C++에서 제공해 주고 있는 enum 형에 대해서 제공해 주고 있지 않습니다. 그러나 이러한 enum 형에 대해서 자바에서 사용하고자 한다면, 위에서와 같이 final로 선언된 클래스 변수를 이용할 수 있다.

4.3 파이널(final) 클래스와 파이널(final) 메소드

파이널 클래스와 파이널 메소드에 대한 필요성은 자바에서 객체지향 개념 중 상속을 제공해 주기 때문에 발생한다. 간단하게 말해서, 파이널 클래스는 더 이상 상속될 수 없고, 파이널 메소드는 더 이상 재정의 될 수 없다는 것을 의미한다.

파이널 클래스는 더 이상 상속될 수 없는 클래스를 나타냅니다. 다시 말해서, 어떤 클래스가 더 이상 상속되지 않도록 하기 위해서는 final 키워드를 이용하여 클래스를 선언하여 주면 된다. 현재 작성되는 클래스가 더 이상 기능이 추가될 필요없이 완벽한 클래스로 만들어졌다고 생각한다면 파이널 클래스로 선언하여 주면 된다. 이렇게 final 키워드를 이용하여 선언된 파이널 클래스를 상속하려고 한다면 에러가 발생한다. 파이널 클래스를 선언하는 방법은 다음과 같다.

```
final class 클래스이름 {
}
```

파이널 메소드는 상속관계에 있는 상위 클래스와 하위 클래스에 대해, 상위 클래스에 있는 메소드가 더 이상 하위 클래스에 의해 재정의(overriding)되지 않도록 하기 위해 사용된다. 다시 말해서, 상위 클래스가 가지고 있는 메소드에 대해 더 이상 구현될 필요가 없거나, 객체에 있어 매우 중요한 메소드이므로 하위 클래스에 의해 재정의되면 안 되는 메소드이거나, 또는 객체의 일관성 있는 상태를 유지하기 위해 중요한 메소드일 경우 파이널 메소드로 선언하게 된다. 이러한 파이널 메소드를 선언하기 위한 방법은 다음과 같다.

```
final class 클래스이름 {
    final 메소드 선언;
}
```

다음 〈예제 2-23〉은 파이널 클래스와 파이널 메소드를 사용하는 자바 프로그램이다.

[예제 2-23] FinalTest.java

```
final class A {
    public int a, b;
```

```
}
class B {
   final void m1()       { }
   final void m2(int a) { }
}
class C extends A {
   public int c;
}
class D extends B {
   void m1()             { }
   void m2(int a, int b) { }
}
class FinalTest {
   public static void main(String args[]) {
      A a = new A();
      B b = new B();
      C c = new C();
      D d = new D();
   }
}
```

〈예제 2-23〉은 파이널 클래스는 더 이상 상속될 수 없지만 상속하려 하고 있고, 파이널 메소드는 더 이상 재정의 될 수 없지만 재정의 하려하고 있다. 따라서 다음과 같은 에러가 발생한다.

```
C:\WINDOWS\system32\cmd.exe

D:\exam>javac FinalTest.java
FinalTest.java:8: cannot inherit from final A
class C extends A {
                ^
FinalTest.java:12: m1() in D cannot override m1() in B; overridden method is fin
al
        void m1() { }
             ^
2 errors

D:\exam>
```

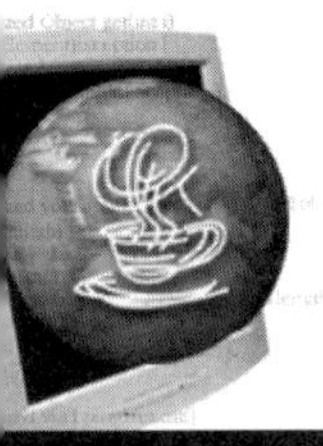

4.4 인터페이스

인터페이스란 구현되지 않고 - 메소드 몸체를 가지지 않고 - 메소드 정의(prototype)만 가지고 있고, 거기에 이와 관련된 상수값 만을 모아 놓은 클래스라 할 수 있다. 여기서 메소드 정의 즉 prototype이란 추상 메소드라 할 수 있고, 상수란 final 변수라 할 수 있다. 다시 말해서, 인터페이스란 추상 메소드와 final 변수로만 이루어진 클래스라 할 수 있다. 따라서 인터페이스 내에 정의된 메소드는 자바에 의해 자동으로 'public abstract'로 선언되게 된다. 마찬가지로 인터페이스 내에 선언된 변수는 자동으로 'public static final'로 선언되도록 되어 있다. 추상 메소드를 포함하고 있는 추상 클래스는 객체 생성을 할 수 없듯이, 구현이 이루어지지 않은 추상 메소드를 포함하고 있는 인터페이스 역시 객체 생성을 할 수 없다. 따라서 어떤 클래스가 이 인터페이스를 상속하여 인터페이스에 정의된 모든 메소드를 구현해 주어야 객체를 생성할 수 있다. 이러한 관계를 '클래스가 인터페이스를 구현한다'라고 한다. 클래스와 클래스 사이에는 상속이 이루어지고, 클래스와 인터페이스 간에는 구현이 이루어지는 것이다. 이 때, 클래스는 인터페이스의 모든 메소드 및 변수들을 상속하게 되며, 인터페이스에 정의되어 있는 모든 메소드를 구현해 주지 않을 경우 이 클래스는 인터페이스 메소드 즉 추상 메소드를 포함하고 있으므로 추상 클래스로 선언되어야 한다. 이러한 인터페이스는 다음과 같은 경우에 유용하게 사용할 수 있다.

- 강제적인 클래스 관계를 만들지 않으면서 서로 관련 없는 클래스들 상이의 유사성을 나타내야 할 경우
- 하나 이상의 클래스들이 구현하기를 원하는 메소드를 선언할 경우
- 클래스를 보여주지 않고서 객체의 프로그래밍 인터페이스를 보여주어야 할 경우

자바에서 인터페이스가 다중 상속을 할 수 있도록 해준다고 얘기하는데, 인터페이스는 다중 상속을 할 수 있도록 해 주는 것이 아니라 다중 상속을 하는 것처럼 해 주는 것이다. 인터페이스와 클래스의 다중 상속 사이에는 다음과 같은 약간의 차이가 있기 때문이다.

- 클래스는 인터페이스로부터 단지 상수만을 상속한다.
- 클래스는 인터페이스로부터 메소드의 구현(몸체)에 대해서는 상속할 수 없다. 왜냐하면, 인터페이스에는 단지 메소드를 선언만 했을 뿐 메소드를 구현해 놓은 것이 아니기 때문이다.

- 인터페이스의 계층 구조는 클래스의 계층 구조와 서로 무관하다. 같은 인터페이스를 구현하는 클래스들은 클래스 계층 구조 상에서 서로 관련이 있을 수도 없을 수도 있다. 이러한 특성 때문에 진정한 다중 상속이라 할 수 없다. 그러나 자바에서는 하나의 인터페이스가 여러 개의 상위인터페이스를 가질 수 있도록 함으로써, 다중 인터페이스 상속을 할 수 있도록 해 준다.

```
[ public] interface 인터페이스이름 [ extends 상위인터페이스] {
   상수선언;
   메소드선언;
}
```

- 인터페이스 이름은 대문자로 시작하고, "able" 또는 "ible"와 같은 형태로 끝나게 된다.

4.5 인터페이스의 구현 및 다중 상속

인터페이스는 클래스에 의해 구현되어야 한다. 다시 말해서, 인터페이스는 자체적으로 객체를 생성할 수 없으므로, 클래스가 이 인터페이스를 상속(implements)하여 인터페이스에 정의된 모든 메소드를 구현해 주어야 한다. 그렇게 할 경우에만 객체를 생성하여 사용할 수 있다. 그리고 클래스의 상속에서 하나의 클래스는 하나의 클래스만을 직속으로 상속할 수 있는 것과는 달리, 하나의 클래스는 여러 개의 인터페이스를 구현해 줄 수 있다. 이렇게 클래스가 인터페이스를 구현한다는 것을 표현하기 위하여 다음과 같이 할 수 있다. 인터페이스 정의는 다음과 같이 인터페이스 선언부와 인터페이스 몸체부(body) 등 크게 두 부분으로 구성되어 있다.

```
인터페이스 선언부 {
   인터페이스 몸체부
}
```

```
[ public] interface 인터페이스 이름 [ extends 상위 인터페이스] {
   상수 선언;
   메소드 선언;
}
```

인터페이스 선언부는 접근 권한, 인터페이스의 이름, 상속하고 있는 인터페이스 리스트 등으로 구성되어 있다. 인터페이스 몸체부는 인터페이스를 위한 상수와 메소드 선언(프로토타입)을 포함하고 있다.

인터페이스 선언부의 접근 지정자는 public과 생략(friendly)이 있는데 public 인터페이스는 어떤 패키지 내에 있는 클래스에 의해서도 접근 가능하고 생략한 인터페이스는 인터페이스와 같은 패키지 내에 있는 클래스에 의해서만 접근 가능하다.

인터페이스도 클래스와 마찬가지로 인터페이스를 상속할 수 있다. 그러나 클래스 상속과 한 가지 차이점은 클래스는 오직 하나의 클래스만 상속 가능한데 비해, 인터페이스는 여러 개의 인터페이스를 상속할 수 있다는 것이다. 인터페이스가 상속하는 상위인터페이스들은 ','로 구분하여 주고, 상위인터페이스가 가지는 모든 상수와 메소드들을 상속하게 된다.

자바에서 인터페이스를 선언할 때 또는 인터페이스 내에 선언된 메소드를 선언할 때, abstract 지정자를 사용하는 것은 불필요하다. 왜냐하면 자바에서는 인터페이스 및 인터페이스 내의 메소드는 그 구현이 이루어지지 않았다는 특성 때문에 인터페이스 및 인터페이스 내의 메소드에 대해 내부적으로 abstract로 취급하기 때문이다.

```
[public] interface 인터페이스이름 [extends 상위인터페이스] {
   상수선언;
   메소드선언;
}
```

인터페이스는 추상 클래스와 같이 아직 구현이 이루어지지 않았으므로, 클래스에 의해 상속되어 그 구현이 완성되어야 객체(또는 인스턴스)를 생성하여 사용할 수 있다. 클래스가 인터페이스를 상속하여 구현하기 위해서는 다음과 같이 해 주어야 한다.

```
접근지정자 class [extends 클래스이름]
            implements 상위인터페이스리스트 {
   // 인터페이스에 선언된 메소드 구현
}
```

인터페이스는 참조 자료형으로서, 기본 자료형이나 다른 참조 자료형과 같이 어느 곳에서나 사용할 수 있다. 〈예제 2-24〉는 인터페이스를 잘못 사용하는 자바 프로그램에 대한 예를 보여 주고 있다.

[예제 2-24] InterfaceTest.java

```
private interface InterfaceTest {
    int MAX_NUM = 10;
    boolean SUCCESS=true;
    boolean FAIL=false;
    public abstract int m1(Object obj);
    private int m2(Object obj);
    protected int m3(Object obj);
    abstract int m4();
    transient int m5(Object obj);
    volatile int m6(Object obj);
    synchronized int m7();
}
```

```
C:\WINDOWS\system32\cmd.exe

D:\exam>javac InterfaceTest.java
InterfaceTest.java:1: modifier private not allowed here
private interface InterfaceTest {
        ^
InterfaceTest.java:6: modifier private not allowed here
        private int m2(Object obj);
                    ^
InterfaceTest.java:7: modifier protected not allowed here
        protected int m3(Object obj);
                      ^
InterfaceTest.java:9: modifier transient not allowed here
        transient int m5(Object obj);
                      ^
InterfaceTest.java:10: modifier volatile not allowed here
        volatile int m6(Object obj);
                     ^
InterfaceTest.java:11: modifier synchronized not allowed here
        synchronized int m7();
                         ^
6 errors

D:\exam>
```

다음 〈예제 2-25〉는 인터페이스를 선언하고 클래스를 이용하여 인터페이스를 상속 및 구현하는 자바 프로그램이다.

[예제 2-25] InterfaceTest2.java

```
interface DataStructure {
   int MAX_NUM = 100;
   boolean SUCCESS=true;
   boolean FAIL=false;
   boolean insert(Object obj);
   boolean delete(Object obj);
   Object search(Object obj);
   int numberOf();
}
class StackA implements DataStructure {     //  (a)
   /* ... */
   public boolean insert(Object obj) { return(SUCCESS); }
   public boolean delete(Object obj) { return(SUCCESS); }
}
class StackB implements DataStructure {
   /* ... */
   public boolean insert(Object obj) { return(SUCCESS); }
   public boolean delete(Object obj) { return(SUCCESS); }
   public Object search(Object obj) { return((Object)null);}
   public int numberOf() {  return(0); }
}
class StackC extends StackA {
   /* ... */
   public Object search(Object obj) { return((Object)null);}
   public int numberOf() {  return(0); }
}
class InterfaceTest2 {
   public static void main(String args[ ] ) {
      DataStructure ds = new DataStructure();        //  (b)
      StackA stackA = new StackA();                 //  (c)
      StackB stackB = new StackB();
      StackC stackC = new StackC();
      System.out.println("MAX_NUM: " + StackB.MAX_NUM);
   }
}
```

자바에서 클래스가 인터페이스를 상속하여 구현하려 할 때, (a)와 같이 인터페이스 내에 있는 모든 메소드를 구현해 주지 않으면, 그 클래스는 추상 클래스(abstract class)로 선언되어야 한다. 또한, (b), (c)와 같이 인터페이스 또는 그 구현이 끝나지 않은(인터페이스를 제대로 구현하지 못한) 클래스에 대해서는 객체를 생성할 수 없다.

5. 선언 지역에 따른 클래스의 구분

5.1 중첩클래스(nested class)

클래스 내부에 선언되는 클래스는 변수 또는 메소드와 마찬가지로 두 가지 종류가 있다. 클래스를 따로 선언하고 정의하기에는 간단하고 특정 클래스와 밀접한 관계를 갖는 경우 또는 클래스로 정의해야 되지만 다른 클래스에서는 사용하지 않고 특정 클래스 하나에서만 사용하는 경우, 특정 클래스 내부에 중첩된 클래스로 만든다. 이렇게 함으로써 클래스의 이름 짓는 것을 간단하게 하고 프로그램을 보다 알아보기 쉽게 할 수 있다. 또한, 이러한 중첩클래스를 사용하여 프로그램의 구조를 보다 더 간단하고 알아보기 쉽게 할 수 있다. 이러한 두 개의 클래스 중 클래스 내부에 static으로 선언된 클래스가 있는데, 이 클래스를 중첩클래스라 한다. 중첩 클래스의 객체는 중첩클래스를 포함하고 있는 클래스의 이름을 패키지 이름처럼 사용할 수 있는 것일 뿐 서로 동등하다. 그리고 중첩 클래스가 포함하고 있는 메소드에서는 클래스 메소드에서처럼 인스턴스 변수 또는 인스턴스 메소드에 접근할 수 없지만, 클래스 변수 또는 클래스 메소드에는 접근할 수 있다. 마지막으로, 중첩클래스와 이 중첩클래스를 포함하고 있는 클래스는 컴파일 했을 때, 다음과 같이 각각에 대한 클래스 파일이 생성된다.

```
class A {
   static class B {
      …
   }
   …
}
```

컴파일 했을 때 생성되는 파일은 중첩 클래스인 A$B.class와 중첩클래스를 포함하는 클래스인 A.class이다.

다음 〈예제 2-26〉은 중첩클래스를 사용할 때 주의해야 할 것에 대해 간단히 보여주는 자바 프로그램이다.

[예제 2-26] NestedClassTest.java

```
class NestingClass {
   int i=11;
   static int si=12;
   static class NestedClass {
      int j=21;
      static int sj=22;
      void print() {
         System.out.println(" i = " + i);        // 에러 발생
         System.out.println("si = " + si);
         System.out.println(" j = " + j);
      }
   }
   NestingClass() {
      NestedClass nested = new NestedClass();
      System.out.println(nested.j);
   }
}
class NestedClassTest {
   public static void main(String args[ ]) {
      NestingClass nesting = new NestingClass();
      System.out.println(nesting.i);
      NestingClass.NestedClass nested
         = new NestingClass.NestedClass();
      System.out.println(nested.j);
   }
}
```

정상적으로 중첩클래스를 정의하면 다음 〈프로그램 2-27〉과 같다.

[예제 2-27] NestedClassTest2.java

```
class NestingClass2 {
   int i=11;
   static int si=12;
   static class NestedClass2 {
      int j=21;
      static int sj=22;
      void print() {
         System.out.println("si = " + si);
         System.out.println(" j = " + j);
      }
   }
   NestingClass2() {
      NestedClass2 nested = new NestedClass2();
      System.out.println(nested.j);
   }
}
class NestedClassTest2 {
   public static void main(String args[ ] ) {
      NestingClass2 nesting = new NestingClass2();
      System.out.println(nesting.i);
      NestingClass2.NestedClass2 nested
          = new NestingClass2.NestedClass2();
      System.out.println(nested.j);
   }
}
```

정상적으로 〈예제 2-27〉을 컴파일하고 실행하면 결과와 생성되는 class 파일은 다음과 같다.

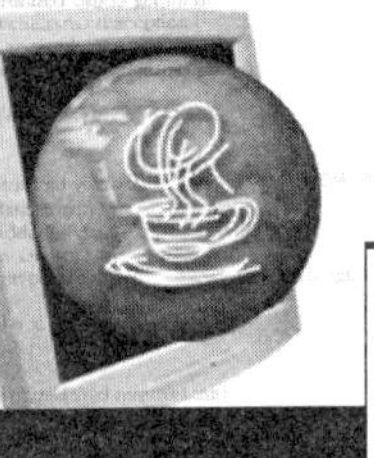


```
C:\WINDOWS\system32\cmd.exe

D:\exam>java NestedClassTest2
21
11
21

D:\exam>dir *.class
 D 드라이브의 볼륨: DataBank
 볼륨 일련 번호: 70A7-4643

 D:\exam 디렉터리

2007-06-12  오후 11:19               582 NestedClassTest2.class
2007-06-12  오후 11:19               859 NestingClass2$NestedClass2.class
2007-06-12  오후 11:19               558 NestingClass2.class
               3개 파일               1,999 바이트
               0개 디렉터리  14,947,397,632 바이트 남음

D:\exam>_
```

[그림 2-5] 〈예제 1-27〉의 실행 결과 및 작성된 class 파일들

5.2 내부클래스(inner class)

중첩클래스와 같이 클래스 내부에 선언되는 클래스로서 중첩클래스와는 달리 static 없이 선언된 클래스를 말한다. 중첩클래스를 사용하는 것과 같이 내부클래스를 사용하는 것 역시 프로그램의 구조를 더 좋게 할 수 있고, 특정 클래스와 관련 깊은 클래스를 그 클래스 외부에 따로 정의하지 않고 클래스의 내부에 정의함으로써, 프로그램을 보다 읽기 쉽고 알아보기 쉽게 해 준다.

이러한 내부클래스는 이벤트 처리, 데이터 구조 클래스 등을 위해 자주 사용되며, 내부클래스 객체는 생성 당시에 외부 클래스 객체에 대한 보이지 않는 참조값을 갖도록 초기화된다. 이를 통하여, 외부클래스 객체의 메소드와 필드가 내부클래스 객체의 메소드와 필드인 것처럼 접근할 수 있게 해 준다.

내부클래스의 메소드에서 외부클래스 객체의 참조값을 얻기 위해서는 "외부클래스이름.this"를 사용한다. 이렇게 함으로써, 내부클래스에서 외부클래스의 변수 및 메소드를 자신의 변수 및 메소드인 것처럼 접근 가능하다. 따라서 중첩클래스에서는 자신을 포함하고 있는 클래스의 인스턴스 변수 및 인스턴스 메소드에는 접근할 수 없고, 단지 클래스 변수 및 클래스 메소드에만 접근가능 했지만, 내부클래스에서는 자신을 포함하고 있는 클래스의 클래스 변수 및 클래스 메소드에 접근할 수 있을 뿐만 아니라, 인스턴스 변수 및 인스턴스 메소드에도 접근 가능하다.

그러나, 내부클래스는 클래스 변수나 클래스 메소드를 가질 수 없고, 내부클래스를 선언하고, 이를 컴파일 했을 때 생성되는 바이트 코드의 클래스 파일 이름은 다음과 같다. 마지막으로, 내부클래스는 클래스 변수 또는 클래스 메소드를 가질 수 없다. 다시 말해서, static으로 선언된 변수 또는 메소드를 가질 수 없다는 것이다.

다음 〈예제 2-28〉은 외부클래스와 내부클래스의 관계를 보여주기 위한 자바 프로그램이다.

[예제 2-28] OuterClassTest.java

```
class OuterClass {
  int i=11;
  static int si=12;
  class InnerClass {
    int j=21;
    static int sj=22;
    static void staticMethod() {
    }
    void print() {
      System.out.println(" i = " + i);
      System.out.println(" i = " + OuterClass.this.i);
      System.out.println("si = " + si);
      System.out.println(" j = " + j);
    }
  }
  OuterClass() {
    InnerClass nested = new InnerClass();
    System.out.println(nested.j);
  }
}
class OuterClassTest {
  public static void main(String args[ ]) {
    OuterClass outer = new OuterClass();
    System.out.println(outer.i);
    OuterClass.InnerClass inner = new OuterClass.InnerClass();
    System.out.println(inner.j);
  }
}
```

```
C:₩WINDOWS₩system32₩cmd.exe

D:₩exam>javac OuterClassTest.java
OuterClassTest.java:6: inner classes cannot have static declarations
                static int sj=22;
                           ^
OuterClassTest.java:7: inner classes cannot have static declarations
                static void staticMethod() {}
                            ^
OuterClassTest.java:25: an enclosing instance that contains OuterClass.InnerClas
s is required
                OuterClass.InnerClass inner = new OuterClass.InnerClass();
                                              ^
3 errors

D:₩exam>_
```

[그림 2-6] 〈예제 2-28〉의 컴파일 결과

첫 번째와 두 번째 에러의 경우, 내부클래스에서는 static 변수 또는 static 메소드는 불가능하기 때문에 발생하는 것이고, 세 번째 에러의 경우에는 "OuterClass.InnerClass inner = outer. new InnerClass();"와 같이 바꾸어 주어야 한다. 다음 〈예제 2-29〉는 정상적으로 컴파일 가능한 자바 프로그램이다.

[예제 2-29] OuterClassTest2.java

```
class OuterClass2 {
   int i=11;
   static int si=12;
   class InnerClass2 {
      int j=21;
      void print() {
         System.out.println(" i = " + i);
         System.out.println(" i = " + OuterClass2.this.i);
         System.out.println("si = " + si);
         System.out.println(" j = " + j);
      }
   }
```

```
    OuterClass2() {
        InnerClass2 nested = new InnerClass2();
        System.out.println(nested.j);
    }
}
class OuterClassTest2 {
    public static void main(String args[ ] ) {
        OuterClass2 outer = new OuterClass2();
        System.out.println(outer.i);
        OuterClass2.InnerClass2 inner = outer. new InnerClass2();
        System.out.println(inner.j);
    }
}
```

5.3 지역클래스(local class)

지역클래스는 지역변수와 같이 메소드 내에 정의된 클래스를 가리킵니다. 지역클래스는 지역변수와 같이 메소드 내에서만 사용하고자 할 경우에 주로 사용한다. 이러한 지역클래스는 메소드에서 자신을 포함하고 있는 클래스가 갖는 변수 및 메소드를 사용할 수 있듯이, 외부클래스가 포함하고 있는 변수 및 메소드를 사용할 수 있다. 그런데, 지역클래스를 포함하고 있는 메소드가 반환되고 난 후에도 지역클래스 객체는 계속 존재하고, 계속 자신을 포함하고 있는 메소드의 지역변수에 접근하게 된다. 따라서 지역클래스를 포함하고 있는 메소드의 지역변수 중 지역클래스에서 참조하는 지역변수는 항상 final로 선언함으로써, 지역클래스 객체가 언제라도 사용할 수 있도록 해 주어야 한다. 다시 말해서 지역변수는 메소드가 끝난 후에는 사라지게 되므로, 지역변수를 final로 선언함으로써 항상 메모리에 존재하도록 해 주어야 한다.

```
class 클래스이름 {
    메소드 선언 {
        지역변수 선언 // 항상 final로 선언
        class 지역클래스이름 {
        }
        ...
```

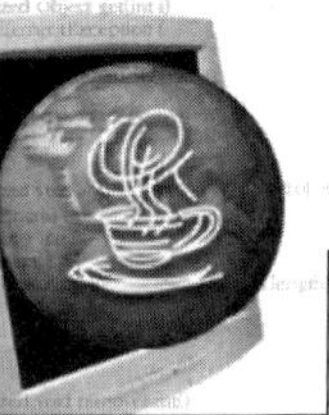

```
    }
    ...
}
```

다음 〈예제 2-30〉에 나와 있는 자바 프로그램에서는 지역클래스를 다룰 때 발생하기 쉬운 잘못을 보여주고 있다.

[예제 2-30] LocalClassTest.java

```
class LocalClassTest {
   int i=11;
   static int si=12;
   final int fi=13;
   Object getLocalClass(int pi) {
      int mi=21;
//    static int msi=22; // (a) 메소드에서는 static 변수를 선언하지 못함
      final int mfi=23;
      class LocalClass {
         public String toString() {
            return("LocalClass:" +i+ "," +si+ "," +fi+ ","
                              +  pi + ","      // (b) 에러 발생
                              +  mi + ","      // (c) 에러 발생
//                            + msi + ","
                              + mfi);
         }
      }
      return(new LocalClass());
   }
   public static void main(String args[]) {
      Object localClass = new LocalClassTest().getLocalClass(1);
      System.out.println("Test - " + localClass);
   }
}
```

먼저, (a) 부분에서는 메소드 내에서 static 지역 변수를 선언하지 못하게 되어 있기 때문에 에러가 발생하고, (b)와 (c) 부분에서는 지역클래스에서는 자신을 포

함하고 있는 메소드의 final 변수에만 접근 가능하기 때문이다.

〈예제 2-31〉은 프라임 숫자를 구하기 위한 스레드 클래스를 메소드 내에 내부 클래스로 선언한 자바 프로그램이다.

[예제 2-31] LocalClassTest2.java

```
class LocalClassTest2 {
   Thread getPrimeChecker(final int number) {
      class PrimeChecker extends Thread {
         public void run() {
            int n = 3;
            while(n <number) {
               if(isPrimeNumber(n)) {
                  System.out.println(n+" is a prime number");
               }
               n++;
               try {
                  sleep(100);
               } catch(InterruptedException e) {
               }
            }
         }
         public boolean isPrimeNumber(int n) {
            for(int i=2;i<=(n/2);i++) {
               if((n % i) == 0) { return(false); }
            }
            return(true);
         }
      }
      return(new PrimeChecker());
   }
   public static void main(String args[ ]) {
      LocalClassTest2 localClass = new LocalClassTest2();
      Thread primeChecker = localClass.getPrimeChecker(10);
      primeChecker.start();
   }
}
```

5.4 익명 클래스(anonymous class)

단순한 클래스 또는 인터페이스를 정의하여 사용할 때, 여러 곳에서 사용하는 것이 아니고 단 한번만 정의하여 사용한다거나 할 경우 주로 익명 클래스를 사용한다. 익명 클래스는 클래스 또는 인터페이스에 대한 객체를 생성하면서 바로 클래스 또는 인터페이스를 정의하도록 되어 있다. 다시 말해서, new 수식이 있는 곳에서 바로 클래스 또는 인터페이스를 정의한다. 이러한 익명 클래스는 주로 클래스 또는 인터페이스를 구현하여 바로 사용하고자 할 때 이용된다. 그리고 익명 클래스를 사용할 때 한 가지 주의할 점은 익명 클래스는 new 수식의 연장이므로 끝에 꼭 세미콜론(;)을 붙여주어야 한다는 것이다. 다음과 같이 익명 클래스를 정의하여 사용할 수 있다.

다음 문장들과 마찬가지로 new 수식 역시 메소드 내에서만 사용되므로 이름이 없다는 것만 제외하고는 익명 클래스와 지역클래스는 모든 점에서 같다. 따라서 익명 클래스를 포함하고 있는 메소드의 지역변수 중 익명 클래스에서 참조할 수 있는 지역변수는 final로 선언된 지역변수만 가능하다.

```
new 클래스 명() {
   클래스 정의
};
또는
new 인터페이스 명() {
   인터페이스 정의 및 구현
};
```

위와 같이 제공된 클래스 또는 인터페이스를 이름 없는 하위 클래스를 정의한 후, 그 하위 클래스의 객체를 만든다. 다음에 나와 있는 〈예제 2-32〉는 위에서 지역클래스를 이용하여 했던 작업을 그대로 익명 클래스를 이용하여 하고 있는 프로그램이다.

[예제 2-32] AnonymousClassTest.java

```
class AnonymousClassTest {
   Thread getPrimeChecker(final int number) {
      return(new Thread() {
         public void run() {
```

```
                int n = 3;
                while(n <number) {
                    if(isPrimeNumber(n)) {
                        System.out.println(n+" is a prime number");
                    }
                    n++;
                    try {
                        sleep(100);
                    } catch(InterruptedException e) {
                    }
                }
            }
            public boolean isPrimeNumber(int n) {
                for(int i=2;i<=(n/2);i++) {
                    if((n % i) == 0) {
                        return(false);
                    }
                }
                return(true);
            }
        });
    }
    public static void main(String args[]) {
        ThreadprimeChecker = newAnonymousClassTest().get PrimeChecker(10);
        primeChecker.start();
    }
}
```

CHAPTER 03

I/O Stream

1. java.io 패키지와 스트림
2. 스트림의 사용

1. java.io 패키지와 스트림

자바에서 입출력은 스트림(stream)을 통해 이뤄진다. 스트림이란 시냇물이란 뜻의 단어이고 이는 프로그램들 사이에서 데이터의 흐름을 말한다. 즉 데이터를 가진 쪽에서 데이터가 필요한 쪽으로 데이터를 보내는 것을 말한다. 또한 스트림은 입력 또는 출력되는 순서가 있는 일련의 데이터를 의미하는데 자바에서 입출력을 지원하는 클래스를 파일을 통해 시스템 자원을 접근가능하게 하면서 특정 운영체제에 종속되지 않는 입출력을 수행할 수 있도록 한다. 이러한 관련된 클래스들의 묶음을 패키지라고 하는데 입출력에 관련된 클래스들을 java.io 패키지로 제공하고 있다. 자바에는 기본적인 인터페이스와 추상 클래스가 정의되어 있고, 입출력을 수행하는 메소드가 있다. 따라서 자바에서 입출력을 가장 잘 이해 할 수 있는 방법은 입출력에 대한 클래스를 이해하는 것이다.

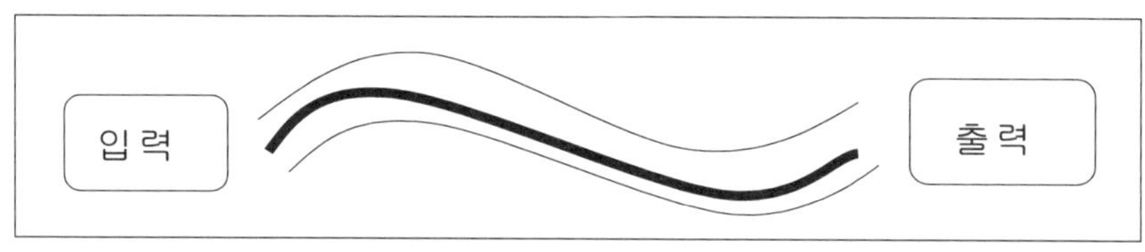

[그림 3-1] 스트림의 흐름

이러한 스트림을 분류해 보면 다음과 같이 분류해 볼 수 있다.

데이터의 흐름에 따른 분류

먼저 데이터의 흐름에 따라 입력 스트림과 출력 스트림으로 나눌 수 있다. 입력 스트림은 키보드로부터의 입력과 같이 데이터의 입력에 관련된 처리를 하는 스트림으로 InputStream과 Reader와 같은 클래스가 여기에 속하고 출력 스트림은 파일로의 출력과 같이 데이터의 출력에 관련된 처리를 하는 스트림으로 OutputStream과 Writer와 같은 클래스가 대표적이다.

스트림의 기능에 따른 분류

스트림의 기능에 따른 기본적인 기능을 담당하는 스트림인 노드 스트림과 노드 스트림이나 다른 필터 스트림에 붙어서 더 효율적이도록 기능을 확장 시켜주는 스트림인 필터 스트림으로 분류할 수 있다. 노드 스트림에는 FileInputStream,

FileOutputStream 클래스가 있고 필터 스트림에는 BufferedInputStream, BufferedOutputStream, DataInputStream, DataOutputStream 클래스가 대표적이다.

데이터의 종류에 따른 분류

마지막으로 데이터의 종류에 따라 바이트 스트림과 문자 스트림으로 분류할 수 있다. 바이트 스트림은 데이터가 8비트 단위로 전송되어 입출력을 지원하는 스트림이다. 이 바이트 스트림은 대체로 스트림의 이름에 입력스트림은 InputStream, 출력 스트림은 OutputStream이 붙는다. 바이트 스트림은 파일입출력, 객체의 입출력, 기본 자료형의 입출력 등에 사용된다.

문자 스트림은 문자 전송을 위한 스트림으로 자바에서의 문자는 16비트 유니코드를 사용하므로 문자전송을 위해 2바이트 단위로 전송된다. 문자 스트림은 대체로 스트림의 이름에 입력스트림에는 Reader를 출력스트림에는 Writer가 자주 사용된다.

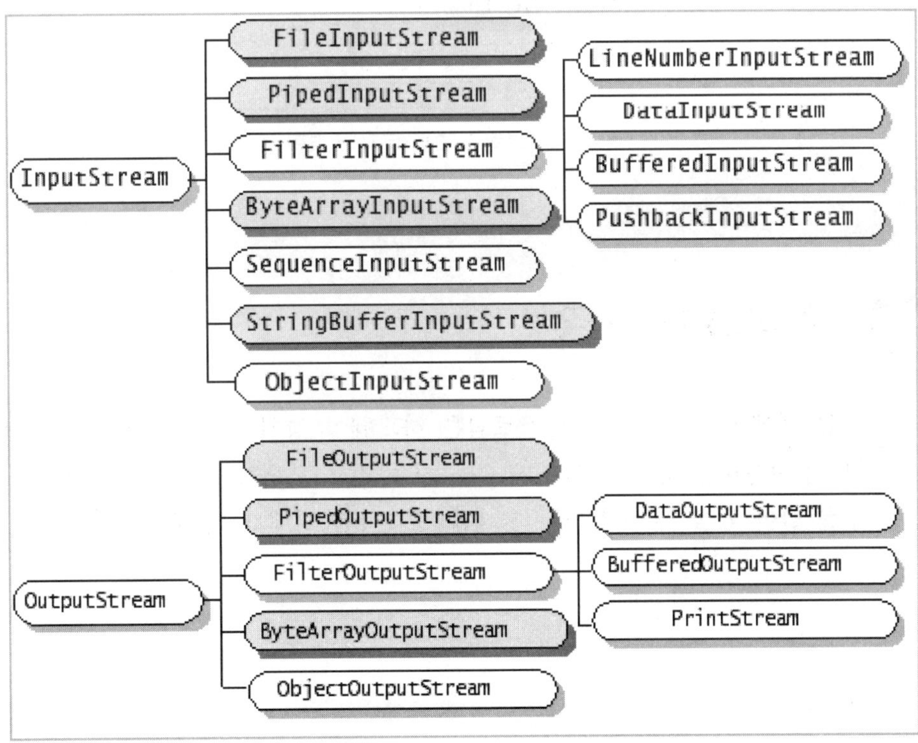

[그림 3-2] 바이트 스트림의 계층도

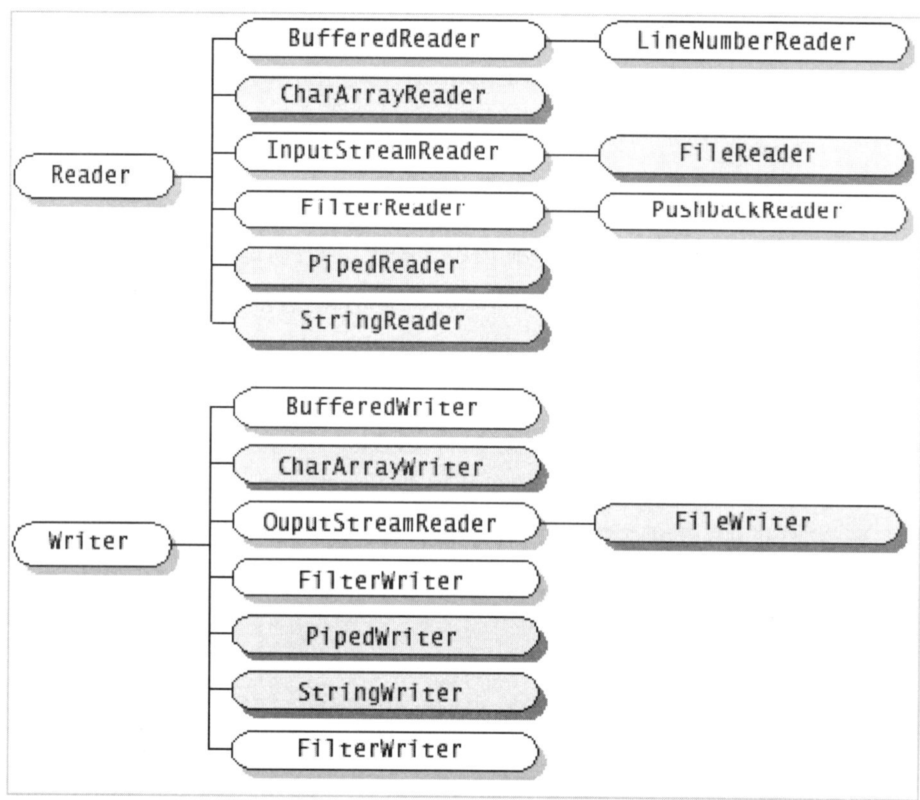

[그림 3-3] 문자 스트림 계층도

2. 스트림의 사용

앞 절에서 살펴보았지만 스트림은 하드웨어 장치로부터 데이터를 읽거나 기록할 때 사용하는 중간 매개체 역할을 하는 것으로 생각할 수 있다. 예를 들어 음료수를 빨아 먹을 때 사용하는 빨대를 생각하면 이해가 더 빠르겠다.

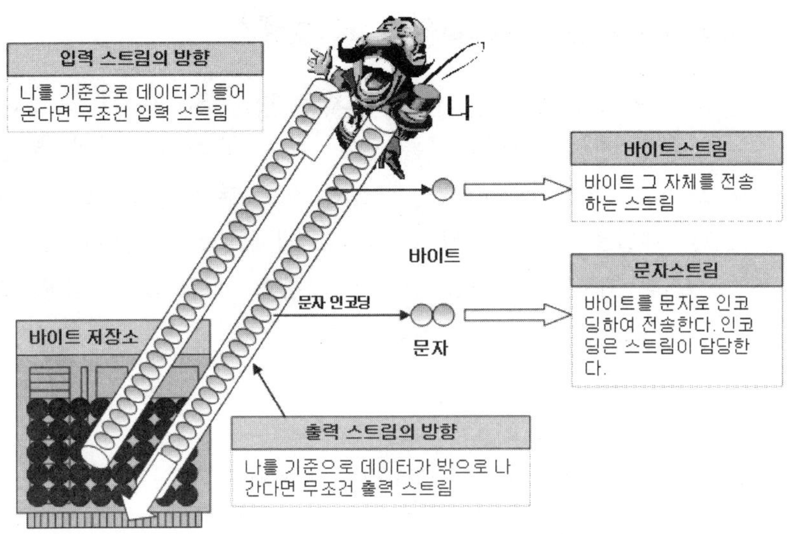

[그림 3-4] 스트림의 입출력 원리

2.1 바이트 스트림(Byte Stream)

자바의 스트림 클래스들 중에서 처리하고자 하는 데이터의 종류가 파일, 그림, 동영상 등의 바이트 기반인 경우에 사용하는 클래스가 바이트 스트림 클래스이다. 바이트 스트림 클래스는 바이트(byte) 단위로 입출력을 제어하는데 사용되는 클래스이다. 다음 [표 3-1]은 주요 바이트 스트림 클래스의 종류와 그 용도를 요약한 것이다.

[표 3-1] 주요 바이트 스트림 클래스와 용도

클래스명	용 도
InputStream OutputStream	입출력을 위한 바이트 스트림의 최상위 추상 클래스
FileInputStream FileOutputStream	파일 입출력을 위한 바이트 스트림 클래스
DataInputStream DataOutputStream	자바 기본형(primitive) 데이터를 입출력하기 위한 클래스
BufferedInputStream BufferedOutputStream	입출력 스트림에 버퍼링 기능을 추가한 클래스
PrintStream	System.out을 통해 콘솔로 출력하기 위한 클래스

2.1.1 OutputStream / InputStream 클래스

[그림 3-2]에서 java.io 패키지에 포함된 InputStream과 OutputStream 클래스는 세부적인 기능을 하는 다른 많은 하위 클래스의 상위 추상 클래스이다. InputStream과 OutputStream는 다음과 같이 추상 클래스로 정의되어 있다. 이 클래스들은 자신들은 객체가 될 수 없지만 객체가 될 수 있는 하위 클래스들이 있다. 이들 하위 클래스들은 byte 단위로 입·출력을 하는데 두 클래스의 메소드들이 byte 단위로 읽거나 쓰기 때문이다.

```
public abstract class InputStream{ ...}
public abstract class OutputStream{ ...}
```

OutputStream 클래스

OutputStream 클래스는 추상 클래스로서 모든 출력 스트림 클래스들의 최상위 클래스이며, 이 클래스는 하위 클래스들이 바이트 데이터를 스트림으로 쓰는데 필요한 다음과 같은 기본적인 메소드를 지원한다. java.io패키지에 있는 대부분의 출력 스트림들의 기본 클래스이다.

[표 3-2] OutputStream 클래스의 주요 메소드 및 설명

①	public OutputStream () OutputStream 클래스의 인수가 없는 생성자
②	public abstract void write (int b) throws IOException 정수형 b를 바이트로 출력장치(프린터 또는 화면, 파일)에 출력
③	public void write (byte[ ] buf) 바이트 배열값들을 출력장치에 출력
④	public void write (byte[ ] buf, int offset, int count) throws IOException 바이트 배열의 일부분(offset에서 시작하여 count만큼) 출력한다.
⑤	public void flush() throws IOException 버퍼 내의 바이트들이 출력 스트림에서 출력장치로 보내진다.
⑥	public void close () throws IOException 스트림을 닫는다.

〈예제 3-1〉과 〈예제 3-2〉는 OutputStream 클래스의 write()를 이용하여 바이트 스트림을 출력하는 프로그램들이다.

[예제 3-1] OutputStreamSample1.java

```
import java.io.*;
public class OutputStreamSample1 {
  public static void main(String args[]) throws java.io.IOException {
    for(byte cnt=32; cnt<127; cnt++){
      System.out.write(cnt);
      if(cnt%8 == 7)
        System.out.write('\n');
      else
        System.out.write('\t');
    }
    System.out.write('\n');
  }
}
```

```
C:₩WINDOWS₩system32₩cmd.exe

D:₩exam>javac OutputStreamSample1.java

D:₩exam>java OutputStreamSample1
        !       "       #       $       %       &       '
(       )       *       +       ,       -       .       /
0       1       2       3       4       5       6       7
8       9       :       ;       <       =       >       ?
@       A       B       C       D       E       F       G
H       I       J       K       L       M       N       O
P       Q       R       S       T       U       V       W
X       Y       Z       [       ₩       ]       ^       _
`       a       b       c       d       e       f       g
h       i       j       k       l       m       n       o
p       q       r       s       t       u       v       w
x       y       z       {       |       }       ~

D:₩exam>_
```

[예제 3-2] OutputStreamSample2.java

```
import java.io.*;
public class OutputStreamSample2 {
  public static void main(String args[]) throws IOException {
    byte number[] = new byte[7];
    int j = 270;
    for(int cnt=0; cnt<7; cnt++) {
      number[cnt] = 0;
    }
    System.out.println("7개 문자를 입력하시오.");
    System.in.read(number);
```

```
        System.out.write(number, 2, 5);
        System.out.println();
        System.out.write(j);
        System.out.println();
        System.out.write(number);
        System.out.println();
    }
}
```

```
C:₩WINDOWS₩system32₩cmd.exe
D:₩exam>javac OutputStreamSample2.java

D:₩exam>java OutputStreamSample2
7개 문자를 입력하시오.
abc1234
c1234
♫
abc1234

D:₩exam>_
```

InputStream 클래스

InputStream 클래스는 추상 클래스로서 모든 입력 스트림 클래스들의 최상위 클래스이며, 이 클래스는 하위 클래스들이 바이트 데이터를 스트림으로 특정 입력 소스로부터 데이터를 읽어오는 메소드들 지원한다.

[표 3-3] InputtStream 클래스의 주요 메소드 및 설명

① public InputStream ( )
인수가 없는 InputStream의 생성자

② public abstract int read ( ) throws IOException
한 바이트씩 데이터를 읽어 반환하며, 입력 스트림 끝에 도달하면 -1값을 반환
읽을 수 있는 값의 범위는 0-255. 입력이 있을 때 까지 수행 정지 상태유지

③ public int read (byte[ ] buf)
바이트 배열에 바이트를 읽어 들인다. 입력이 존재하지 않으면 수행을 정지한다.
버퍼 buf의 길이만큼의 바이트들을 바이트 배열에 읽는다. 읽어 들인 바이트의 수를 반환하거나 스트림의 끝에 도달하면 -1 반환한다.

④ public int read (byte[ ] buf, int off, int len) throws IOException
바이트 배열의 인덱스 off로부터 off+len-1까지에 바이트를 읽어 들인다. 입력이 존재할 때까지 수행 정지 상태 유지한다.

⑤ public long skip (long count) throws IOException
입력에서 count 바이트만큼을 건너뛴다. 건너뛴 바이트 수를 반환한다.

⑥ public int available ( ) throws IOException
연속하여 읽을 수 있는 바이트 수를 반환한다.

⑦ public void cloas ( ) throws Exception
입력 스트림을 닫는다. 입력 스트림과 관련된 자원(파일 기술자)을 해제하기 위해 호출된다.

〈예제 3-3〉과 〈예제 3-4〉는 InputStream 클래스의 read()를 이용하여 문자를 입력받고 출력하는 예제들이다.

[예제 3-3] InputStreamSample1.java

```
import java.io.*;

public class InputStreamSample1 {
   public static void main(String args[ ]) throws java.io.IOException {
      byte[ ] buf = new byte[ 80] ;
      int numberR;
      while((numberR = System.in.read(buf)) >= 0)
         System.out.write(buf, 0, numberR);
   }
}
```

[예제 3-4] InputStreamSample2.java

```
import java.io.*;

public class InputStreamSample2 {
   public static void main(String args[ ]) {
      try {
         int bufferCapacity = 80;
         int size=0;
         int dataRead;
         byte buffer[ ]  = new byte[ bufferCapacity] ;
```

```
            while((dataRead
                = System.in.read(buffer, size, bufferCapacity-size)) >= 0) {
              size += dataRead;
            }
            System.out.write(buffer,0, size);
          } catch(IOException e) {
            System.err.println("스트림으로부터 데이터를 읽을 수 없습니다.");
          }
      }
  }
```

2.1.2 FileOutputStream / FileInputStream 클래스

FileOutputStream 클래스

FileOutputStream 클래스는 데이터를 파일에 바이트 스트림으로 저장하기 위해 사용된다. 파일명이나 File 클래스의 객체를 인수로 넘겨줌으로써 시스템에 파일을 직접 생성할 수 있다. 기본적으로 파일이 이미 존재한다면 그 파일에 덮어쓰게 되므로 기존의 내용은 사라지게 된다.

FileOutputStream 클래스는 OutputStream 클래스의 하위 클래스로서 OutputStream 클래스의 기본적인 메소드들을 상속받거나 재정의하여 사용하고 있다.

[표 3-4] FileOutputStream 클래스의 생성자

①	FileOutputStream(String name) throws FileNotFoundException name(파일이름)에 쓰기 위한 스트림 객체를 만든다. 파일이 존재하지 않으면 새로 만들고 파일이 존재하면 지우고 새로 만든다. name이 디렉토리이거나 어떤 이유에서 파일을 만들 수 없다면 예외가 발생한다.
②	public FileOutputStream(File file) throws FileNotFoundException file에 쓰기 위한 스트림 객체를 만든다.
③	public FileOutputStream(String name, boolean append) name(파일)에 쓰기 위한 스트림 객체를 만든다. 파일이 존재할 때 append가 true이면 기존의 데이터를 지우지 않고 추가한다. append가 false이면 기존의 파일을 지우고 새로 만든다.
④	public FileOutputStream(File file, boolean append) file에 쓰기 위한 스트림 객체를 만든다. 파일이 존재할 때 append가 true이면 기존의 데이터를 지우지 않고 추가한다. append가 false이면 기존의 파일을 지우고 새로 만든다.

[예제 3-5] FileOutputStreamSample.java

```
import java.io.*;
class FileOutputStreamSample {
  public static void main(String args[]) throws IOException {
    FileOutputStream f = new FileOutputStream(args[0]);
    for(int i = 0; i < 5 ; i++)
        f.write(i);
    for(char c='A'; c <='Z'; c++)
        f.write(c);     // 문자 c를 저장
    f.close();
  }
}
```

```
C:\WINDOWS\system32\cmd.exe

D:\exam>javac FileOutputStreamSample.java

D:\exam>java FileOutputStreamSample fileoutput.txt

D:\exam>type fileoutput.txt
 ┌ └ABCDEFGHIJKLMNOPQRSTUVWXYZ
D:\exam>_
```

FileInputStream 클래스

FileInputStream 클래스는 시스템의 파일로부터 데이터를 바이트 스트림으로 읽어 들이기 위해 사용되고, FileInputStream을 이용하여 데이터를 읽어 들일 때는 데이터의 소스인 파일과 직접 연결하여 사용한다. 이때, 지정한 파일이 존재하지 않는 경우에는 IOException을 발생시킨다.

FileInputStream 클래스는 InputStream 클래스의 하위 클래스이므로, Input-Stream 클래스의 기본적인 메소드들을 상속받거나 재정의하여 사용하고 있다.

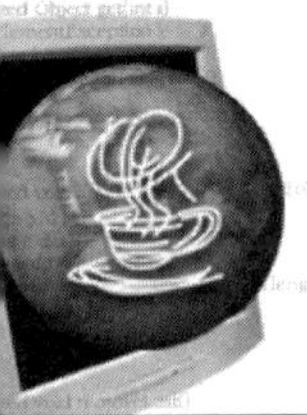

[표 3-5] FileInputStream 클래스의 생성자

①	FileInputStream(File file) 주어진 File 객체가 가리키는 파일을 바이트 스트림으로 읽기 위한 FileInputStream 객체를 생성해 준다.
②	FileInputStream(FileDescriptor fdObj) 주어진 FileDescriptor 객체가 가리키는 파일을 바이트 스트림으로 읽기 위한 FileInputStream 객체를 생성해 준다.
③	FileInputStream(String name) 주어진 이름이 가리키는 파일을 바이트 스트림으로 읽기 위한 FileInputStream 객체를 생성해 준다.

[예제 3-6] FileInputStreamSample.java

```
import java.io.*;
class FileOutputStreamSample {
  public static void main(String args[ ]) throws IOException {
    FileOutputStream f = new FileOutputStream(args[ 0] );
    for(int i = 0; i < 5 ; i++)
        f.write(i);
    for(char c='A'; c <='Z'; c++)
        f.write(c);      // 문자 c를 저장
    f.close();
  }
}
```

```
C:\WINDOWS\system32\cmd.exe

D:\exam>javac FileInputStreamSample.java

D:\exam>java FileInputStreamSample fileoutput.txt
0 1 2 3 4
A B C D E F G H I J K L M N O P Q R S T U V W X Y Z
D:\exam>_
```

2.1.3 DataOutputStream / DataInputStream 클래스

DataInputStream과 DataOutputStream 클래스는 단순히 바이트만을 읽고 쓰는 기존의 스트림 위에서 상위 수준의 통신이 가능하도록 하는 기능을 제공한다. 기본 입력스트림인 InputStream은 기본적으로 바이트 단위로 데이터를 읽어 들이는 기능밖에 없기 때문에 기본 자료형의 데이터를 읽거나 쓰기위해서는 사용자가 직접 제어해 주어야 하지만 DataInputStream과 DataOutputStream 이라는 필터 스트림을 이용하면 원하는 타입으로 데이터를 읽고 쓰는 것이 가능해진다.

[표 3-6] DataOutputStream 클래스의 메소드

①	void writeByte(int i) throws IOException i의 하위 8비트를 출력
②	void writeChar(int i) throws IOException i의 하위 16비트를 출력
③	void writeChars(String s) throws IOException 문자열 s를 출력
④	void writeDouble(double d) throws IOException 실수 d를 스트림으로 출력
⑤	void writeInt(int i) throws IOException 정수 i를 스트림으로 출력
⑥	void writeLong(long l) throws IOException 정수 l을 스트림으로 출력
⑦	void writeBoolean(boolean b) throws IOException boolean형 b를 스트림으로 출력
⑧	void writeUTF(String s) throws IOException String s를 UTF-8로 인코딩하여 스트림으로 출력

[표 3-7] DataInputStream 클래스의 메소드

①	byte readByte() throws IOException 스트림에서 읽은 byte를 반환
②	char readChar() throws IOException 스트림에서 읽은 문자를 반환
③	String readLine() throws IOException 스트림에서 읽은 문자열을 반환
④	short readShort() throws IOException 스트림에서 읽은 short를 반환

⑤ double readDouble() throws IOException
스트림에서 읽은 double을 반환

⑥ int readInt() throws IOException
스트림에서 읽은 정수를 반환

⑦ long readLong() throws IOException
스트림에서 읽은 long을 반환

⑧ boolean readBoolean() throws IOException
스트림에서 읽은 boolean을 반환

⑨ String readUTF() throws IOException
UTF로 코딩된 스트림에서 읽은 문자열을 반환

⑩ int skipBytes(int n)
스트림에서 n 바이트를 건너뜀

다음 〈예제 3-7〉를 이용하여 DataInputStream과 DataOutputStream 클래스를 이용한 기본형 데이터 타입의 입출력을 연습해보도록 하자.

[예제 3-7] DataIOStreamTest.java

```
import java.io.*;
public class DataIOStreamTest {
  public static void main(String[] args) {
    char in_ch = 'a',out_ch = (char)0;
    int in_iNum = 12345678,out_iNum =0;
    long in_lNum = 1234567890123456789l,out_lNum =0l;
    float in_fNum = 0.12345f,out_fNum = 0.0f;
    String in_str = "Data Input Output Stream Test!!", out_str="";
    DataInputStream in = null;
    DataOutputStream out = null;
    ttry {
      FileOutputStream file_out = new FileOutputStream("output.txt");
      out = new DataOutputStream(file_out);
    } catch(FileNotFoundException e) {
      System.out.println(e);
    }

    try {
      out.writeChar(in_ch);
```

```
            out.writeInt(in_iNum);
            out.writeLong(in_lNum);
            out.writeFloat(in_fNum);
            out.writeUTF(in_str);
             out.close();
            }
        catch(IOException e) {
            System.out.println(e);
        }
        try{
            FileInputStream file_in = new FileInputStream("output.txt");
             in = new DataInputStream(file_in);
                    } catch(FileNotFoundException e) {
                            System.out.println(e);
                    }
                    try {
                            out_ch = in.readChar();
                            out_iNum = in.readInt();
                            out_lNum = in.readLong();
                            out_fNum = in.readFloat();
                            out_str = in.readUTF();
                    } catch(IOException e) {
                            System.out.println(e);
                   }
                    System.out.println(out_ch);
                    System.out.println(out_iNum);
                    System.out.println(out_lNum);
                    System.out.println(out_fNum);
                    System.out.println(out_str);
       }
  }
```

2.1.4 BufferedInputStream / BufferedOutputStream 클래스

표준 필터 스트림 중에서 기존의 스트림 위에서 입출력 버퍼링을 제공하는 필터 스트림 클래스이다. 읽기와 쓰기가 메모리 버퍼에서 직접 이루어질 수 있고, 운영

체제는 가끔씩만 호출되기 때문에 오버헤드가 줄어드는 장점이 있다.

[예제 3-8] BufferedIOTest.java

```
import java.io.*;
public class BufferedIOTest {
  public static void main(String[] args) {
    int i, len =0;
    byte[] buffer = new byte[256];
    BufferedInputStream in = null;
    BufferedOutputStream out = null;
    String sourceFile = "BufferedIOTest.java";
    String destFile = "outFile.txt";
    System.out.println("Source File Name: "+sourceFile);
    System.out.println("Destination File Name: "+destFile);
    try {
      in = new BufferedInputStream(
               new FileInputStream(new File(sourceFile)));
      FileOutputStream file_out = new FileOutputStream(destFile);
      out = new BufferedOutputStream(file_out,256);
    } catch(FileNotFoundException e) {
      System.out.println(e);
    }
    try{
      while((i= in.read(buffer)) != -1) {
        out.write(buffer);
        len += i;
        System.out.println("현재 읽은 데이터["+i+","
              +len+"], 나머지 데이터["+in.available()+"]");
      }
      in.close();
      out.close();
      System.out.println(len+"바이트 데이터를 복사완료...");
    } catch(IOException e) {
      System.out.println(e);
    }
  }
}
```

2.2 문자 스트림(Character Stream)

자바의 스트림 클래스들 중에서 처리하고자 하는 데이터가 문자인 경우에 제공하는 클래스가 문자 스트림 클래스이다. 문자 스트림은 16bit 유니코드 문자를 주고 받기위해서 사용된다. 문자 스트림은 문자 전송의 문제뿐만 아니라, 인코딩 방식의 전환이나 효율성의 문제도 고려하고 있다.

[표 3-8] 주요 문자 스트림 클래스와 용도

클래스명	용 도
Reader / Writer	입출력을 위한 문자 스트림의 최상위 추상 클래스
FileReader / FileWriter	파일 입출력을 위한 문자 스트림 클래스
BufferedReader / BufferedWriter	입출력 스트림에 버퍼링 기능을 추가해주는 스트림
PrintWriter	출력을 위한 동작을 지원하는 문자 스트림
InputStreamReader / OutputStreamWriter	바이트와 문자 변환을 위한 입출력 스트림

2.2.1 FileReader / FileWriter 클래스

플랫폼의 기본 문자 인코딩 방식을 바탕으로 텍스트 파일을 읽고 쓰기위하여 제공되는 문자 스트림 클래스이다.

[예제 3-9] Copy.java

```
import java.io.*;
public class Copy {
  public static void main(String[] args) {
    try {
      FileReader input = new FileReader(args[0]);
      FileWriter output = new FileWriter(args[1]);
      int charsRead;
      while((charsRead = input.read()) != -1) {
        output.write(charsRead);
      }
      input.close();
      output.close();
    }
```

```
        catch(IOException e) {
            e.printStackTrace();
        }
    }
}
```

■ 〈예제 3-9〉 설명

1) FileReader 클래스를 이용해서 args[0]으로 들어온 파일로부터 입력을 받는다.
2) FileReader의 read()를 이용해서 2바이트씩 읽어 들여 FileWriter의 write()를 통해서 args[1]의 파일에 2바이트씩 기록한다.
3) 열려있는 스트림들을 close()를 통해서 닫는다.

2.2.2 BufferedReader / BufferedWriter 클래스

바이트 스트림에서와 마찬가지로 연결된 스트림들에 버퍼링 기능을 제공한다.

[예제 3-10] StringInput.java

```
import java.io.*;
public class StringInput {
    public static void main(String[] args) throws IOException {
        if(args.length < 1 ) {
            System.out.println("Usage : java StringInput file");
            return ;
        }
        String inputString;
        //InputStreamReader isr = new InputStreamReader(System.in);
        //BufferedReader br = new BufferedReader(isr);
        BufferedReader br = new BufferedReader(
            new InputStreamReader(System.in));
        //FileOutputStream fos = new FileOutputStream(args[0]);
        //OutputStreamWriter osw = new OutputStreamWriter(fos);
        //BufferedWriter bw = new BufferedWriter(osw);
        BufferedWriter bw = new BufferedWriter(new
            OutputStreamWriter(new FileOutputStream(args[0])));
        while((inputString = br.readLine()) != null) {
```

```
            bw.write(inputString + "\n");
        }
        bw.close();
        br.close();
    }
}
```

〈예제 3-10〉 설명

1) System.in으로부터 입력받은 바이트 정보를 InputStreamReader을 통해서 캐릭터 스트림으로 바꿔준다.
2) BufferedReader를 사용해서 입력의 효율성을 증대 시킨다.
3) BufferedReader의 readLine()을 통해서 한줄 단위로 읽어 들여 BufferedWriter에 한 줄씩 기록하면서 줄 바꿈 문자를 더한다.
4) OutputStreamWriter를 통해서 BufferedWriter에 씌여진 캐릭터 스트림을 바이트 스트림으로 바꾼다.
5) FileOutputStream을 통해서 실행시 주었던 인자의(args[0]) 파일이름으로 저장한다.

2.2.3 InputStreamReader / OutputStreamWriter 클래스

바이트와 문자의 변환을 담당하는 클래스이다.

[예제 3-11] IOReader.java

```
import java.io.*;
public class IOReader {
    public static String getString() {
        StringBuffer s = new StringBuffer();
        Reader reader = new InputStreamReader(System.in);
        char ch;
        try {
            while((ch = (char)reader.read()) != '\n') {
                s.append(ch);
            }
        } catch (Exception e) {
            s = new StringBuffer("");
```

```
        }
        return s.toString().trim();
    }
    public static int getInt() {
        String s = getString();
        int n;
        try{
            n = Integer.parseInt(s);
        } catch(Exception e) {
            n = 0;
            System.out.println("에러 : 숫자 형식이 틀립니다.");
        }

        return n;
    }
    public static void main(String[] args) {
        String nameStr,addStr;
        int age;
        IOReader reader = new IOReader();
        System.out.println("학생의 이름 : ");
        nameStr = reader.getString();
        System.out.println("학생의 주소 : ");
        addStr = reader.getString();
        System.out.println("학생의 나이 : ");
        age = reader.getInt();
        System.out.println("학생의 입력 정보를 확인 합니다.");
        System.out.println("학생의 이름 : "+nameStr);
        System.out.println("학생의 주소 : "+addStr);
        System.out.println("학생의 나이 : "+age);

    }
}
```

2.3 기타 입출력 관련 클래스(File / RandomAccessFile 클래스)

FileInputStream / FileOutputStream과 FileReader / FileWriter 스트림은

파일에 순차적 접근밖에는 할 수 없으며, 파일 자체에 대한 정보도 제어할 수 없는 클래스이다. 그렇기 때문에 자바에서는 파일 자체를 제어하기 위하여 File 클래스와 RandomAccessFile 클래스들을 제공하고 있다.

2.3.1 File 클래스

File 클래스는 파일과 관련된 정보를 나타내고 제어하는데 주로 사용되는 클래스이다. 이 클래스는 실제 파일에 관한 정보를 설정하는 메소드뿐만 아니라, 파일의 속성을 바꾸는 메소드도 제공한다. 즉, 클래스 하나만으로 프로그래머는 특정 이름의 파일의 존재 유무와 같은 정보를 알 수 있다.

[예제 3-12] FileTest.java

```
import java.io.File;

class FileTest {
  public static void main(String[] args) {
    File f1 = new File("FileTest.txt");
    System.out.println(" f1.getPath(): "+f1.getPath());
    System.out.println(" f1.getAbsolutePath(): "
         +f1.getAbsolutePath());
    System.out.println(" f1.getName(): "+f1.getName());
    System.out.println(" f1.getPath(): "+f1.getPath());
    System.out.println(" f1.toString(): "+f1.toString());
    try {
      System.out.println(" f1.toURL(): "+f1.toURL());
    } catch(java.net.MalformedURLException e) {
      System.out.println(" f1.toURL(): "+e);
    }
    System.out.println("f1.canRead(): "+f1.canRead());
    System.out.println("f1.canWrite(): "+f1.canWrite());
    System.out.println("f1.isAbsolute(): "+f1.isAbsolute());
    System.out.println("f1.isDirectory(): "+f1.isDirectory());
    System.out.println("f1.isFile(): "+f1.isFile());
    System.out.println("f1.isHidden(): "+f1.isHidden());
    System.out.println("f1.lastModified(): "+f1.lastModified());
    System.out.println(" f1.length(): "+f1.length());
```

```
        System.out.println(" f1.exists(): "+f1.exists());
    }
}
```

2.3.2 RandomAccessFile 클래스

RandomAccessFile클래스는 FileInputStream, FileOutputStream의 스트림 인터페이스를 사용하지 않고도 파일을 다룰 수 있는 간편한 방법을 제공해 준다. RnadomAccessFile 클래스의 장점은 파일에 대한 읽기와 쓰기를 동시에 수행할 있을 뿐더러 파일에 대한 임의의 위치에서의 읽기와 쓰기가 가능하다.

[예제 3-13] RandomAccessFileTest.java

```
import java.io.*;

public class RandomAccessFileTest {
  static String s = "I like you~!";
  static String q = "love";
  public static void main(String[ ] args) throws Exception{
    RandomAccessFile rf =
        new RandomAccessFile("RandomAccessTest.txt", "rw");
    rf.writeChars(s);
    rf.close();
    rf = new RandomAccessFile("RandomAccessTest.txt", "rw");
    System.out.println("before : " + rf.readLine());
    rf.seek(4);
    rf.writeChars(q);
    rf.close();
    rf = new RandomAccessFile("RandomAccessTest.txt", "r");
    System.out.println("afer   : " + rf.readLine());
    rf.close();
  }
}
```

CHAPTER 04

Thread

1. 스레드
2. 멀티스레딩과 동기화

1. 스레드

1.1 스레드

하나의 프로그램을 프로세스라고 볼 때, 스레드는 하나의 프로그램 내에서의 실행 단위라고 할 수 있다. 자바에서는 각 작업(task)을 스레드로 표현하도록 하고, 이러한 스레드를 여러 개 둘 수 있도록 함으로써 멀티태스킹(multi-tasking)을 가능하게 해준다. 다시 말해서, 자바에서는 멀티태스킹을 여러 개의 스레드를 동시에 수행하는 멀티스레딩(multi-threading)을 이용하여 해결하고 있다. 따라서 자바 가상머신은 하나의 애플리케이션이 동시에 수행되는 여러 개의 스레드를 가질 수 있도록 하고 있다. 물론, 일의 우선순위가 존재하듯이 모든 스레드는 그 우선순위를 가지게 된다.

자바 가상머신이 시작할 때는 데몬 스레드가 아닌 단 하나의 스레드가 존재하며, 이 스레드는 일반적으로 실행하려는 애플리케이션의 main() 메소드를 호출하도록 되어 있다. 자바 가상머신이 시작할 때부터 존재하는 이 스레드는 다음과 같은 경우가 발생할 때까지 계속적으로 수행된다.

- Runtime 클래스의 exit() 메소드가 호출되고, 보안 관리자(security manager)가 exit 동작이 수행되도록 허락할 때
- 스레드의 run() 메소드의 수행이 끝나고 반환되거나 또는 stop() 메소드가 수행되는 등 데몬 스레드가 아닌 모든 스레드가 종료되었을 때

자바에서는 이러한 스레드를 표현할 수 있도록 하기 위해 Thread 클래스를 상속하여 확장하는 방법, Runnable 인터페이스를 구현하는 방법 등 두 가지 방법을 제공해 주고 있다. 먼저, Thread 클래스를 상속하여 확장하는 방법에 대하여 살펴보고, 다음으로 Runnable 인터페이스를 구현하여 스레드로 실행시키는 방법에 대하여 살펴보도록 하겠다.

1.2 Thread 클래스를 상속하는 스레드의 생성 및 시작

새로운 스레드를 생성하는 방법 중 Thread 클래스를 이용하는 방법에 대하여 살펴보면, 먼저 Thread 클래스를 상속하는 하위 클래스를 선언하고, 이 하위 클

래스가 Thread 클래스의 run() 메소드를 재정의하도록 하는 것이다. 이렇게 Thread 클래스를 상속하여 run() 메소드를 재정의한 하위 클래스의 인스턴스를 생성하고 시작되도록 하면 된다. 이 때, run() 메소드는 스레드가 수행할 작업을 나타내는 스레드의 몸체 역할을 한다. 다시 말해서, 스레드를 시작시키면, 이 run() 메소드가 호출되고, 이 run() 메소드의 수행이 끝나고 리턴하게 되면 스레드는 종료하게 된다. 이러한 이유 때문에 run() 메소드 내에는 주로 while 문을 사용하여 무한 루프로 나타냄으로써, 스레드가 반복작업을 수행하고 항상 살아 있을 수 있도록 하는 것이다. 다음과 같이 Thread 클래스를 상속하고 run() 메소드를 재정의 할 수 있다.

```
import java.lang.Thread;
class ThreadName extends Thread {
   ...
   public void run() {
      // Thread Body
   }
   ...
}
```

다음과 같이 스레드 클래스의 하위 클래스를 선언하고 생성한 후, 시작시켜 주면 된다.

```
ThreadName t = new ThreadName();
t.start();
```

다음은 스레드를 생성하고, 시작시켜 주기 위해 Thread 클래스에서 기본적으로 제공해 주는 몇 가지 메소드들이다.

[표 4-1] Thread 클래스의 생성자 및 주요 메소드 설명

① public Thread()
새로운 스레드 객체를 생성한다. 이 객체생성자는 Thread(null, null, gname)와 같은 효과를 가지며, 스레드의 이름은 "Thread-"+n의 형태로 자동으로 생성된다. 이 때, 스레드의 몸체를 나타내는 run() 메소드를 반드시 재정의해 주어야 한다.

② public Thread(Runnable target)
새로운 스레드를 생성하고, Thread(null, target, gname)와 같은 효과를 가지는 객체생성자이다. 스레드의 이름은 "Thread-"+n의 형태로 자동으로 생성된다. 이 때, 스레드의 몸체인 run() 메소드는 Runnable 인터페이스를 구현하는 target이 정의하고 있어야 한다.

③ public Thread(ThreadGroup group, Runnable target)
새로운 스레드를 생성하고, Thread(group, target, gname)와 같은 효과를 가지는 객체생성자이다. 스레드의 이름은 "Thread-"+n의 형태로 자동으로 생성된다. 이 때, 스레드의 몸체인 run() 메소드는 Runnable 인터페이스를 구현하는 target이 정의하고 있어야 한다.

④ public Thread(String name)
주어진 이름을 갖는 새로운 스레드를 생성하고, Thread(null, null, name)와 같은 효과를 갖는 객체생성자이다.

⑤ public Thread(ThreadGroup group, String name)
주어진 이름을 갖는 새로운 스레드를 생성하고, Thread(group, null, name)와 같은 효과를 갖는 객체생성자이다.

⑥ public Thread(Runnable target, String name)
주어진 이름을 갖는 새로운 스레드를 생성하고, Thread(null, target, name)와 같은 효과를 갖는 객체생성자이다.

⑦ public Thread(ThreadGroup group, Runnable target, String name)
주어진 이름을 갖고 주어진 스레드 그룹에 속하는 새로운 스레드 객체를 생성한다. 이 때, 스레드의 몸체인 run() 메소드는 Runnable 인터페이스를 구현하는 target이 정의하고 있어야 한다.

⑧ public native synchronized void start(): 스레드가 수행을 시작하도록 한다. 이 때, 자바 가상머신은 이 스레드의 run() 메소드를 호출하도록 되어 있다. 이렇게 함으로써 현재 수행중인 스레드와 새롭게 수행을 시작하도록 된 스레드 등 두 개의 스레드가 동시에 수행되게 된다.

⑨ public void run(): 만약, 이 스레드가 서로 분리된 Runnable 실행 객체로 생성되었다면, 그 Runnable 객체의 run() 메소드가 호출된다. 또는, Thread 클래스를 상속하여 생성된 스레드라면, Thread 클래스의 하위 클래스가 갖고 있는 run() 메소드가 호출된다. 그렇지 않을 경우, 이 메소드는 아무 것도 하지 않고 리턴된다.

⑩ public final String getName()
스레드의 이름을 얻는다.

⑪ public final void setName(String name)
스레드의 이름을 주어진 이름으로 설정한다.

⑫ public String toString()
스레드를 표현하기 위해 설정된 문자열을 얻습니다. 일반적으로, 이 문자열은 스레드의 이름, 우선순위, 스레드 그룹 등으로 이루어져 있다.

다음 〈예제 4-1〉은 Thread 클래스를 상속하여 스레드를 생성하고 실행시켜 주는 간단한 프로그램이다.

[예제 4-1] ThreadTest.java

```
import java.lang.*;
class PrimeThread extends Thread {
  int number;
  PrimeThread(int n) {
    super();
    number = n;
  }
  PrimeThread(String s, int n) {
    super(s);
    number = n;
  }
  public void run() {
    int n = 3;
    while(n <number) {
      if(isPrimeNumber(n))
        System.out.println(getName() + ": "
                    + n + " is prime number");
      n++;
      try {
        sleep(100);
      } catch(InterruptedException e) {
      }
    }
  }
  public boolean isPrimeNumber(int n) {
    int i;
    for(i=2;i<=(n/2);i++)
      if((n % i) == 0) return(false);
    return(true);
  }
}
class ThreadTest {
  public static void main(String args[] ) {
```

```
        Thread primeThread = new PrimeThread(30);
        System.out.println("PrimeThread: "+primeThread);
        primeThread.setName("PrimeThread");
        System.out.println("PrimeThread: "+primeThread);
        primeThread.start();
    }
}
```

1.3 Runnable 인터페이스를 구현하는 스레드의 생성 및 시작

스레드를 생성하기 위한 다른 방법은 Runnable 인터페이스를 구현하는 클래스를 선언하는 것이다. 다시 말해서, Runnable 인터페이스의 run() 메소드를 구현하는 클래스를 선언하고, 그 클래스의 인스턴스를 생성한 후, 이 인스턴스를 Thread를 생성할 때 매개변수로 넘겨주는 것이다. 다음과 같이 Runnable 인터페이스의 run() 메소드를 구현하는 클래스를 선언할 수 있다.

```
import java.lang.Runnable;
class RunnableThreadName implements Runnable {
  ...
  public void run() {
    // Thread Body
  }
  ...
}
```

다음과 같이 Runnable 인터페이스를 구현하는 클래스의 인스턴스를 선언하고 생성한 후, 스레드를 생성할 때 매개변수로 넘겨주어 시작시켜 주게 된다.

```
Thread t = new new Thread(new RunnableThreadName());
t.start();
```

Runnable 인터페이스는 클래스에 의해 구현되어져야 하고, 이 클래스의 인스턴스는 스레드에 의해 수행되도록 되어있다. 자바에서는 내부적으로 Runnable 인터

페이스를 Thread 클래스가 구현하고 있고, 따라서 Runnable 인터페이스는 Thread 클래스의 하위 클래스를 만들지 않고서도 스레드로 수행될 클래스를 만들 수 있는 방법을 제공해 주고 있다. Thread 클래스의 인스턴스를 생성하면서 Runnable 인터페이스를 구현하는 클래스의 인스턴스를 매개변수로 전달해 줌으로써, Thread 클래스의 하위 클래스를 생성하지 않고서도 스레드를 구현할 수 있다. 대부분의 경우, Runnable 인터페이스는 run() 메소드만 구현하여 사용하고, Thread 클래스의 나머지 메소드는 사용할 필요가 없을 경우 주로 사용된다.

다음에 나오는 자바 프로그램은 Runnable 인터페이스를 구현하여 스레드를 생성하고 실행시켜 주는 예를 보여주는 간단한 프로그램이다.

[예제 4-2] RunnableTest.java

```
import java.lang.Thread;
import java.lang.Runnable;
class PrimeThread implements Runnable {
   int number;
   String name;
   PrimeThread(int n) {
      name = null;
      number = n;
   }
   PrimeThread(String s, int n) {
      name = s;
      number = n;
   }
   public void run() {
      int n = 3;
      while(n <number) {
         if(isPrimeNumber(n))
            System.out.println(name+": "+n+" is prime number");
         n++;
         try {
            Thread.sleep(100);
         } catch(InterruptedException e) {
         }
      }
   }
```

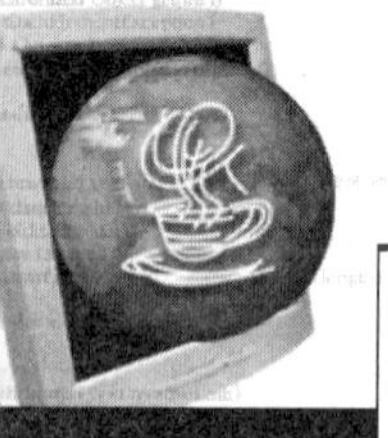


```
   public boolean isPrimeNumber(int n) {
      int i;
      for(i=2;i<=(n/2);i++)
         if((n % i) == 0) return(false);
      return(true);
   }
}
class RunnableTest {
   public static void main(String args[] ) {
      Thread primeThread = new Thread(new PrimeThread(30));
      System.out.println("PrimeThread: "+primeThread);
      primeThread.setName("PrimeThread");
      System.out.println("PrimeThread: "+primeThread);
      primeThread.start();
   }
}
```

1.4 스레드의 종료 및 대기

스레드 객체의 start() 메소드를 호출하여 스레드를 시작하면, 스레드 객체의 run() 메소드가 호출되고, 이 스레드는 run() 메소드가 실행되는 동안 계속 살아 있게 된다. 만약, 스레드의 run() 메소드가 무한루프로 구성되어 종료되지 않고, 이 스레드를 시작시켜 준 다른 스레드가 이 스레드를 종료시켜야 할 필요성이 있다. 또는 복잡한 계산을 여러 개로 나누어 수행한 후, 각각의 결과값을 모두 참조하여 최종 계산 결과를 얻어 내야 할 경우, 하나의 스레드가 여러 개로 나누어진 계산을 수행할 스레드들을 수행시키고, 그 스레드들의 수행이 끝날 때까지 기다렸다가 다음 계산 작업을 수행해야 한다.

다음은 이렇게 스레드를 강제로 종료시키거나, 종료될 때까지 기다리기 위해 Thread 클래스에서 기본적으로 제공해 주는 몇 가지 메소드들이다.

[표 4-2] Thread 클래스의 주요 메소드 설명

① public final void stop()
수행을 강제로 정지하도록 한다.

② public final synchronized void stop(Throwable o)
수행을 강제로 정지하도록 한다.

③ public final void join() throws InterruptedException
스레드가 종료되기를 기다립니다.

④ public final synchronized void join(long millis) throws InterruptedException
millis에 주어진 밀리초 시간 동안 스레드가 종료되기를 기다립니다. 만약, 주어진 시간이 0이라면, 영원히 기다리라는 의미이다.

⑤ public final synchronized void join(long millis, int nanos)
throws InterruptedException
millis에 주어진 밀리초와 nanos에 주어진 나노초를 더한 시간 동안 스레드가 종료되기를 기다립니다.

stop()과 join() 메소드는 다음과 같이 사용될 수 있다.

```
ThreadName t = new ThreadName();
t.start();
...
t.stop();
// 또는 t.join([ milis [ ,nanos] ] );
```

다음은 두 개의 스레드를 이용하여 1부터 10000까지, 10001부터 20000까지 각각의 합을 구하고, 이 두 결과를 합하여 1부터 20000까지 합한 값을 구하는 작업에 대해 Thread 클래스를 이용하여 작성한 것이다.

[예제 4-3] ThreadJoinTest.java

```
import java.lang.*;
//class SumThread extends Thread {   // Thread Class
class SumThread implements Runnable {   // Runnable Interface
   static int count=0;                  // Runnable Interface
   int id;                              // Runnable Interface
   int start, end, sum;
   SumThread(int start, int end) {
      this.start = start;
      this.end   = end;
      this.id    = count++;              // Runnable Interface
   }
   public String getName() {             // Runnable Interface
      return("Thread-"+id);              // Runnable Interface
```

```
    }                                    // Runnable Interface
    public int getSum() {
        return(sum);
    }
    public void run() {
        sum = 0;
        for(int i=start;i<=end;i++) {
            sum += i;
            System.out.println(getName() + ": " + sum);
        }
    }
}
class ThreadJoinTest {
    public static void main(String args[] ) {
//      SumThread t1 = new SumThread(1, 10000);
                                            // Thread Class
//      SumThread t2 = new SumThread(10001, 20000);
                                            // Thread Class
        SumThread rt1 = new SumThread(1, 10000);
                                            // Runnable Interface
        SumThread rt2 = new SumThread(10001, 20000);
                                            // Runnable Interface
        Thread t1 = new Thread(rt1);
                                    // Runnable Interface
        Thread t2 = new Thread(rt2);
                                    // Runnable Interface
        t1.start();
        t2.start();
        try {
            t1.join();
            t2.join();
        } catch(InterruptedException e) {
        }
//          System.out.println("Sum(10000,20000): "
                + (t1.getSum()+ t2.getSum()));    // Thread Class
        System.out.println("Sum(10000,20000): "
                + (rt1.getSum()+ rt2.getSum()));  // Runnable Interface
    }
}
```

위의 예제에서는 스레드를 생성하는 두 가지 방법을 각각 사용할 수 있도록 예를 보여 주고 있다. 각 주석 처리된 부분을 해제/설정 하는 식으로 Thread 클래스를 상속하여 스레드를 생성하거나, Runnable 인터페이스를 구현하여 스레드를 생성할 수 있다.

다음에 나오는 자바 프로그램은 일정 시간만큼 기다린 후 생성한 스레드를 멈추게 하는 예를 보여주는 프로그램이다.

[예제 4-4] ThreadStopTest.java

```
import java.lang.*;
class NeverStopThread extends Thread {
   int i=0;
   public void run() {
      while(true) {
         try {
            sleep(100);
            System.out.println(getName() + ": " + i++);
         } catch(InterruptedException e) {
         }
      }
   }
}

class ThreadStopTest {
   public static void main(String args[] ) {
      Thread t = new NeverStopThread();
      t.start();
      try {
         Thread.sleep(1000);
//          t.join(1000);        // 기다리는 시간은 같음
//          t.join(1000, 0);     // 기다리는 시간은 같음
      } catch(InterruptedException e) {
      }
      t.stop();
   }
}
```

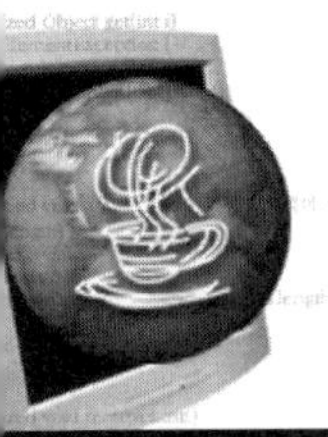

1.5 스레드의 상태

스레드가 갖는 상태를 살펴보면, 먼저 스레드가 생성되고, 스레드가 실행되고, 스레드가 실행을 멈추고 있다가 다시 실행되기를 기다리고, 마지막으로 스레드의 실행이 완전히 끝나 스레드가 죽는 등의 상태가 있다. 이렇게 스레드의 상태를 변화시킬 수 있도록 Thread 클래스에서는 여러 가지 메소드를 제공해 주고 있고, 이러한 메소드와 상태간의 관계도를 그려보면, 다음과 같은 스레드 상태전이도가 나타난다.

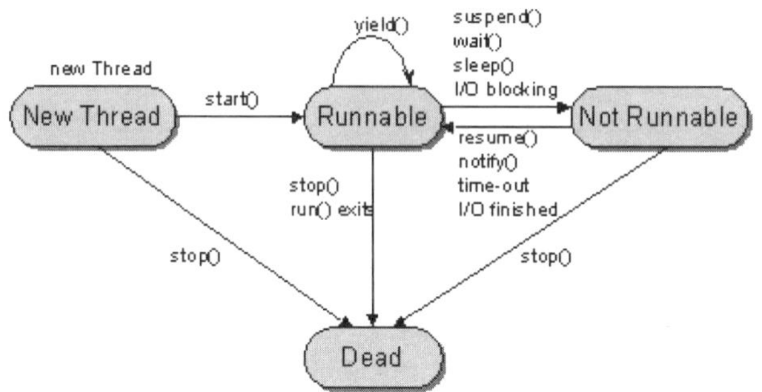

[그림 4-1] 스레드의 상태전이도

스레드가 가질 수 있는 각 상태를 살펴보면 다음과 같다.

New Thread

new 문장을 이용하여 스레드를 생성하고, 실행하기 바로 직전의 상태를 나타냅니다. 이 상태에서 스레드의 start 메소드가 호출되면 Runnable 상태가 되고, 스레드의 stop 메소드가 호출되면 바로 Dead 상태가 된다.

Runnable

새로운 스레드가 생성되어 그 스레드의 start 메소드를 호출하면, 스레드는 실행 가능한 Runnable 상태가 되는데, 실제로 Runnable 상태는 두 가지로 나뉘게 된다. 먼저, CPU를 실제로 할당받아 실행되는 상태와, 실행큐에서 CPU를 할당받아 실행되기 위해 대기하는 상태이다. 이러한 상태전환은 자바 런타임 스케줄러에 의해 크게 좌우되며, CPU를 사용하던 스레드가 다른 스레드가 실행될 수 있도록 CPU를 양보하기 위해서는 yield 메소드를 사용할 수 있다.

Not Runnable

현재, 실행중인 스레드의 suspend, wait, sleep 메소드를 호출하거나, 또는 스레드가 I/O 작업을 수행하게 되면, 스레드는 Runnable 상태에서 Not Runnable 상태로 전환하게 된다. 이렇게 네 가지 경우에 의해 스레드는 Runnable 상태에서 Not Runnable 상태로 전환하게 되는데, 반대로 Not Runnable 상태에서 Runnable 상태로 전환해 주기 위해서는 suspend 메소드가 호출되었을 경우에는 resume메소드를 호출하고, wait() 메소드가 호출된 경우에는 notify() 메소드를 호출하고, sleep 메소드가 호출된 경우에는 주어진 시간이 경과하면, I/O 작업을 수행했을 경우에는 해당 I/O 작업을 마치면 된다.

Dead

스레드는 하나의 실행단위이다. 따라서 스레드가 할 일을 모두 마치면 스레드는 Dead 상태가 된다. 다시 말해서, 스레드의 run() 메소드가 끝나거나 리턴된 경우, 스레드의 stop 메소드가 호출된 경우에 스레드는Dead 상태가 된다. 이 때, 스레드가 살아있는지 죽었는지를 확인하기 위해서는 isAlive 메소드를 이용할 수 있다.

스레드의 상태와 관련하여 Thread 클래스에서 제공해 주고 있는 메소드를 살펴보면, 다음과 같다.

[표 4-3] Thread 클래스에서 제공하는 Thread의 상태와 관련된 메소드 설명

① static Thread currentThread()
현재 수행중인 스레드를 얻는다.

② public native synchronized void start()
스레드가 수행을 시작하도록 한다. 이 때, 자바 가상머신은 이 스레드의 run() 메소드를 호출하도록 되어 있다. 이렇게 함으로써 현재 수행중인 스레드와 새롭게 수행을 시작하도록 된 스레드 등 두 개의 스레드가 동시에 수행되게 된다.

③ public final void suspend()
스레드를 잠시 쉬게(suspend) 한다.

④ public final void resume()
잠시 쉬고 있는(suspended) 스레드를 다시 시작(resume)하도록 한다.

⑤ public final void stop()
수행을 강제로 정지하도록 한다.

⑥ public final synchronized void stop(Throwable o)
수행을 강제로 정지하도록 한다.

⑦ void destroy()
스레드를 파괴한다.

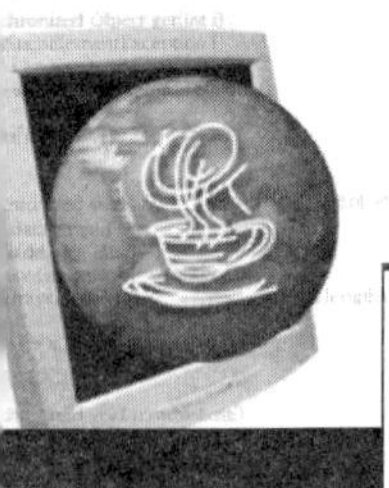

⑧ public static native void yield()
현재 실행중인 스레드 객체가 잠시 멈추고 다른 스레드가 수행되도록 프로세서(CPU)를 양보한다.

⑨ public static native void sleep(long millis) throws InterruptedException
현재 실행중인 스레드가 주어진 시간(millis)만큼 sleep하도록 한다. 스레드는 모니터에 대한 소유를 잃지 않고, 주어진 시간이 경과하면 다시 깨어나서 실행된다.

⑩ public static void sleep(long millis, int nanos) throws InterruptedException
현재 실행중인 스레드가 주어진 시간(millis+nanos)만큼 sleep하도록 한다. 스레드는 모니터에 대한 소유를 잃지 않고, 주어진 시간이 경과하면 다시 깨어나서 실행된다. millis는 millisecond 단위이고, nanos는 0-999999 사이에 있는 nanosecond 단위의 추가적인 시간이다.

⑪ public final native boolean isAlive()
스레드가 살아 있는 지 검사하는데, 스레드가 실행된 후 아직 죽지 않았다면, 이 스레드는 살아있는 스레드이다.

1.6 스레드의 우선순위와 자바 스케줄링

일반적으로 우리가 일을 수행할 때, 일들 사이에 운선순위가 존재하듯이, 자바 프로그램에서 수행하는 작업에도 우선순위를 부여할 수 있고, 자바에서 이러한 작업들은 스레드로 표현할 수 있으므로 스레드 역시 우선순위를 갖게 된다. 또한, 이러한 우선순위는 자바 프로그램 개발자가 스레드의 실행을 위한 스케줄링을 할 수 있는 방법을 제공해 주는 것이다.

스레드의 우선순위를 제어하기 위해 Thread 클래스에서 제공해주는 파이널 변수와 메소드는 다음과 같다.

[표 4-4] 스레드 우선순위 제어를 위한 Thread 클래스의 final 변수와 메소드

① public static final int MIN_PRIORITY(=1)
스레드가 가질 수 있는 가장 낮은 우선순위 값이다.

② public static final int NORM_PRIORITY(=5)
스레드가 가질 수 있는 디폴트 우선순위 값이다.

③ public static final int MAX_PRIORITY(=10)
스레드가 가질 수 있는 가장 높은 우선순위 값이다.

④ static Thread currentThread()
현재 수행중인 스레드를 얻습니다.

⑤ public final int getPriority()
스레드의 우선순위를 얻습니다.

⑥ public final void setPriority(int newPriority)
스레드의 우선순위를 주어진 값으로 설정한다.

자바 런타임 스케줄러는 현재 실행 가능한 스레드들 중에서 우선순위가 가장 높은 스레드를 실행시켜 주는데, 현재 실행중인 스레드보다 더 높은 우선순위를 갖는 스레드가 실행가능 상태가 되면 자바 런타임 스케줄러는 우선순위가 더 높은 스레드를 실행시켜 줍니다. 이러한 스케줄링 방식을 선점형 스케줄링이라 한다. 또한, 같은 우선순위를 갖는 여러 개의 스레드가 동시에 실행되기를 원할 때는 주어진 타임 슬라이스만큼 스레드를 순서대로 돌아가면서 실행시켜 주는데, 이러한 방식을 타임 슬라이싱(time-slicing)이라 하고, 이 때 순서대로 돌아가면서 실행시켜 주므로 라운드-로빈(round-robin)이라 한다. 마지막으로, 스레드가 스레드를 생성할 경우 새로 생성되는 스레드의 우선순위는 자신을 생성시킨 스레드의 우선순위를 그대로 상속하도록 되어 있다.

다음에 나오는 자바 프로그램은 스레드들이 갖는 우선순위 값에 대한 예를 보여주는 프로그램이다.

[예제 4-5] ThreadPriorityTest.java

```
import java.lang.*;
class ThreadWithPriority extends Thread {
  ThreadWithPriority() {
  }
  ThreadWithPriority(int priority) {
    setPriority(priority);
  }
  public void run() {
    int i=0;
    while(i++ <500) {
      System.out.println(this/*this.toString()*/);
    }
  }
}
class ThreadPriorityTest {
  public static void main(String args[] ) {
    Thread.currentThread().setPriority(Thread.NORM_PRIORITY+3);
    Thread t1 = new ThreadWithPriority();
    Thread t2 = new ThreadWithPriority(6);
    Thread t3 = new ThreadWithPriority(4);
    System.out.println(Thread.currentThread());
    t1.start();
```

```
        t2.start();
        t3.start();
    }
}
```

[예제 4-6] CircularList.java

```
public class CircularList {
    Node head, nil;
    Node current;

    public CircularList() {
        head = null;
        nil = null;
        current = null;
    }

    public synchronized Object getNext() {
        if(current == null) {
            current = head;
        } else {
            current = current.next;
        }
        if(current == null) {
            current = head;
        }
        if(current != null)
            return current.value;
        else
            return null;
    }

    public synchronized void insert(Object o) {
        if(head == null) {
            Node node = new Node(o);
            head = node;
            nil = node;
```

```
      } else {
         Node node = new Node(o);
         Node temp = nil;
         nil = node;
         temp.next = nil;
      }
   }

   public void delete(Object o) {
      Node temp1 = head;
      Node temp2 = null;

      while(temp1 != null) {
         if(temp1.value == o) {
            if(temp2 == null) {
               head = temp1.next;
            } else {
               temp2.next = temp1.next;
            }
            break;
         }
         temp2 = temp1;
         temp1 = temp1.next;
      }
   }

   public class Node {
      Object value;
      Node   next;

      public Node(Object o) {
         value = o;
         next = null;
      }
   }
}
```

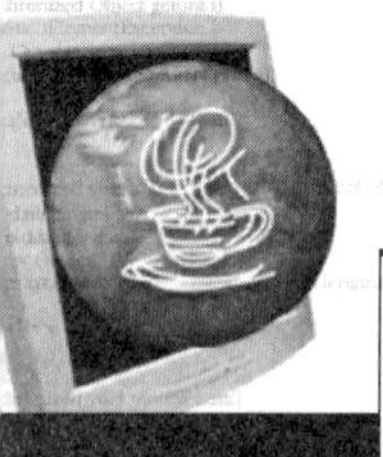

위의 자바 프로그램에서는 총 네 개의 스레드가 존재한다. 다시 말해서, 현재 main 메소드도 하나의 스레드로 실행이 된다는 것이다. 그리고 스레드 t1은 현재 스레드(main을 포함하는)가 갖는 우선순위를 그대로 상속한다는 것을 알 수 있고, 스레드 t2와 스레드 t3는 각각 6, 4의 우선순위 값을 갖습니다. 그러므로 우선순위가 높은 t2 스레드가 가장 많이 실행되고, t1 스레드가 실행되다가도 t2 스레드에 의해 CPU를 바로 빼앗기게 된다. 스레드 t1, t2, t3는 자신의 타임 슬라이스만큼 라운드-로빈 방식에 의해 순서대로 실행된다.

1.7 예제 : Round Robin 스케줄러 만들기

운영체제 작업 운영 기법들 중에서 순환 순서 방식인 Round Robin 방식을 구현해 보자. Round Robin 방식은 프로그램의 실행 순서 등을 결정하는 기법으로 실행되는 프로그램이 정해진 중앙 처리 장치인 CPU 사용 시간을 초과했을 경우에 해당 태스크의 처리를 중단하고 맨 끝으로 돌린 다음에 실행 가능한 다음 작업을 처리하는 방식이다.

[예제 4-7] Scheduler.java

```
public class Scheduler extends Thread {
  private  int timeslice;
  static  private  CircularList  threads;

  static {
    threads = new CircularList();
  }

  public  Scheduler(int t) {
    timeslice = t;
    setDaemon(true);
    start();
  }

  static public void addThread(Thread t) {
    threads.insert(t);
    System.out.println("new thread inserted");
    t.setPriority(2);
  }
```

```

    static public void removeThread(Thread t) {
        if(t.isAlive())
            t.setPriority(5);
        threads.delete(t);
    }

    public void run() {
        Thread current;
        setPriority(6);
        while(true) {
            current = (Thread) threads.getNext();
            if(current == null) {
                System.out.println("Scheduling is done...");
                continue;
            }
            if(current.isAlive()) {
                current.setPriority(4);
            } else {
                removeThread(current);
            }
            System.out.println("Scheduler running");

            try {
                Thread.sleep(timeslice);
            } catch (InterruptedException ie) {
                ystem.out.println("Thread interrupted.");
            }

            if(current.isAlive()) {
                current.setPriority(2);
            } else {
                removeThread(current);
            }
        }
    }
}
```

[예제 4-8] Task.java

```
class  Task extends Thread {
  String  id;

  public Task(String s) {
    id = s;
    Scheduler.addThread(this);
  }

  public void run() {
    for(int i =0; i < 10 ; i++) {
      doCalc(i);
      System.out.println(id+":"+getPriority());
      }
  }

  public void doCalc(int n) {
    for(int i = 0; i < n*200000; i++)
      ;
  }
}
```

[예제 4-9] App.java

```
class App {
  public static void main(String args[ ] ) {
    Task  t1, t2, t3;
    Scheduler c = new Scheduler(100);
    t1 = new Task("T1");
    t2 = new Task("T2");
    t3 = new Task3("T3");

    t1.start();
    t2.start();
    t3.start();
  }
}

class Task3 extends Task {
```

```
    public Task3(String id) {
        super(id);
    }

    public void run() {
        for(int i =0; i < 10 ; i++) {
            doCalc(i);
            System.out.println("Task3 id ="+id+":"+getPriority());
        }
    }

    public void doCalc(int n) {
        for(int i = 0; i < n*200000; i++)
            ;
    }
}
```

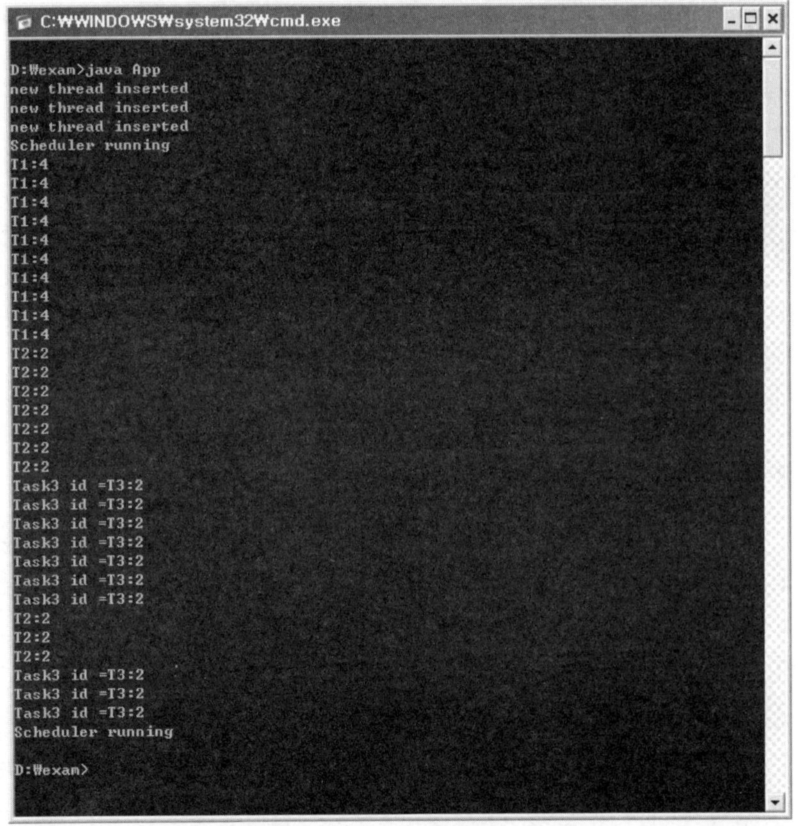

2. 멀티스레딩과 동기화

2.1 멀티스레드 프로그래밍

자바에서는 여러 개의 스레드를 작성하여 사용하는 멀티스레드 프로그래밍을 제공해 주고 있습니다. 이러한 여러 개의 스레드는 하나의 자원을 공유하기도 한다. 예를 들어, 하나의 파일을 공유하면서, 한 스레드는 그 파일에 자신이 생성한 데이터를 쓰고, 이와 동시에 다른 스레드는 거기에 있는 데이터를 읽는다고 가정하자. 한 스레드가 쓰기도 전에 다른 스레드가 읽는다거나, 한 스레드가 다음 데이터를 쓰기 전에 다른 스레드가 읽는다면 이는 원하는 데이터가 아니다. 우리는 한 스레드가 방금 쓴 그 데이터를 읽길 원하는 것이고, 또한 항상 새로운 데이터를 읽기를 원하는 것이다. 또한, 이렇게 여러 개의 스레드가 하나의 자원을 공유하는 멀티스레드 프로그램을 작성할 경우 다음과 같은 경우를 고려해 주어야 한다.

공정(fairness)

여러 개의 스레드가 하나의 컴퓨팅 자원을 사용하기 위해 동시에 접근하는 프로그램을 작성할 경우, 모든 스레드가 공정하게 그 자원을 사용할 수 있도록 해 주어야 한다. 이러한 시스템을 공정(fair)하다고 말할 수 있고, 그렇지 못할 경우 기아(starvation) 또는 교착상태(deadlock)를 야기할 수 있다.

기아(starvation)

기아란 하나 또는 그 이상의 스레드가 원하는 자원을 얻기 위해 블록되는데, 그 자원을 얻을 수 없으므로 다른 작업을 못하는 상태를 말한다. 다시 말해서, 하나의 시스템 자원을 얻지 못하고 계속 블록되어 있는 상태를 말하는 것이다.

교착상태(deadlock)

교착상태란 기아의 근본적인 문제인데, 이는 두 개 이상의 스레드가 만족하지 못하는 상태로 계속 기다릴 때 발생할 수 있다. 다시 말해서, 교착상태는 두 개 이상의 스레드가 서로에게 어떤 일을 해 주기를 기다리는 상태를 말하는데, 서로가 서로에게 어떤 일을 하기를 기다리기 때문에 한 스레드가 먼저 포기하지 않는 이상 영원히 기다릴 수밖에 없는 것이다.

이런 식으로 여러 개의 스레드가 하나의 자원 또는 데이터를 공유할 때, 다음과

같은 문제가 발생할 수 있다. 다시 말해서, 동기화를 하지 않을 경우, [그림 4-2]와 같이 한 스레드가 값을 읽어간 후 변경 하고 있는 도중에 다른 스레드가 기존의 값을 읽어간다. 그리고 먼저 읽어간 스레드가 값을 변경하고 그 값을 저장했는데, 마찬가지로 두 번째 읽어간 스레드도 나름대로 값을 변경한 후 그 값을 다시 저장한다. 이렇게 하면, 첫 번째 스레드가 변경한 작업은 결과적으로 무시된다.

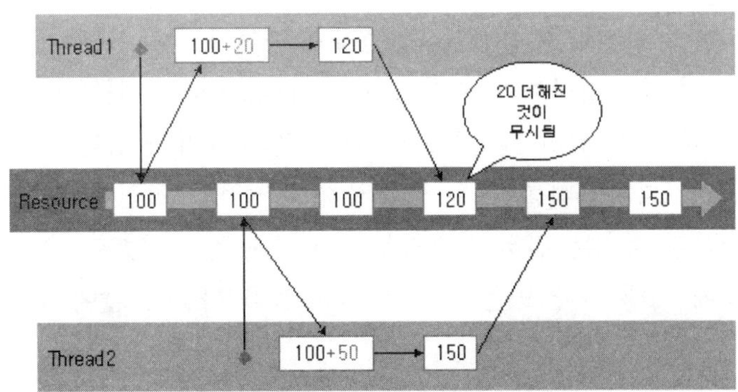

[그림 4-2] 두 스레드 간에 동기화가 이루어지지 않은 경우

따라서 위와 같은 경우 원하는 결과를 얻기 위해서는 [그림 4-3]과 같이 두 개의 스레드 간에 서로 동기화가 필요하다.

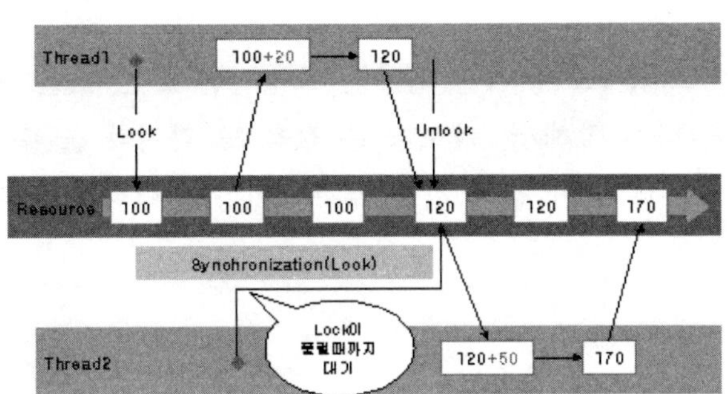

[그림 4-3] 두 스레드 간에 동기화가 이루어진 경우

2.2 생성자/요청자 문제(Generator/Requester Problem)

전산학 공부를 전공했던 사용자들이라면, 많이 들어봤던 문제 중의 하나가 생성자/요청자 문제일 것이다. 운영체제 공부한다고 할 때, 많이 나오던 문제 중의 하나이다. 생성자/요청자 문제에서 생성자는 항상 어떤 것을 생성하고, 요청자는 생

성자가 생성한 것을 요청하여 가져다 사용하는 형태를 취한다. 다른 말로 생산자(producer)/소비자(consumer) 문제라 할 수도 있다. 이번에 살펴 볼 생성자/요청자 문제에서는 생성자와 소비자가 정수값을 공유하도록 한다. 이 때, 생성자는 정수값을 생성하여 공유 저장 공간에 저장한다. 또한, 동기화 문제를 테스트하기 위해, 생성자는 무작위로 시간 동안 sleep하게 되고 이러한 과정을 계속적으로 반복한다. 반대로, 요청자는 생성자에 의해 공유 저장 공간에 저장되어 있는 정수값을 가능한 빨리 가져다 사용한다. 생성자와 마찬가지로 이러한 과정을 계속적으로 반복한다. 이 때, 생성자와 요청자는 SharedData 객체를 이용하여 정수 데이터를 공유하도록 되어 있기 때문에 다음과 같은 문제가 발생할 수 있다. 하나는 생성자가 요청자보다 더 빠를 경우 요청자가 가져가기도 전에 다른 정수를 생성하므로 전에 생성된 정수는 전혀 요청자에 의해 사용될 수 없다. 그러므로 요청자는 수행 속도 차에 의해 하나 또는 그 이상의 수들을 다음과 같이 놓치게 된다.

```
...
Requester #1 got: 3
Generator #1 put: 4
Generator #1 put: 5
Requester #1 got: 5
...
```

생성자가 요청자보다 빠를 경우는 요청자는 같은 값을 두 번 이상 가져가 사용할 수 있다. 다시 말해서, 가져다 쓴 값을 또 가져다 쓸 수 있다는 것이다. 따라서 요청자는 다음과 같이 같은 값을 두 번 이상 출력하게 된다.

```
...
Generator #1 put: 4
Requester #1 got: 4
Requester #1 got: 4
Generator #1 put: 5
...
```

이 두 경우 모두 의도하는 결과를 얻을 수가 없다. 이러한 경우를 경주 상태(race condition)라 하고, 이러한 문제는 다중스레드 프로그램에서 비동기적으로 실행되는 여러 스레드가 동시에 같은 객체에 접근하려 할 때 자주 발생하게 된다. 이러한 경주 상태를 해결하기 위해 생성자가 SharedData 자원에 정수값을 쓰는

것과 요청자가 SharedData 자원에 있는 값을 참조하는 것이 반드시 동기화 될 수 있도록 해 주어야 한다. 이렇게 함으로써 요청자는 생성자가 생성한 정수를 정확히 한 번 가져다 사용할 수 있게 된다. 이러한 생성자/요청자 문제에서 생성자 스레드와 요청자 스레드를 동기화하기 위해 자바에서는 다음과 같은 두 가지 기법을 제공해 주고 있다.

- 모니터(Monitors)
- notifyAll and wait() 메소드

2.3 스레드의 동기화

각 스레드가 자신이 실행될 때 필요로 하는 모든 데이터와 메소드를 포함하고, 다른 외부 자원이나 메소드를 전혀 필요로 하지 않을 때, 이를 비동기(asynchronous) 스레드라고 한다. 게다가, 이러한 스레드는 동시에 수행되고 있는 다른 스레드가 어떤 상태가 되고 실행되는지 상관없이 오직 자신의 길을 가는 스레드이다. 그러나 이러한 스레드만이 존재하는 것이 아니고, 서로 독립적으로 실행되더라도 서로 데이터를 공유한다거나 다른 스레드의 상태 또는 행동들을 고려해서 수행되는 스레드도 있다. 이러한 경우를 가장 잘 보여주는 예가 위에서 언급한 바와 같이, 데이터를 계속 생성하는 생성자와 이 데이터를 계속 요청하여 가져가는 요청자의 관계를 나타내는 생성자/요청자 문제(Generator/Requester problem)이다.

예를 들어, 자바 애플리케이션을 작성하였는데, 거기에 포함된 두 개의 스레드 중 하나는 파일에 데이터를 쓰고, 이와 동시에 다른 하나의 스레드는 같은 파일에서 그 데이터를 읽는 작업을 수행한다거나, 또는 여러분이 키보드에 키를 계속 입력할 때 생성자 스레드는 이벤트 큐에 키 이벤트를 추가시키고, 요청자 스레드는 같은 큐로부터 그 이벤트를 읽어 들일 수 있다. 위의 예에 나타난 두 가지 경우 모두 해당 스레드들은 파일 또는 이벤트 큐를 공유하는 것과 같이 같은 자원을 공유하고 있다. 따라서 이러한 경우에 해당하는 스레드들은 반드시 하나의 같은 자원을 공유하여 원하는 결과를 얻기 위해서 반드시 동기화 될 필요가 있다.

모니터(Monitors)

두 개의 스레드에 의해 공유되고 그 값이 참조될 때 반드시 동기화되어야 하는 SharedData와 같은 객체를 상태 변수(condition variables)라고 한다. 자바 언어에서는 상태 변수에 대한 모니터를 사용할 수 있도록 함으로써 스레드를 동기화

할 수 있도록 해 주고 있다. 모니터는 두 개의 스레드가 동시에 같은 변수에 접근하는 것을 방지해 준다.

■ notifyAll() 메소드와 wait() 메소드

모니터보다 더 고수준 기법으로서 Object 객체의 notifyAll() 메소드와 wait() 메소드를 사용하여 생성자 스레드와 요청자 스레드의 행동을 중재해 줍니다. SharedData 객체는 생성자 스레드에 의해 자신 내에 위치한 각 값이 요청자 스레드에 의해 단지 한 번만 쓰여질 수 있도록 하기 위해 notifyAll() 메소드와 wait() 메소드를 사용한다.

2.4 모니터

자바 언어와 자바 런타임 시스템은 모니터의 사용을 통해 스레드를 동기화 할 수 있도록 해 주고 있다. 모니터란 상태 변수(condition variable)라는 특별한 데이터 아이템과 데이터에 대해 lock을 걸도록 작동되는 기능(function)과 관련되어 있다. 스레드가 어떤 데이터 아이템에 대한 모니터를 갖게 되었을 때, 다른 스레드는 lock 되어 그 데이터를 참조하거나 변경할 수 없도록 되어 있다. 이렇게 서로 별개이면서 동시에 실행되고 있는 스레드들에 의해 같은 데이터가 참조될 수 있는 코드 세그먼트를 임계영역(critical section)이라 한다. 자바 언어에서는 프로그램 내에 이러한 임계영역을 만들기 위하여 synchronized 키워드를 사용할 수 있다. synchronized 키워드를 사용할 수 있는 방법은 다음과 같이 세 가지가 있다.

■ synchronized 클래스 메소드

```
synchronized static int getID() {
   ...
}
```

■ synchronized 인스턴스 메소드

```
synchronized int get() {
   ...
}
```

synchronized 메소드 내의 블록문

```
synchronized int get() {
    ...
    synchronized(this) {
        // synchronized code
    }
    ...
}
```

자바에서는 일반적으로 메소드를 임계영역으로 설정하기를 권장하고 있다. 그리고 메소드 레벨에서만 synchronized 키워드를 사용하도록 권장하고 있다. 이렇게 함으로써, 아주 작은 코드 세그먼트까지 동기화 되도록 할 수 있다. 자바 언어에서는 synchronized 메소드를 갖는 모든 객체는 하나의 고유한 모니터를 갖도록 하고 있다. 앞에서 살펴본 생성자/요청자 문제에서 사용하던 SharedData 클래스는 다음과 같은 두 개의 synchronized 메소드를 갖는다.

- put() : SharedData 내에 있는 값을 변경하기 위해 사용
- get() : SharedData 내에 있는 값을 참조하기 위해 사용

그러므로 시스템은 SharedData 클래스의 모든 인스턴스에 대하여 하나의 고유한 모니터를 연관시키게 된다. 이 때, 자바 모니터는 재진입이 가능하다. 같은 스레드는 이미 잡고 있는 모니터를 synchronized 메소드를 호출할 수 있으므로 모니터를 재획득이 가능하다. 생성자 스레드가 SharedData의 put() 메소드를 호출할 때마다, 생성자 스레드는 그 SharedData을 위한 모니터를 획득할 수 있고, 이 때 요청자 스레드는 get() 메소드를 호출할 수 없게 된다. 다음은 SharedData 클래스의 put() 메소드를 보여주고 있다.

```
public synchronized void put(int value) {
    // Generator 스레드는 모니터를 할당 받음
    while (available == true) {
        try {
            wait();
        } catch (InterruptedException e) { }
    }
```

```
    contents = value;
    available = true;
    notifyAll();
    // Generator 스레드는 모니터를 해제
}
```

put() 메소드가 리턴할 때, 생성자 스레드는 SharedData 객체를 unlocking 하기 때문에 모니터를 해제하게 된다. 반대로, 요청자 스레드가 SharedData 객체의 get() 메소드를 호출할 때마다, 요청자 스레드는 SharedData 객체를 위한 모니터를 획득하게 되고, 이 때 생성자 스레드는 put() 메소드를 호출할 수 없도록 된다. 다음은 SharedData 클래스의 put() 메소드를 보여주고 있다.

```
public synchronized int get() {
    // Requester 스레드는 모니터를 할당 받음
    while (available == false) {
        try {
            wait();
        } catch (InterruptedException e) { }
    }
    available = false;
    notifyAll();
    return contents;
    // Requester 스레드는 모니터를 해제
}
```

모니터의 획득과 해제는 자바 런타임 시스템에 의해 자동으로 하나의 명령으로 이루어진다. 이렇게 함으로써 스레드 구현을 보다 효율적으로 할 수 있고 경주 상태가 발생하지 않도록 할 수 있다. 자바 모니터는 재진입(reentrant)이 가능하기 때문에, 자바 런타임 시스템은 이미 다른 스레드에 의해 잡혀있는 모니터라도 다른 스레드가 재획득 할 수 있도록 해 주고 있다. 이렇게 재진입 가능한 모니터는 하나의 단일 스레드가 이미 잡고 있는 모니터에 대해 요청함으로써 자신에게 deadlock 될 가능성을 제거해 준다.

2.5 효율적인 동기화 기법 - wait() 및 notify() 메소드

SharedData 객체 내에 있는 get() 메소드와 put() 메소드는 둘 다 SharedData 객체 내에 값을 위치시키고 얻는 것을 중재하기 위하여 notifyAll() 메소드와 wait() 메소드를 사용하고 있다. 이 때, notifyAll() 메소드와 wait() 메소드는 모두 java.lang.Object 클래스의 메소드이다. 그리고 한 가지 주의할 점은 notifyAll() 메소드와 wait() 메소드는 모두 lock을 잡고 있는 스레드에 의해서만 호출될 수 있다는 것이다.

get() 메소드는 리턴하기 전에 마지막 작업으로 notifyAll() 메소드를 호출하고 있다. notifyAll() 메소드는 현재 스레드에 잡혀있는 모니터 상에서 기다리고 있는 모든 스레드에게 통보하여 깨워주는(wake-up) 역할을 한다. 일반적으로, 기다리고 있는 스레드 중 하나가 모니터를 잡고 자신의 일을 처리할 수 있다.

생성자/요청자 예에서는 요청자 스레드가 get() 메소드를 호출하고, 그러므로 요청자 스레드는 get() 메소드를 실행하는 동안 SharedData 객체를 위한 모니터를 잡고 있게 된다. get() 메소드의 끝에서 notifyAll 메소드를 호출함으로써 SharedData 객체의 모니터를 얻기 위해 기다리고 있는 생성자 스레드를 깨우게 된다. 이제, 생성자 스레드는 SharedData 모니터를 얻을 수 있고 자신의 작업을 계속할 수 있게 되는 것이다.

```
public synchronized int get() {
   while (available == false) {
      try {
         wait();
      } catch (InterruptedException e) {  }
   }
   available = false;
   notifyAll();                    // notifies Generator
   return contents;
}
```

여러 개의 스레드들이 하나의 모니터를 기다리고 있다면, 자바 런타임 머신은 실행하기 위해 기다리고 있는 스레드 중 하나를 선택해 줍니다. 이 때 어떤 스레드가 선택될 지는 보장할 수 없다.

Object 클래스는 notify() 메소드를 갖고 있는데, 이 notify() 메소드는 해당 모니터를 기다리고 있는 스레드들 중 하나를 마음대로 깨우게 된다. 이러한 상황에서, 기다리고 있는 스레드들 중 선택되지 않고 남아있는 나머지 스레드들은 모니터를 획득할 때까지 계속 기다리게 된다. notify() 메소드를 사용하는 것은 다소 위험할 수 있으므로, 보다 안정적인 프로그램을 작성하기 위해서는 notify() 메소드보다는 notifyAll 메소드를 사용하는 것이 바람직하다.

wait() 메소드는 현재 스레드가 다른 스레드가 상태 변화에 대해 통보(notify)할 때까지 기다리도록 한다. 따라서 같은 자원을 여러 개의 스레드가 사용할 때, 이의 중재를 위해 notify() 또는 notifyAll() 메소드와 결합하여 wait() 메소드를 사용할 수 있다.

get() 메소드는 available이 참이 될 때까지 반복하는 while 문을 포함하고 있다. 만약 available이 거짓이면 생성자 스레드가 새로운 값을 아직 생성하지 않았으므로 요청자 스레드는 기다려야 한다는 것을 나타내는 것이므로 get() 메소드는 wait() 메소드를 호출하게 된다. 따라서 wait() 메소드는 생성자 스레드가 통보할 때까지 무한정 기다리게 될 것이다. put() 메소드에서 notifyAll() 메소드를 호출하게 되면, 요청자 스레드는 wait 상태에서 깨어나 while 루프를 계속 반복하게 된다. 아마도, 생성자 스레드가 새로운 값을 생성하고 available을 참으로 변경하였을 것이기 때문에 get() 메소드는 while 루프를 빠져나가 계속 수행된다. 만약 생성자 스레드가 새로운 값을 생성하지 못했다면, available이 거짓이 되기 때문에 while 루프를 다시 반복하게 되고 생성자 스레드가 새로운 값을 생산하고 notifyAll() 메소드를 호출할 때까지 계속 기다리게 된다.

```
public synchronized int get() {
  while (available == false) {
    try {
      wait();
      // waits for notifyAll() call from Generator
    } catch (InterruptedException e) {   }
  }
  available = false;
  notifyAll();
  return contents;
}
```

put() 메소드 역시 get() 메소드와 같은 방식으로 동작하게 된다. 요청자 스레드가 현재 값을 소비할 때까지 기다리고, 요청자 스레드가 현재 값을 소비하게 되면, 생성자 스레드는 다시 새로운 값을 생성하게 되는 것이다.

생성자/요청자 문제에서는 무한정 기다리는 wait() 메소드를 사용하였지만, 실제로 Object 클래스는 다음과 같은 세 가지의 wait() 메소드를 제공해 주고 있다.

```
- wait() throws InterruptedException,
- wait(long timeout) throws InterruptedException,
- wait(long timeout, int nanos) throws InterruptedException
  객체 내에서의 변화를 다른 스레드에 의해 알려지기(notify)를 기다린다.
   timeout - 최대 대기 시간(milliseconds)
   nanos - 추가 시간(nanoseconds, 범위 0-999999)
```

〈예제 4-10〉은 위에서 살펴본, 생성자/요청자 문제를 위한 프로그램이다.

[예제 4-10] CircularList.java

```
class SharedData {
   private int data;
   private boolean available = false;
   public synchronized int get() {
      while (available == false) {
         try {
            wait();
         } catch (InterruptedException e) {    }
      }
      available = false;
      notifyAll();
      return data;
   }

   public synchronized void put(int value) {
      while (available == true) {
         try {
            wait();
         } catch (InterruptedException e) {   }
      }
```

```
            data = value;
            available = true;
            notifyAll();
        }
}

class Generator extends Thread {
    private SharedData sharedData;
    public Generator(SharedData data, int id) {
        sharedData = data;
        setName("Generator-"+id);
    }
    public void run() {
        int i;
        while(true) {
            i = (int)(Math.random() * 100);
            System.out.println(getName()+" put: "+i);
            sharedData.put(i);
            try {
                sleep((int)(Math.random() * 200));
            } catch (InterruptedException e) {   }
        }
    }
}

class Requester extends Thread {
    private SharedData sharedData;
    public Requester(SharedData c, int id) {
        sharedData = c;
        setName("Requester-"+id);
    }
    public void run() {
        while(true) {
            System.out.println(getName() + " get: "
                    + sharedData.get());
        }
    }
}
```

```

class GeneratorRequesterTest {
  public static void main(String[] args) {
    SharedData c = new SharedData();
    Generator gen = new Generator(c, 1);
    Requester req = new Requester(c, 1);
    gen.start();
    req.start();
    try {
      Thread.sleep(3000);
    } catch (InterruptedException e) {
    }
    gen.stop();
    req.stop();
  }
}
```

CHAPTER 05

인터넷 주소 처리와 관련 클래스

1. 인터넷의 주소 체계
2. InetAddress 클래스
3. URL 클래스
4. URLEncoder와 URLDecoder 클래스
5. URLConnection 클래스

1. 인터넷의 주소 체계

인터넷상에 연결된 수많은 컴퓨터들은 서로의 식별을 위해서 사람처럼 자신만의 이름(domain name)과 주민등록번호(IP address)를 가지고 있다. 이를 인터넷 주소라 불리는데 이는 IP 주소와 도메인이름으로 구분된다.

1.1 IP 주소

IP 주소(Internet Protocol address)는 인터넷상에서 하나의 컴퓨터를 구분하기 위해 사용하는 고유번호이다. 인터넷에 연결된 모든 컴퓨터는 고유의 주소를 가지며 이러한 주소는 인터넷 관련기관에서 전 세계의 주소를 관리하고 있다.[1)]

현재 인터넷에서 사용 중인 IP 주소 체계는 1981년 9월에 완성된 IPv4(Internet Protocol version 4)인데, IP 주소 전체를 나타내기 위해서는 2의 8제곱의 4byte(32bit)로 구성되며, 사람이 인식할 수 있도록 8bit를 10진수로 표현한다. 이는 134.75.217.11과 같이 4개의 숫자로 구성되며, 각 숫자단위 사이를 점(dot, " . ")으로 나누어 표시하고 각 숫자는 컴퓨터 내부에서 8비트의 2진수로 표현되어 0에서 255까지, 즉 256개의 숫자를 나타낼 수 있다. 이 중 0은 네트워크 주소, 255는 브로드캐스트(broadcast) 주소로 사용이 특수목적으로 예약되어 있어 사용할 수가 없다. IP 주소는 일반적으로 네트워크 번호와 호스트 번호로 나누어 표시되고, 현재 IP주소의 할당 방법은 해당기관의 네트워크 규모에 따라서 구분하며, 다음 [그림 5-1]과 같다.

클래스 A는 국가나 대형 통신망에 배정되며, 현재는 모두 배분되어 여분이 없는 상태이다. 클래스 A의 첫 번째 자리는 0에서 127까지의 수를 가질 수 있는데, 이중에 0과 127은 다른 용도로 사용되고 있다. 클래스 A의 경우 호스트 번호에 할당된 24비트를 이용해 16,777,214($2^{24}-2$)개의 호스트를 구성할 수 있다.

---

1) IP 주소를 관리하고 할당하는 기관을 NIC(Network Information Center)라고 하고 미국에서 관장하는 인터넷 관리단체인 인터닉(INTERNIC)에서 IP주소의 상위주소 부분을 정하여 유럽(RIPE-NCC) 또는 아시아태평양 지역(APNIC) 등의 인터넷 관리기관으로 보내면 거기서 다시 한 단계 하위주소를 부여하여 각 나라로 보낸다. 각 나라에서는 다시 그 아래 주소를 부여하여 각 업체나 학교 등에 최종주소를 부여하게 된다. 우리나라는 한국인터넷정보센터(KRNIC)에서 IP 주소를 관리하고 있다.

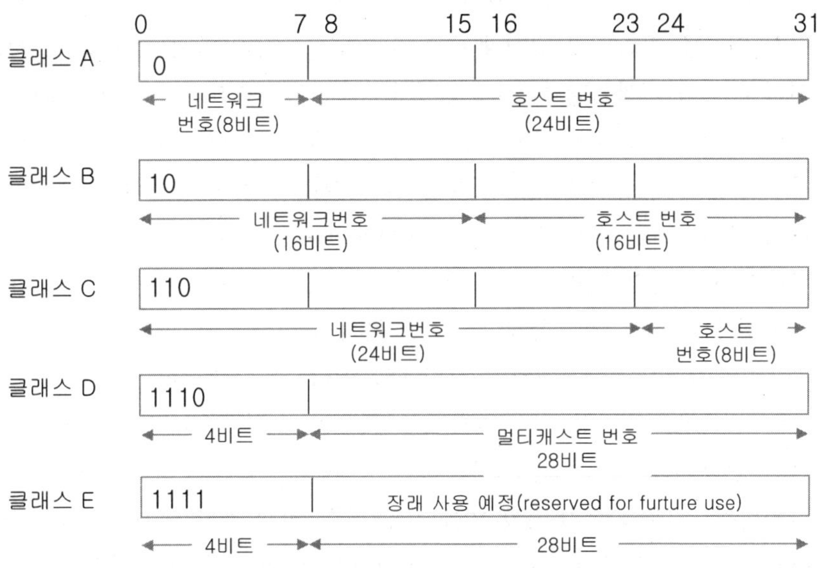

[그림 5-1] IP 주소의 형식

클래스 B는 중대형 통신망에 배정되며, 현재는 포화상태에 이르렀다. 클래스 B의 첫 번째 자리는 128에서 191까지의 수를 가지고, 총 클래스 수는 128.1.#.#부터 191.254.#.#까지 16,382($2^{14}-2$)개이다. 클래스 B의 경우 호스트 번호에 할당된 16비트를 이용해 65,534($2^{16}-2$)개의 호스트를 구성할 수 있다.

클래스 C는 소규모 통신망에 배정되며, 현재는 포화상태에 이르렀다. 클래스 C의 첫 번째 자리는 192에서 223까지의 수를 가지고, 총 클래스 수는 192.0.1.#부터 223.255.254.#까지 2,097,150($2^{21}-2$)개이다. 클래스 C의 경우 호스트 번호에 할당된 8비트를 이용해 254($2^{8}-2$)개의 호스트를 구성할 수 있다.

클래스 D는 멀티캐스트용으로 사용되고 있다. 첫 번째 자리는 224에서 239까지의 수를 가진다.

클래스 E는 장래에 사용할 목적으로 남겨 놓은 것으로, 현재는 주로 연구용으로 사용되고 있다. 첫 번째 자리는 240에서 255까지의 수를 가진다.

국내 보유 IP 주소는 KRNIC의 IP 주소 할당 서비스가 시작된 1993년부터 누적된 수치로 2001년 9월 현재 B 클래스가 48개이고 C 클래스가 19,613개이다. B 클래스는 1995년 이후로 추가로 할당되지 않고 있다. KRNIC는 현재 C 클래스 IP 주소를 국내 ISP와 대규모 네트워크 기관에 할당하고 있다. 참고로 IP 주소는 국내 IP 주소 할당상황에 따라 주기적으로 APNIC로부터 추가로 할당 받아온다.

한편, 학술연구망으로 시작된 인터넷의 상업화로 사용자가 급격히 증가하게 되면서 인터넷 주소가 포화상태에 이르고 있다. 이에 따라 기존의 32비트를 사용하는 인터넷 주소를 개선할 필요성이 제기되었다. IPv6(Internet Protocol version 6)은 현행 인터넷 주소체계(IPv4)를 대체할 차세대 인터넷 기반 구축을 위한 인터넷 新주소체계로 버전 업그레이드 작업이다. 이러한 버전 업그레이드 작업은 인터넷 표준화 작업기구인 IETF(Internet Engineering Task Force)를 통해 진행되고 있고, 국내에서도 국가 전략 추진과제로서 2011년까지 구축 완성하기로 하고 있다.

이렇게 IPv6가 필요하게 된 것은 현재 인터넷 사용자의 급증에 따른 IP 주소의 부족문제가 절실히 대두되고 있기 때문이다. 실제로 1997년 1월 전 세계 호스트는 2,600만개였는데, 2002년 말쯤에는 호스트 수가 약 1억5000천만 개로 늘어날 것으로 전망되고 있기 때문이다. 이렇게 수많은 호스트 증가가 예상됨에 따라 이를 지원하기 위해 IPv6가 등장하게 되었는데, 현재 32비트 구조의 IPv4를 훨씬 능가하는 128비트로 만들었다. 이 정도의 비트라면 기존의 인터넷 주소 부족 문제를 해결할 수 있으며, 기존의 인터넷 통신규약이 안고 있는 보안의 취약성, 고속 및 무선 네트워크에서의 비효율성 등 기술적인 문제들을 많이 개선시킬 수 있을 것으로 전망된다.

1.2 도메인이름

숫자로 구성된 IP 주소는 사람들이 기억하기 어렵고 사용하기도 불편하기 때문에 이에 대응하는 문자로 된 주소를 만들어 사용하고 있는데, 이를 도메인이름(domain name)이라고 한다. 도메인이름은 IP 주소 체계처럼 4자리 문자로 구성되며, 각 자리에 들어가는 내용은 다음과 같다.

도메인이름 : [컴퓨터 이름] .[기관 이름] .[서브 도메인] .[최상위 도메인]

[최상위 도메인]은 컴퓨터가 위치한 국가를 나타내고, [서브 도메인]은 해당 기관이나 조직의 성격을 나타내다. 그리고 [기관 이름]이나 [컴퓨터 이름]은 컴퓨터를 가지고 있는 기관에서 임의로 정한 것이다.

예를 들어, 호남대학교 서버의 IP 주소는 211.227.207.1이며, 이에 대응하는 도메인이름은 www.honam.ac.kr(또는 jangmi.honam.ac.kr)을 사용하고 있으므로, 사용자는 힘들게 IP 주소를 외우지 않고 도메인이름만 알고 있으면 접속할 수 있

게 된다. 도메인이름이 "www.honam.ac.kr"이라면 이는 한국(kr)에 있는 호남(honam)이라는 교육기관(ac)에서 소유하고 있는 웹(www 또는 jangmi)이라는 컴퓨터가 되는 것이다.

각 도메인 영역에 사용되는 문자 주소들은 다음 [표 5-1]과 같으며, 특히 미국 내의 도메인이름은 기관의 성격을 나타내는 문자를 다른 국가와 따로 사용하고 있으며 국가명을 표기하지 않고 있다.2)

[표 5-1] 도메인 약자

서브 도메인				최상위 도메인	
국제 표준		미국			
co	회사	com	회사	kr	한국
ac	교육기관	edu	교육기관	nk	북한
go	정부기관	gov	정부기관	jp	일본
re	연구소	int	연구소	au	호주
nm	망관리기관	net	망관리기관	de	독일
or	기타	org	기타	us	미국

1.3 DNS

앞에서 소개한 도메인이름은 사용자가 IP 주소를 사용하는데 있어서 불편함을 덜기 위해 만들어진 방법으로, 인터넷에 연결된 컴퓨터들이 서로를 구분하기 위해서 실제로 이해할 수 있는 주소는 IP 주소뿐이다. 따라서 사용자가 IP 주소 대신에 도메인이름을 사용하기 위해서는 아래와 같이 도메인이름 대신에 IP 주소로 자동으로 변환하여 주는 작업이 필요한데, 이러한 주소를 관리하는 시스템을 DNS(Domain Name System)라 부른다.

```
IP 주소   ⇔   도메인이름
211.227.207.1   ⇔   www.honam.ac.kr
호남대학교의 도메인이름과 IP 주소 변환
```

DNS에서 하는 일은 도메인이름을 IP로 변환하는 일을 하며, 그 반대의 일을 하는 것은 TCP/IP 서비스가 담당한다. 따라서 반드시 한 개 이상의 DNS 서버를 사

2) 도메인에 대한 상세한 정보는 한국인터넷정보센터(http://domain.nic.or.kr/)에서 참조할 것.

용할 수 있어야만 IP 주소 대신에 도메인이름을 사용할 수 있으나, DNS가 연결되어 있지 않다면 IP 주소를 사용해야만 다른 컴퓨터와 연결할 수 있다.

자신의 컴퓨터가 사용하는 DNS 서버의 주소를 알아보거나 어떤 컴퓨터의 도메인이름에 해당하는 IP 주소를 알아본다든지 또는 반대로 IP 주소에 해당하는 도메인이름을 알아보기 위해서는 TCP/IP가 설치된 컴퓨터에서 host, nslookup 혹은 ping 등과 같은 명령어를 사용하면 된다. 그러나 모든 시스템에서 host나 nslookup 명령이 다 사용되는 것은 아니다. 특히 PC사용자들에게는 더욱 그렇다. 그러므로 보편적으로 ping 명령어를 사용하면 앞서 설명한 앞서 설명한 효과를 얻을 수 있다.

1.4 인터넷의 주소 형식

1.4.1 URL 형식

URL(Uniform Resource Locator)은 인터넷상의 각종 자원이 있는 위치를 나타내는 표준 명령 체계이다. 즉 WWW 사용자가 원하는 정보를 얻기 위해서는 그 정보가 위치하는 장소 및 정보명을 입력해야 하는데, 이 때 입력하는 형식이 URL이다. URL의 형식은 다음과 같으며, 현재 많이 사용되는 대부분의 인터넷 서비스 및 정보 내용을 지정할 수 있다.

```
서비스명://도메인이름/문서이름(경로포함)
```

이러한 주소체계는 인터넷 서비스 중 WWW을 이용할 때 웹브라우저인 넷스케이프나 익스플로러에서 주로 사용한다. 앞에서 언급한 IP 주소나 도메인이름과는 달리 URL은 컴퓨터 주소뿐만 아니라 찾고자 하는 문서이름(경로포함)까지 지정할 수 있다. 이 서비스명(프로토콜)은 접속할 컴퓨터에 있는 자료의 사용방법을 지정하는 것으로 웹 서비스를 사용할 경우에는 http(HyperText Transfer Protocol)라고 적는다. 그 외에도 지정된 장소의 파일을 읽어 오기 위해서는 file://, 파일 송수신의 경우에는 ftp://, 뉴스그룹을 사용할 때에는 news:, 텔넷 서비스를 사용할 때에는 telnet://, 전자우편을 보낼 때에는 mailto: 라고 적는다.

도메인이름에는 자료를 가져오기 위해 접속할 컴퓨터의 주소를 기입하는데, IP 주소를 넣을 수도 있다. 포트번호는 통신규약에 따라 정해놓은 서비스 구별 번호로서 일반적으로는 사용하는 포트번호가 표준으로 정해져 있어 생략하여도 관계

없으나, 서버가 특별히 다른 포트 번호를 사용하여 서비스하는 경우에는 반드시 기입하여야 한다. 디렉토리명과 파일명은 사용자가 이용할 자료가 접속하는 컴퓨터의 어느 디렉토리에 있는 지와 해당하는 파일의 이름은 무엇인지를 지정하는 것으로 웹 서비스를 사용하는 대부분의 경우에는 하이퍼링크를 이용하여 접근하기 때문에 기재할 필요가 없다.

1.4.2 서브넷 마스크

서브넷(subnet)은 부족한 IP 주소를 효율적으로 사용하기 위해 많이 사용된다. 예를 들어 어떤 소규모 학교에서 40대의 컴퓨터를 인터넷에 연결하기 위해서 C 클래스 한 개를 모두 할당받는다면, 254개의 호스트를 연결할 수 있는 주소 범위에서 실제로 사용하는 40개의 제외한 나머지 210여개는 사용하지 않고 버리게 되는 셈이다. 따라서 이렇게 낭비되는 IP 주소를 효율적으로 사용하기 위하여 한 개의 IP 주소를 여러 개의 네트워크 주소로 나누어 할당하는 기법이 서브넷 마스크(subnet mask)이다.

IP 주소를 서브넷으로 나눌 때, 서브넷으로 구성되는 해당 학교에서는 향후에 얼마나 많은 컴퓨터가 인터넷에 연결이 될 것인가를 계획한 후 적절하게 나누어야 한다. 앞에서 설명한 이 학교가 현재 인터넷에 연결될 컴퓨터가 40대이고 나중에 20대 정도가 더 연결이 될 예정이라고 하자. 그리고 할당된 IP 주소는 210.119.33.#이다. 위와 같을 때 C 클래스 한 개를 전부 할당한다면 190여개의 IP주소가 남게 된다. 이렇게 남은 IP 주소는 어느 곳에도 사용할 수 없기 때문에 210.119.33.# IP 주소를 64개씩 나누면 PC를 60대 이하로 연결되는 4개 학교가 한 개의 C 클래스를 함께 사용할 수 있다. 이때 한 개의 클래스를 64개씩 나누려면 서브넷 값을 다음과 같이 255.255.255.192로 주면 된다. 한 개의 C 클래스를 모두 사용할 경우에 서브넷 값은 255.255.255.0이 된다. 한 개의 C 클래스를 64개씩 나누어 4개 학교가 함께 사용할 경우에 서브넷 값은 255.255.255.192가 된다.

1.4.3 포트와 프로토콜

포트(port)는 하드웨어가 아니라 소프트웨어 적으로 접속이 가능한 연결 단자이며, 가상적인 채널의 단자 역할을 하는 것이다. 하나의 컴퓨터 안에 여러 개의 프로세스(혹은 프로그램)가 동시에 실행되면, 여러 개의 채널이 열려 있는 경우이다.

예를 들면, 서버에서 HTTP 서비스(80번), FTP 서비스(21번), Telnet 서비스(23번), SMTP 서비스(25번), ECHO 서비스(7번) 등을 동시에 수행하고 싶으면, 물리적 통신선은 하나이지만 가상의 채널인 포트를 이용하면 여러 서비스를 동시에 수행할 수 있다. 포트 번호는 TCP/IP 시스템에서는 보통 16비트 크기를 가지며, 범위는 1~65,535 이다. 그러나 0~1024까지는 시스템에서 주로 사용하므로 사용하지 않는 것이 좋고, 1025~65,535까지는 사용자가 사용 가능하다.

프로토콜은 클라이언트와 서버간의 통신규약이다. 통신규약이란 상호간의 접속이나 절단방식, 통신방식, 주고받을 데이터의 형식, 오류 검출 방식, 코드 변환 방식, 전송 속도 등에 대하여 정의하는 것을 말한다. 대표적인 인터넷 표준 프로토콜에는 TCP와 UDP가있다.

1.5 자바의 네트워크

Network 프로그래밍이란 다른 컴퓨터와 송수신하는 통신 프로그램을 제작하는 것을 말한다. 자바는 네트워크 프로그래밍에 필요한 거의 모든 것들을 객체화하였기 때문에 사용자는 네트워크 하부 구조에 대한 전문적 지식이 없어도 프로그래밍이 가능하며 고수준의 통신 프로그램을 만들 수 있다.

1.5.1 네트워크 프로그램의 기초와 java.net 패키지

네트워크 프로그래밍을 하기 위하여 기초적인 사항에 대하여 알아보자. 통신이 이루어지기 위해선 최소한 두 대의 컴퓨터(프로그램)와 연결 선로인 네트워크가 필요하다.

Server(서버)는 정보를 제공하는 쪽의 컴퓨터 또는 프로그램을 말하며 Client(클라이언트)란 정보를 요청하는 쪽의 컴퓨터 또는 프로그램을 말한다. Network는 서버와 클라이언트가 통신할 수 있도록 연결하는 연결망이다. 때로는 서버와 클라이언트를 명백히 구분할 수 없는 구조도 있다.

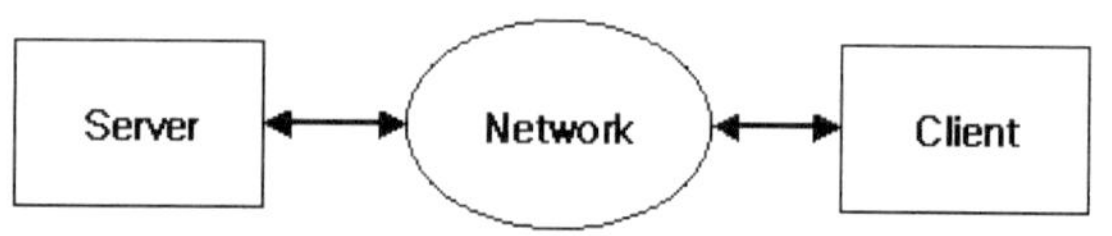

[그림 5-2] Server, Client, Network

두 대 이상의 컴퓨터가 메시지를 올바르게 주고받기 위해서는 어떤 정해진 규칙 또는 약속이 필요하다. 그런 통신 규약을 프로토콜(Protocol)이라고 한다. 인터넷은 IP(Internet Protocol)라는 프로토콜을 사용한다. IP는 다른 컴퓨터와 구별될 수 있도록 4바이트로 표현되는 고유한 주소를 갖고 있다. "192.168.1.28"과 같이 표기되며 IP 주소라고 불린다. IP를 사용하는 프로토콜로 TCP와 UDP가 있다.

자바에서 네트워크를 지원하는 패키지는 java.net 이다. 이 패키지는 URL 클래스류와 Socket 클래스류로 나눌 수 있다. 이는 자바 네트워크 프로그래밍은 크게 두 가지 방향이 있다는 의미이다. 하나는 Socket 혹은 ServerSocket 클래스를 이용하여 클라이언트/서버 소켓 프로그래밍을 하는 것이고 다른 하나는 URL 클래스를 이용하여 보다 쉽게 인터넷에 연결되어 있는 네트워크를 접속하고 정보를 받는 것이다.

```
자바 네트워크의 구성 == 스트림기반 I/O 클래스 + java.net패키지 클래스
```

[표 5-2] java.net패키지

분류	클래스	기 능
소켓	DatagramPacket	UDP와 같은 비연결형 프로토콜에 사용되는 데이터그램
	DatagramSocket	데이터그램의 전송과 수신을 위하여 사용됨
	ServerSocket	TCP와 같은 연결형 프로토콜의 서버에서 사용됨
	Socket	연결형 또는 비연결형 프로토콜의 서버와 클라이언트에서 사용됨
	SocketImpl	소켓 구현을 위한 추상 클래스로 직접 사용할 수 없음
	SocketImplFactory	SocketImpl 객체를 생성하기 위한 인터페이스
인터넷 주소	InetAddress	호스트명과 인터넷주소를 분리 및 인터넷주소를 표현하는데 사용됨
URL	ContentHandler	MIME 객체를 생성하기 위한 콘텐츠 처리자의 추상 클래스를 직접 사용할 수 없음
	ContentHandlerFactory	MIME형의 ContentHandler 객체를 생성하여 돌려주는 인터페이스로 직접 사용할 수 없음
	URL	URL을 파싱하거나 URL의 호스트 연결을 생성하는데 사용함

	URLConnection	URL호스트의 연결을 생성하고 데이터를 처리하는데 사용됨
	URLEncoder	문자열을 x-www-form-urlencoded 형식으로 부호화하기 위하여 사용됨
	URLStreamHandler	URL의 프로토콜(http,ftp등)을 처리하기 위한 추상 클래스
	URLStreamHandlerFactory	URLStreamHandler의 인스턴스를 생성하기 위한 인터페이스로 직접 사용될 수 없음
예외처리	MalformedURLException	URL생성을 위한 인자의 구문이 잘못되면 예외처리 된다.
	ProtocolException	잘못된 형의 소켓에 연결하고자 하는 경우에 예외처리 된다.
	SocketException	제공하지 않는 소켓을 사용하고자 시도하거나, 이미 다른 프로세스가 열어둔 소켓을 연결하고자 하는 경우에 예외처리 된다.
	UnknownHostException	호스트명이 인터넷주소를 해석될 수 없는경우에 예외처리된다.
	UnknownServiceException	URL연결에 의하여 제공되지 않는 서비스를 사용하고자 시도 할 때 예외처리 된다.

1.5.2 TCP와 UDP

TCP(Transmission Control Protocol)는 IP와 함께 사용되는 프로토콜로 이 둘을 묶어 TCP/IP라고 한다. TCP는 데이터나 파일을 패킷으로 나누거나 재조립하는 역할을 하며 IP는 패킷을 전달하거나 받는 역할을 한다. 데이터나 파일은 네트워크로 전달될 때 여러 개의 작은 조각으로 나눠지는데, 이것을 패킷(packet)이라고 부른다.

TCP는 연결지향성과 신뢰성을 큰 특징으로 한다. 클라이언트의 연결이 확실할 때만 통신이 가능하며 데이터를 주고받을 때 데이터의 손실이 없음을 보장하는 것이다. 따라서 신뢰성을 기반으로 하는 프로그램에 적합하다.

UDP(User Datagram Protocol)도 IP와 함께 사용되는 프로토콜로 TCP와 유사한 점이 많지만 연결 상태와 데이터의 손실 여부를 체크하지 특징이 있다. 즉, TCP와는 대조적으로 연결성과 신뢰성이 없는 프로토콜이다. 따라서 일부 데이터가 손실되어도 치명적이지 않는 프로그램 등에 적합하다. TCP에서의 패킷을 UDP에서는 데이터그램(datagram)이라고 부른다. TCP와 UDP는 모두 양방향 전송

(Full Duplex)을 지원한다.

자바는 TCP와 UDP를 모두 지원하는데, TCP를 위한 Socket 클래스와 UDP를 위한 DatagramSocket 클래스가 있다.

1.5.3 Port와 Socket

프로그래밍에서의 포트란 물리적 장치가 아닌 가상적인 연결 장치를 의미한다. 하나의 컴퓨터가 HTTP나 FTP등의 여러 서버를 제공한다면 클라이언트는 호스트의 HTTP 서버에 접속할 것인지 아니면 FTP 서버에 접속할 것인지를 결정해야할 것이다. 이때 포트라는 개념이 사용된다. 포트는 0~65535 사이의 번호를 가지는데 HTTP 서버는 보통 80번 포트를 사용하고 FTP 서버는 21번 포트를 사용한다. 이 말은 80번 포트를 통해 접속해오는 클라이언트는 HTTP 서버로 연결하고 21번 포트를 통해 접속해오는 클라이언트는 FTP 서버로 접속된다는 뜻이다.

21번이나 80번과 같은 포트들은 잘 알려진 포트들(Well Known Ports)이고, 이와 같이 시스템에서 사용하는 예약된 포트들이 있는데 1~1023 사이의 포트들이다. 따라서 이들 포트는 사용하지 않고 1024~65535 사이의 포트를 사용하는 것이 좋다.

일반적으로 전구나 플러그를 꽂을 수 있는 장치를 소켓이라고 부른다. 일반적인 소켓은 전기를 소비하는 제품과 전선을 서로 이어주는 역할을 하는데, 이와 비슷한 개념으로 프로그래밍에서의 소켓은 응용프로그램과 포트를 이어주는 역할을 한다. 소켓은 소프트웨어적으로 구현한 가상적 장치이다.

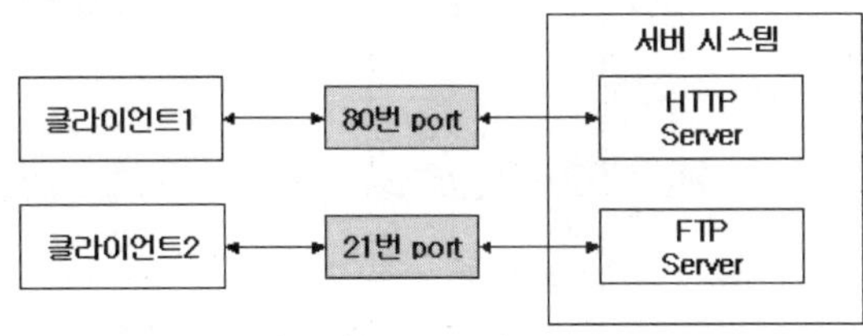

[그림 5-3] port의 개념

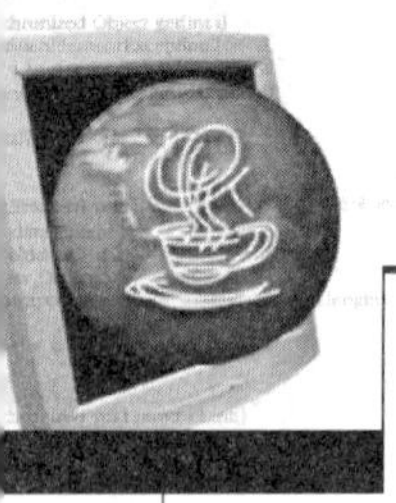

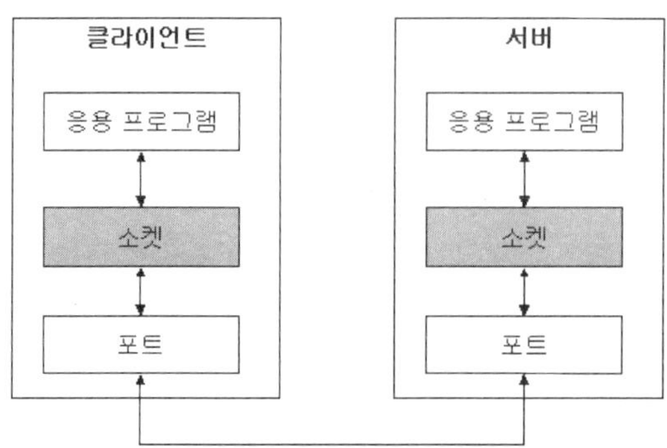

[그림 5-4] 소켓의 개념

자바는 소켓을 클래스로 추상화하였다. 따라서 프로그래머는 소켓 클래스로부터 소켓 객체를 생성하여 사용하면 된다. 여기서 자바는 데이터의 전송을 어떻게 구현할까? 마찬가지로 소켓의 스트림 객체를 이용하여 데이터를 주고받는다. 소켓은 내부에 입·출력 스트림을 포함하고 있는데 소켓의 스트림 객체를 얻어와서 스트림에 데이터를 읽거나 쓸 수 있다. 예를 들어 소켓의 출력 스트림에 데이터를 쓰면 반대편에서는 소켓의 입력 스트림으로부터 데이터를 읽으면 되는 것이다.

소켓을 이용하는 통신을 소켓 통신이라고 하며, 소켓 통신 프로그램을 만드는 작업을 소켓 프로그래밍이라고 한다.

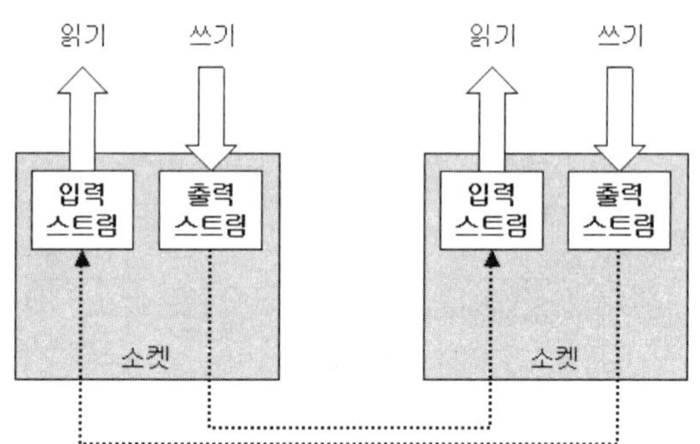

[그림 5-5] 소켓의 스트림

1.5.4 TCP 프로그래밍의 기초

자바에서의 TCP 프로그래밍이란 Socket 클래스를 이용하여 통신 프로그램을 제작하는 것을 의미한다.

클라이언트의 소켓과 서버의 소켓을 연결시켜주는 다른 소켓이 있는데, 서버소켓이라고 한다. 서버소켓은 클라이언트를 기다리다가 클라이언트가 연결을 시도하면 소켓을 만들어서 클라이언트의 소켓과 연결시키고 자신은 계속해서 다른 클라이언트를 기다린다.

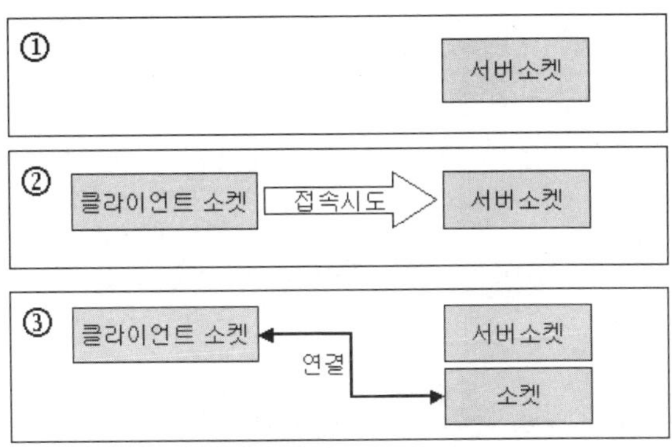

[그림 5-6] 서버 소켓

2. InetAddress 클래스

InetAddress 클래스는 IP 주소를 표현한 클래스이다. 자바에서는 모든 IP주소를 InetAddress 클래스를 사용한다.

InetAddress 클래스의 생성자는 하나만 존재하지만, 특이하게 기본생성자의 접근 제한자가 default이기 때문에 new 연산자 객체를 생성할 수 없다. 따라서 InetAddress 클래스는 [표 5-3]과 같이 객체를 생성해줄 수 있는 5개의 static 메소드를 제공하고 있다.

[표 5-3] InetAddress 객체를 생성하는 메소드

①	static InetAddress[] getAllByName(String host) 매개변수 host에 대응하는 InetAddress 배열을 반환
②	static InetAddress getByAddress(byte[] addr) 매개변수 addr에 대응하는 InetAddress 객체를 반환
③	static InetAddress getByAddress(String host, byte[] addr) 매개변수 host와 addr에 대응하는 InetAddress 객체를 반환

④ static InetAddress getByName(String host)
매개변수 host에 대응하는 InetAddress 객체를 반환

⑤ static InetAddress getLocalHost()
로컬호스트의 InetAddress 객체를 반환

위의 5개의 static 메소드는 모두 UnkownHostException 예외를 발생시키기 때문에 반드시 예외처리를 해야 한다.

InetAddress 클래스는 IP 주소를 객체화했기 때문에 다양한 메서드를 제공하지 않는다.

다만 호스트이름과 호스트에 대응하는 IP 주소를 알 수 있도록 [표 5-4]와 같은 메서드를 제공하고 있다.

[표 5-4] InetAddress 클래스의 주요 메소드

① byte[] getAddress()
InetAddress 객체의 실제 IP 주소를 바이트 배열로 반환

② String getHostAddress()
IP 주소를 문자열로 반환

③ String getHostName()
호스트 이름을 문자열로 반환

④ String toString()
IP 주소를 스트링 문자열로 오버라이딩한 메소드다.
문자열의 형식은 '호스트 이름/IP 주소'이다.

[예제 5-1] InetAddressTest1.java

```
import java.net.*;

class InetAddressTest1 {
   public static void main(String args[]) throws UnknownHostException {
      InetAddress address = InetAddress.getLocalHost();
      System.out.println("로컬 컴퓨터의 이름 :
                                  "+address.getHostName());
      System.out.println("로컬 컴퓨터의 IP 주소 :
                                     "+address.getHostAddress());
      address = InetAddress.getByName("www.honam.ac.kr");
```

```
11          System.out.println("www.honam.ac.kr 컴퓨터의 이름과
12                                    IP 주소 : " + address);
13          InetAddress sw[] = InetAddress.getAllByName
14                                    ("himec.honam.ac.kr");
15          for (int i=0; i<sw.length; i++)
16             System.out.println(sw[i]);
17       }
18    }
```

```
C:\WINDOWS\system32\cmd.exe

D:\exam>javac InetAddressTest1.java

D:\exam>java InetAddressTest1
로컬 컴퓨터의 이름 : desktop
로컬 컴퓨터의 IP 주소 : 125.183.25.62
www.honam.ac.kr 컴퓨터의 이름과 IP 주소 : www.honam.ac.kr/211.227.233.180
himec.honam.ac.kr/59.3.90.210

D:\exam>
```

〈예제 5-1〉 설명

이 예제에서는 try~catch 구문을 이용한 예외처리가 아닌 throws UnknownHostException을 이용한 예외처리를 하였다.
5행에서 InetAddress 클래스의 getLocalHost()를 이용하여 localhost의 IP 주소를 구한다. 6행에서 getHostName()를 이용하여 호스트의 이름을 문자열로 반환 받아 출력하고, 8행에서 호스트의 IP 주소를 getHostAddress()를 이용하여 IP 주소를 문자열로 반환 받아 출력한다.

이어서 10행의 address 객체는 hostName 필드에 himec.honam.ac.kr을 그리고 address 필드에 IP 주소에 해당하는 4바이트 정수를 가지게 된다. 만약 호스트를 찾을 수 없으면 getByName() 메소드는 UnknownHostException을 발생하기 때문에 반드시 예외처리를 해야만 한다.

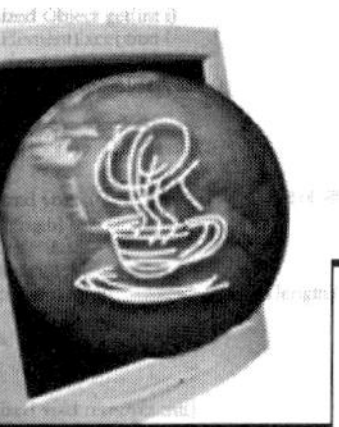

<예제 5-2>에서는 [표 5-3]과 [표 5-4]에서 설명한 InetAddress 객체를 생성하는 메소드와 InetAddress 클래스의 주요 메소드를 이용하여 IP 주소를 문자열로 받아들여 입력한 IP 주소에 해당하는 호스트의 이름을 반환하고 호스트의 IP 주소를 IP에 해당하는 문자열로 반환하고 또한 '호스트 이름/IP 주소' 형태의 문자열을 반환하는 toString() 메소드에 결과를 반환하는 예제를 보이도 있다.

또한 <예제 5-2>는 getByName() 메소드의 인수를 도메인에 해당하는 문자열을 받아들여 이 문자열에 해당하는 IP 주소를 문자열로도 반환하고 getLocalHost() 메소드를 이용하여 로컬 컴퓨터에 부여된 IP 주소와 컴퓨터 이름도 반환하는 방법도 선보이고 있다.

[예제 5-2] InetAddressTest2.java

```
import java.net.*;

class InetAddressTest2 {
  public static void main(String args[ ]) {
    InetAddress myIP=null, myIPs[ ]=null;
    try {
      myIP = InetAddress.getByName("211.227.233.180");
      System.out.println("getHostName: " + myIP.getHostName());
      System.out.println("getHostAddr: " + myIP.getHostAddress());
      System.out.println("toString: " + myIP.toString());
    } catch(UnknownHostException e) {
      System.out.println(e);
    }

    try {
      myIP = InetAddress.getByName("www.honam.ac.kr");
      System.out.println("getHostName: " + myIP.getHostName());
      System.out.println("getHostAddr: " + myIP.getHostAddress());
      System.out.println("toString: " + myIP);
    } catch(UnknownHostException e) {
      System.out.println(e);
    }

    try {
      myIP = InetAddress.getLocalHost();
```

```
            System.out.println("getHostName: " + myIP.getHostName());
            System.out.println("getHostAddr: " + myIP.getHostAddress());
        } catch(UnknownHostException e) {
            System.out.println(e);
        }

        byte inet[] = myIP.getAddress();
        System.out.print("getHostAddr: ");

        for(int i=0;i<inet.length;i++) {
            System.out.print(inet[i]+".");
        }

        System.out.println();
        System.out.print("getHostAddr: ");
        for(int i=0;i<inet.length;i++) {
            System.out.print(((inet[i]<0) ? (inet[i]+256):
                                 inet[i])+".");
    }

        System.out.println();
        try {
            myIPs = InetAddress.getAllByName("www.honam.ac.kr");
            for(int i=0;i<myIPs.length;i++) {
                System.out.println("getHostName: "
                                 + myIPs[i].getHostName());
                System.out.println("getHostAddr: "
                                 + myIPs[i].getHostAddress());
            }
        } catch(UnknownHostException e) {
            System.out.println(e);
        }
    }
}
```

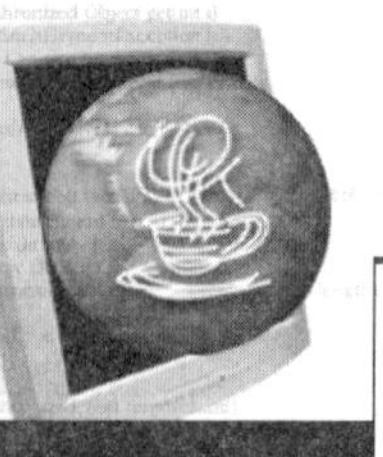


```
C:₩WINDOWS₩system32₩cmd.exe

D:₩exam>javac InetAddressTest2.java

D:₩exam>java InetAddressTest2
getHostName: 211.227.233.180
getHostAddr: 211.227.233.180
toString: 211.227.233.180/211.227.233.180
getHostName: www.honam.ac.kr
getHostAddr: 211.227.233.180
toString: www.honam.ac.kr/211.227.233.180
getHostName: desktop
getHostAddr: 125.183.25.62
getHostAddr: 125.-73.25.62.
getHostAddr: 125.183.25.62.
getHostName: www.honam.ac.kr
getHostAddr: 211.227.233.180

D:₩exam>_
```

3. URL 클래스

3.1 URL

일반적으로 웹 브라우저는 인터넷에 존재하는 다양한 형태의 서비스를 동시에 지원하는 도구로 HTTP, FTP, 유즈넷 뉴스, e-mail, 고퍼, 텔넷 등의 서비스를 동시에 지원한다. 이러한 다양한 서비스를 제공하는 수많은 서버들로부터 필요한 정보를 획득하기 위해 이들의 위치를 표시하는 체계가 필요한데 이를 위해 URL이 사용된다. URL은 웹상에서 서비스를 제공하는 각 서버들에 있는 파일들의 위치를 명시하기 위한 것으로 접속해야 될 서비스의 종류, 서버의 위치(도메인 네임), 파일의 위치를 포함한다. 일반적인 체계(syntax)는 다음과 같이 나타낼 수 있다.

```
protocol://hostname[ :port] /path/filename#section
```

```
http://www.honam.ac.kr/web/uni/uni407.php
```

3.2 URL 클래스

웹상의 주소(URL) 그 자체를 나타내는 클래스로서 웹상에 존재하는 자원에 접근하거나 유일한 주소를 나타내기 위해 사용된다. InetAddress 클래스보다 확장

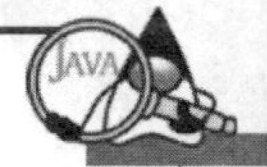

된 개념으로 네트워크 연결까지 가능하다. 따라서 URL 객체의 생성 시 잘못된 URL 형태를 주면 MalformedURLException이 발생하므로 생성 시 이에 대한 예외처리를 반드시 해주어야 한다.

자바로 인터넷에 연결된 특정 호스트로부터 데이터를 읽어오는 가장 간단한 방법은 URL 클래스를 이용하는 것이다. URL 클래스를 사용하지 않는다면 사용자가 특정 호스트로부터 데이터를 읽어오려면 프로토콜의 방식, 데이터의 형식, 또는 서버와 통신하는 방법 등과 같은 것들을 자세하게 알고 있어야하고 세부적인 내용들을 프로그램화 해야만 작업이 가능하게 된다. 그러나 자바에서는 단지 URL 클래스만 지정해주면 지정한 데이터를 쉽게 읽어 올 수 있다. 이러한 URL 클래스의 주요 생성자와 메소드를 살펴보면 다음 [표 5-5]와 [표 5-6]과 같다.

[표 5-5] URL 클래스의 주요 생성자

① public URL(String spec) throws MalformedURLException
주어진 문자열에 해당하는 URL 객체를 생성

② public URL(String protocol, String host, int port, String file) throws MalformedURLException
주어진 조건에 해당하는 URL 객체를 생성. port 값이 -1일 경우, 디폴트 포트 번호를 나타낸다.

③ public URL(String protocol, String host, int port, String file, URLStreamHandler handler) throws MalformedURLException
주어진 조건에 해당하는 URL 객체를 생성

④ public URL(String protocol, String host, String file) throws MalformedURLException
주어진 조건에 해당하는 URL 객체를 생성

⑤ public URL(URL context, String spec) throws MalformedURLException
주어진 조건에 해당하는 URL 객체를 생성

⑥ public URL(URL context, String spec, URLStreamHandler handler) throws MalformedURLException
주어진 조건에 해당하는 URL 객체를 생성

URL 클래스 객체 생성자를 보면 잘못된 주소가 넘겨질 경우를 대비해서 MalformedURLException의 발생을 선언부에 명시하고 있는 것을 볼 수 있다.

[표 5-6] URL 클래스의 주요 메소드

① public String getProtocol()
프로토콜을 문자열로 반환한다.

② public String getHost()
호스트 이름을 반환한다.

③ public String getPath()
경로를 반환한다.

④ public String getFile()
파일 이름을 반환한다.

⑤ public int getPort()
포트 번호를 반환한다.

⑥ public URLConnection openConnection() throws java.io.IOException
URL 객체의 URLConnection 객체를 반환한다.

⑦ public final InputStream openStream() throws java.io.IOException
URL 객체의 입력 스트림을 반환한다.

다음 〈예제 5-3〉은 URL클래스로 호스트의 정보를 표시하고 페이지를 화면에 출력한다. URL 클래스로 페이지를 다운받아 출력하기 위한 절차는 다음과 같다.

① URL객체 생성
`URL home = new URL("http://www.honam.ac.kr");`
② URL객체로의 스트림 열기
`InputStream in = url.openStream();`
③ 받는 스트림을 버퍼에 저장
`BufferedReader br = new BufferedReader( new InputStreamReader(in));`
④ 버퍼를 화면에 출력하고 스트림 닫기

[예제 5-3] URLTest.java

```
import java.net.*;
import java.io.*;

public class URLTest {
   public static void main(String args[ ] ) {
      try {
         //URL객체 생성
         URL home = new URL("http://www.honam.ac.kr");
         BufferedReader br;
         String line;

         // 호스트 정보 출력
         System.out.println("Port: "+home.getPort());
```

```
            System.out.println("Protocol: "+home.getProtocol());
            System.out.println("HostName: "+home.getHost());
            System.out.println("File: "+home.getFile());
            System.out.println("Ref: "+home.getRef());

            //URL객체로의 스트림을 열어서 받는 스트림을 버퍼에 저장한다.
            br = new BufferedReader(new
                    InputStreamReader(home.openStream()));
            while ((line = br.readLine()) != null) {
              System.out.println(line);
            }
            br.close();
        } catch (Exception e) {
            System.out.println("Exception: " + e);
        }
    }
}
```

```
C:\WINDOWS\system32\cmd.exe

D:\exam>javac URLTest.java

D:\exam>java URLTest
Port: -1
Protocol: http
HostName: www.honam.ac.kr
File:
Ref: null
<HTML>
<HEAD>
<TITLE>호남대학교에 오신것을 환영합니다.</TITLE>

<!--이미지툴바 제거-->
<META http-equiv="imagetoolbar" content="no">

</HEAD>

        <frameset cols="0,*" border=0>
                <frame marginwidth="0" marginheight="0" topmargin="0" scrolling=
"no" noresize>




<!--호남대학교
                <frame src="web/main.php" marginwidth="0" marginheight="0" topma
rgin="0" scrolling="yes" noresize name=hnm>
-->


<!--임시메인    -->
```

다음 〈예제 5-4〉는 URL을 이용해서 다른 곳으로 이동하는 애플릿 프로그램이다.

[예제 5-4] URLButton.java과 URLButton.html

```
// URLButton.java
import java.awt.*;
import java.net.*;
import java.applet.Applet;

public class URLButton extends Applet {
  URL    url = null;
  String  title = null;

  public void init() {
    String urlString = null;
    setLayout(new GridLayout(1,1));
    title = getParameter("title");
    if(title == null)
      title = "URLButton";
    urlString = getParameter("url");
    if(urlString == null)
      urlString = "http://";
    try {
      url = new URL(urlString);
    } catch(MalformedURLException e) {
      System.out.println("Invalid URL:"+ urlString);
    }
    Button site = new Button(title);
    add(site);
    resize(100, 60);
  }

  public boolean action(Event e, Object arg) {
    if((e.target instanceof Button)&&(arg.equals(title))) {
      getAppletContext().showDocument(url);
    }
    return false;
```

```
    }
}


// URLButton.html
<html>
<body bgcolor="#ffffff">
<applet code=URLButton width=100 height=50>
<param name=title value="호남대">
<param name=url   value="http://www.honam.ac.kr">
</applet>

<applet code=URLButton width=100 height=50>
<param name=title value="HIMEC">
<param name=url   value="http://himec.honam.ac.kr/">
</applet>

<applet code=URLButton width=100 height=50>
<param name=title value="Daum">
<param name=url   value="http://www.daum.net/">
</applet>
</body>
</html>
```

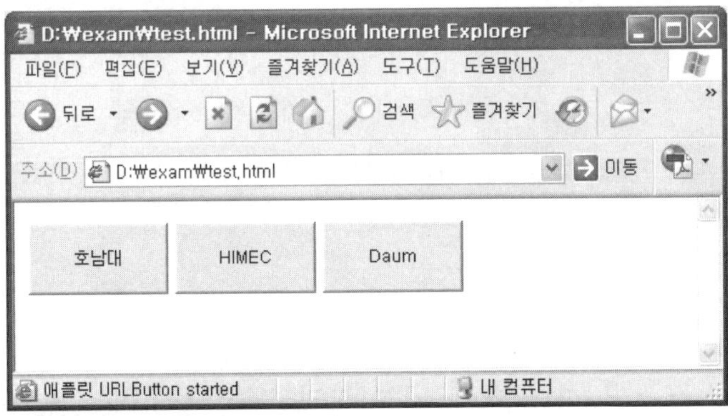

다음 〈예제 5-5〉는 입력된 URL의 웹페이지를 읽어오는 프로그램이다.

[예제 5-5] PageViewer.java

```
import java.awt.*;
import java.net.*;
import java.io.*;
import java.awt.event.*;

public class PageViewer extends Frame {
  private TextField tURL=new TextField("");
  private TextArea tPage=new TextArea();
  private BufferedReader reader;
  public PageViewer(String title){
    super(title);
    tPage.setEditable(false);
    add(tURL,"North");
    add(tPage,"Center");
    tURL.addActionListener(new ActionListener(){
      public void actionPerformed(ActionEvent ae){
        try{
          readPage(new URL(tURL.getText()));
        } catch(MalformedURLException ie) {
          tPage.setText("URL이 잘못되었습니다.");
        }
      }
    });
  }

  void readPage(URL url){
    tPage.setText("");
    String line;
    try{
      reader = new BufferedReader(new
                InputStreamReader(url.openStream()));
      while((line=reader.readLine())!=null)
        tPage.append(line+"\n");
    } catch(IOException ie) {
      tPage.setText("입출력 예외가 발생하였습니다.");
```

```
        } finally {
            try{
                if(reader!=null) reader.close();
            } catch(Exception e){ }
        }
    }

    public static void main(String[] args) {
        PageViewer me=new PageViewer("Page Viewer");
        me.setSize(400,400);
        me.setVisible(true);
    }
}
```

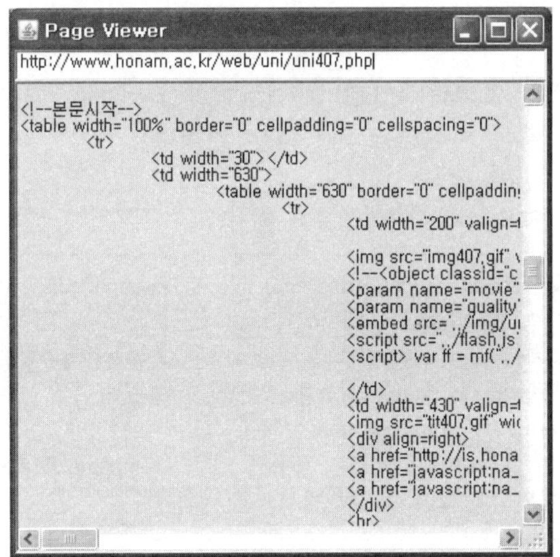

4. URLEncoder와 URLDecoder 클래스

4.1 URLEncoder 클래스

URLEncoder 클래스는 운영체제마다 일부 문자를 인식하는 방식이 틀리기 때문에 이 문제를 해결하기 위해서 사용하는 클래스이다. 가끔 웹브라우저에서 이해하

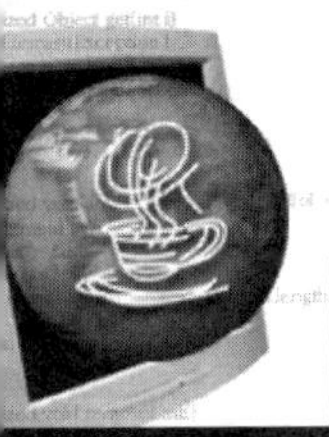

기 힘든 언어로 문서가 작성된 것을 볼 수 있는데 이것이 바로 Encoding된 문자들이다. 보통, 아스키 문자가 아닌 문자들은 전부 특수한 문자들로 변환하여 처리하게 된다.

URLEncoder 클래스는 데이터를 웹서버에서 요구하는 데이터 형식으로 바꾸어 주는 기능을 한다.

웹서버가 요구하는 형식이라는 것은 문자열을 "x-www-form-urlencoded"이라 불리는 MIME 형식을 말한다. 문자열을 검사하여 각 문자를 차례대로 변환하며, 변환 규칙은 다음과 같다.

1. 아스키 문자(a~z, A~Z, 0~9),, '.', '-', '*', '_' 등은 그대로 전달된다.
2. 공백문자(' ')는 '+' 기호로 바뀌어 전달된다.
3. 기타문자는 %XY와 같이 세 개의 문자로 변환되며, 이때 XY는 해당 문자의 아스키코드를 16진수화한 결과를 두 자리의 대문자로 나타낸 것이다.

여기서 한 가지 주의해야 할 것은 유니코드 문자의 경우 16진수 인코딩이 일어나기 전에 해당 플랫폼에서 사용하는 문자가 바이트 인코딩을 사용하여 문자 스트림의 도움을 받아 바이트로 바뀐다는 것이다.

[표 5-7] URLEncoder 클래스 주요 메서드

static String encode(String s,String enc) throws UnsupportedEncodingException
특정의 encode 방식을 사용해 스트링을 x-www-form-urlencoded 형식으로 변환한다. 이 메소드는, 지정된 encode 방식을 사용해, 안전하지 않은 문자의 바이트를 취득한다. World Wide Web Consortium Recommendation에서는, UTF-8의 사용을 추천 하고 있는데, UTF-8을 사용하지 않으면 호환성이 없어지는 경우가 있다. UnsupportedEncodingException은 지정된 문자 인코딩이 지원되지 않은 경우에 발생되는 예외이다.

4.2 URLDecoder 클래스

URLDecoder클래스는 URLEncoder클래스와 반대의 기능을 하는 클래스이다. 'x-www-form-urlencoded' 형식의 MIME형식을 일반 문자열로 변환 하는 기능을 담당하고 있다. 즉, URLEncoder로 암호화 된 것을 다시 일반 텍스트 형태로 변환하는 것이다. 변환규칙은 URLEncoder클래스의 역순으로 텍스트화 한다.

1. 아스키문자(a~z, A~Z, 1~9), ".", "-", "*", "_" 등은 그대로 전달된다.

2. '+'는 공백문자(' ')로 변환된다.
3. '%xy'는 'xy'를 16진수 두 자리로 갖는 문자로 변환된다.

바이트스트림을 통해 오는 데이터는 플랫폼에서 기본적으로 사용하는 바이트가 문자 인코딩을 통해 String으로 바뀐다는 것을 주의하시오.

[표 5-8] URLDecoder 클래스 주요 메서드

static String decode(String s,String enc) throws UnsupportedEncodingException
주어진 encode 방식(enc)을 사용해 "x-www-form-urlencoded" 형식의 주어진 문자열을 위에서 설명한 방식을 적용하여 변환한 결과를 문자열로 반환한다. WWW Consortium Recommendation에서는, UTF-8의 사용을 추천 하고 있는데, UTF-8을 사용하지 않으면 호환성이 없어지는 경우가 있다. UnsupportedEncodingException은 지정된 문자 인코딩이 지원되지 않은 경우에 발생되는 예외이다.

[예제 5-6] URLEnDecoder.java

```
01  import java.net.*;
02  import java.io.*;
03
04  public class URLEnDecoder {
05     public static void main(String[] args)
06        throws UnsupportedEncodingException {
07           String strData = URLEncoder.encode("인터넷소프트웨어
08  학과 = www.honam.ac.kr 123456", "EUC-KR");
09           String strDeData = URLDecoder.decode(strData, "EUC-KR");
10           System.out.println("Encode된 문자열 : " + strData);
11           System.out.println("Decode된 문자열  : " + strDeData);
12     }
13  }
```

〈예제 5-6〉 설명

2행의 UnsupportedEncodingException의 처리 때문에 java.io.* 패키지를 import한다. 그 이유는 이 예외클래스는 IOException의 하위 클래스이기 때문이다. 6행에서 UnsupportedEncodingException을 사용하는 이유는 encode()메서드와 decode()메서드 사용하려면 반드시 이 예외 처리를 해주어야 한다. 7행과 8

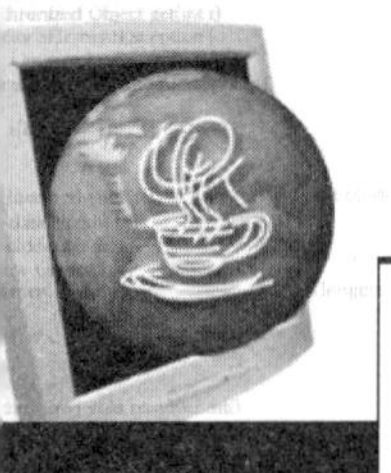

행에서 주어진 문자와 인코딩된 문자열을 각각 encode()와 decode()를 이용하여 UTF-8 형식으로 인코딩과 디코딩을 하여 9~10행에서 이들을 출력하였다.

```
C:₩WINDOWS₩system32₩cmd.exe

D:₩exam>javac URLEnDecoder.java

D:₩exam>java URLEnDecoder
Encode된 문자열 : %C0%CE%C5%CD%B3%DD%BC%D2%C7%C1%C6%AE%BF%FE%BE%EE%C7%D0%B0%FA+%
3D+www.honam.ac.kr+123456
Decode된 문자열  : 인터넷소프트웨어학과 = www.honam.ac.kr 123456

D:₩exam>_
```

5. URLConnection 클래스

URLConnection클래스는 추상 클래스로서 URL 클래스와 유사한 기능을 가지고 있다. 그러나 URL 클래스는 단순 접속을 하는데 반해서 URLConnection 클래스는 URL을 이용하여 참조된 자원에 대해 읽고 쓰는 작업을 할 수 있도록 해 준다. Application과 URL간의 통신링크를 위한 작업수행하며, URL에 데이터 쓰기가 가능하게 해준다. 예를 들어 클라이언트가 서버에 보내는 서비스 요청질의(query)라든지, http로 폼 데이터를 post방식으로 보내는 것과 같은 역할을 한다.

[표 5-9] URLConnection 클래스의 주요 생성자

①	public URLConnection openConnection() throws IOException URLConnection 객체를 생성한다.
②	public abstract void connect() throws IOException 실제 네트워크를 통한 연결을 한다.

URLConnection클래스 객체 생성과 URL 연결을 위해서는 다음과 같은 몇 가지 단계를 거친다.

① URL에 대한 openConnection 메소드를 호출하여 URLConnection클래스 객체 생성한다.
```
URL url = new URL("http://www.honam.ac.kr/web/main.php");
URLConnection connection = url.openConnection();
```
② connect 메소드에 의해 실제 연결이 이루어진다.
```
connection = url.openConnection();
```
③ 셋업 파라미터(setup parameters)와 일반 요청 속성(general request properties)을

④ 연결이 되면 객체는 이용 가능하게 되고, 객체의 헤더 항목과 내용을 읽을 수 있다.

[표 5-10] URLConnection 클래스의 주요 메소드

①	void setDoInput(boolean doInput) URLConnection객체를 입력용으로 사용여부 결정
②	boolean getDoInput() URLConnction객체가 입력용인지를 반환. 디폴트 true
③	void setDoOutput(boolean doOutput) 출력용으로 사용할것인지의 여부 세팅
④	boolean getDoOutput() URLConnection객체가 출력용인지를 반환. 디폴트 false
⑤	OutputStream getOutputStream() 연결에 데이터를 출력 하기 위한 출력 스트림을 리턴.
⑥	InputStream getInputStream() 연결로부터 데이터를 읽어 들이기 위한 입력 스트림을 리턴.
⑦	String getHeaderField(String name) 주어진 이름의 헤더 항목을 리턴.
⑧	String getContentEncoding() 헤더의 content-encoding 항목의 값을 리턴.
⑨	int getContentLength() 헤더의 content-length 항목의 값을 리턴.
⑩	long getDate() header date 항목의 값을 리턴.
⑪	URL getURL() URLConnection에 해당하는 URL을 반환.

[예제 5-7] URLEnDecoder.java

```
01  import java.net.*;
02  import java.io.*;
03
04  public class URLConnectionOutput {
05     public static void main(String[] args) {
06        try {
07           URL url = new URL
08                ("http://kr.search.yahoo.com/bin/options");
09           URLConnection conn = url.openConnection();
10           conn.setDoOutput(true);
11           OutputStreamWriter wr =
12               new OutputStreamWriter(conn.getOutputStream());
13           wr.write("p=" + URLEncoder.encode("자바"));
14
15           wr.flush();
16           wr.close();
17
18           String line=null;
19           BufferedReader rd = new BufferedReader
20                 (new InputStreamReader(conn.getInputStream()));
21           while ((line = rd.readLine()) != null) {
22           System.out.println(line);
23        }
24        rd.close();
25        } catch (Exception e) { e.printStackTrace();}
26     }
27  }
```

〈예제 5-7〉 설명

7행은 검색어를 야후사이트에 보낼 수 있는 주소를 가진 URL 객체를 생성한다. 8행에서 connect 메소드에 의해 실제 연결을 한다. 9행은 출력용으로 설정한다. 10행에서 출력 스트림을 연다. 11~13행은 "자바" 키워드를 출력하고 URLEncoder 클래스를 이용해서 데이터를 웹서버에서 요구하는 데이터 형식으로 바꾸어 준다.

```
C:₩WINDOWS₩system32₩cmd.exe

D:₩exam>javac URLConnectionOutput.java
Note: URLConnectionOutput.java uses or overrides a deprecated API.
Note: Recompile with -Xlint:deprecation for details.

D:₩exam>java URLConnectionOutput
<!DOCTYPE HTML PUBLIC "-//W3C//DTD HTML 4.01 Transitional//EN">
<html>
<head>
<title>야후! 코리아</title>
<meta http-equiv="content-type" content="text/html; charset=euc-kr">
<meta http-equiv="cache-control" content="no-cache">
<style type="text/css">
@import url("http://img.yahoo.co.kr/css/2006/error/error.css");
</style>


<body>
<div id="yt">
        <dl>
                <dt><a href="http://kr.yahoo.com/"><img src="http://img.yahoo.co
.kr/images/2006/error/yh1.gif" align="absmiddle"></a></dt>
                <dd><a href="http://kr.yahoo.com/">야후!</a> - <a href="http://k
r.searchcenter.yahoo.com/help/h_ys.html">도움말</a></dd>
        </dl>
</div>

<div id="yb">
        <dl>
                <dt><img src="http://img.yahoo.co.kr/images/2006/error/c_error1.
gif" align="absmiddle"></dt>
                <dd><img src="http://img.yahoo.co.kr/images/2006/error/c_error2.
gif" align="absmiddle"></dd>
                <dd>해당 페이지는 경로가 변경되었거나, 서버에 해당  페이지가 존
```

CHAPTER 06

TCP/IP 클라이언트 소켓

1. 프로토콜과 TCP/IP 그리고 소켓
2. Socket 클래스

1. 프로토콜과 TCP/IP 그리고 소켓

1.1 프로토콜

네트워크를 통하여 연결된 컴퓨터들이 서로 통신을 하기 위해서는 상호 정의한 약속을 따라야 한다. 이 약속을 프로토콜(protocol)이라고 하는데 먼저 프로토콜의 개요를 살펴보자.

프로토콜은 정보기기 사이 즉 컴퓨터끼리 또는 컴퓨터와 단말기 사이 등에서 정보교환이 필요한 경우, 이를 원활하게 하기 위하여 정한 여러 가지 통신규칙과 방법에 대한 약속 즉, 통신의 규약을 의미한다.

통신규약이라 함은 상호간의 접속이나 절단방식, 통신방식, 주고받을 자료의 형식, 오류검출방식, 코드변환방식, 전송속도 등에 대하여 정하는 것을 말한다. 일반적으로 기종이 다른 컴퓨터는 통신규약도 다르기 때문에, 기종이 다른 컴퓨터간에 정보통신을 하려면 표준 프로토콜을 설정하여 각각 이를 채택하여 통신망을 구축해야 한다. 대표적인 표준 프로토콜의 예를 든다면 인터넷에서 사용하고 있는 TCP/IP가 이에 해당된다.

정보통신의 상대방은 일반적으로 원격지에 있다. 따라서 정보를 전송하기 위해서는 정보를 전기적인 신호의 형태로 변환하고 그 변환된 신호가 통신망을 통해 흐르도록 하는데, 통신망에는 정상적인 신호의 흐름을 훼방하는 여러 가지 현상이 존재하게 된다. 이러한 현상은 정확한 정보의 전송을 방해하여 도중에 오류가 발생되는 원인이 된다.

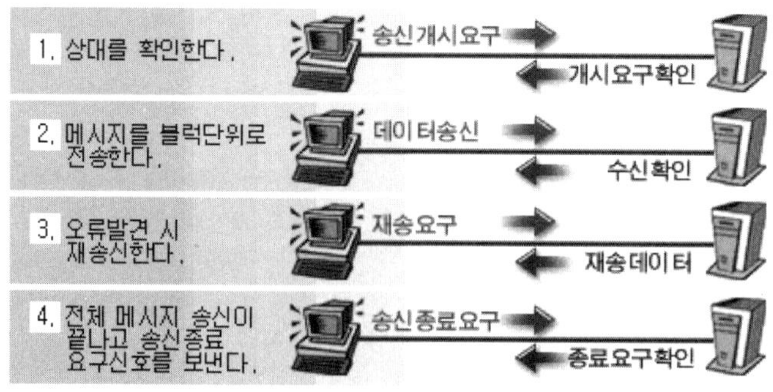

[그림 6-1] 네트워크의 개념과 프로토콜

프로토콜이라는 규약의 집합 속에는 이러한 오류에 대응하기 위한 약속이 대단히 중요하다. 또한 정보를 정확하고 효율적으로 전송하기 위해서는 송수신 개체간에 서로 정보의 전송 시점과 수신 시점을 맞추는 일(동기화)도 수행해야 하고, 정보 흐름의 양을 조절하는 흐름 제어방법도 역시 사전에 약속하여 프로토콜 속에 포함해야 한다.

이러한 오류제어, 동기, 흐름제어, 코드변환, 전송속도 등에 대한 약속 이외에도 통신하는 상대방의 위치에 따라 통신 개체가 어느 OSI 계층에 있는 가와 효율적인 정보전송을 위한 기법, 정보의 안전성(보안)에 관한 약속들도 프로토콜의 범주에 포함되어야 한다.

다음 [표 6-1]은 프로토콜의 종류와 이들의 특성을 설명한 것이다.

[표 6-1] 프로토콜의 종류와 특성

구분	내용	비고
TCP/IP	TCP/IP는 원래 UNIX 표준이었으나, 현재는 거의 모든 플랫폼에서 지원되고 있으며 인터넷 프로토콜로 사용. 서로 다른 제조사의 제품과의 통신이 가능하도록 하기 위해 1970년 미국 국방성에서 개발한 가장 잘 알려진 프로토콜. IP는 두 개의 장치(두 장치 모두 IP 주소를 가지고 있어야 함)가 서로 통신할 수 있는 방식을 의미. TCP는 IP 패킷에 오류가 없도록 하고 목적지에 잘 도착하는지를 확인하는 등 IP패킷의 흐름을 관리하는 역할.	구성 - IP - TCP - UDP - Telnet 서버접속 - DNS 위치식별 - FTP 파일전송 - SMTP 전자우편
NetBeui NetBIOS Extended User Interface	Microsoft사의 Windows NT와 같은 네트워크 운용체제(NOS)에서 사용되는 NetBIOS 프로토콜의 기능을 개선한 새로운 버전. NetBIOS : Network Basic Input/Output System의 약자로서, PC(퍼스널 컴퓨터)가 포함 되어 있는 근거리 통신망(LAN)에 사용되는 기본 네트워크 프로토콜을 말함. NetBIOS는 PC 운영체계와 입출력 채널 사이에 인터페이스를 제공하기 위해 개발된 네트워크 표준으로, 나중에 NetBEUI로 공식화	- 장점 소규모 네트워크에서 빠른 속도, 적은 메모리 점유, 설정의 간편함 - 단점 IBM과 MS사 제품에만 국한, 컴퓨터 대수가 많아지면 속도 저하, 인터넷 등 외부네트워크와 연결 불가

IPX Internet Packet eXchange	IPX는 네트웨어의 네트워크 계층 프로토콜로 IPX 경로 제어를 사용하고 있는 라우터를 노벨 네트웨어 클라이언트와 서버가 통신할 수 있도록 하기 위해 LAN내부에 접속된다. IPX 패킷은 OSI 참조 모델의 layer 3과 4에서 네트워크 간에 라우팅 됨.	네트워크게임에서 많이 쓰임
SPX Sequenced Packet Exchange	노벨에서 개발한 통신 프로토콜로, 네트워크상에서 메시지 전송을 관리하기 위해 NetWare 용으로 개발	

프로토콜의 기본요소는 구문, 의미, 순서로 정의된다. 구문은 데이터의 형식, 부호화, 신호크기 등을 규정한 것이고 의미는 전송과정에서 필요한 제어와 에러 복원을 위한 제어정보 등을 규정한 것이며 순서는 통신 속도 및 메시지 순서의 제어에 해당하는 것이다.

프로토콜의 이용목적은 호출의 확립 및 연결 그리고 터미널 회선 접속을 원활하게 할 수 있도록 하기 위함이고 메시지의 블록킹과 포맷 구조, 에러 메시지의 재전송, 회선 반전 절차 및 터미널간의 문자동기, 의미변경, 인터럽트와 절단 등을 할 수 있도록 하기 위함이다.

1.2 TCP/IP 프로토콜

TCP/IP는 인터넷의 기본적인 통신 프로토콜로서, 인트라넷이나 엑스트라넷과 같은 사설망에서도 사용된다. 사용자가 인터넷에 접속하기 위해 자신의 컴퓨터를 설정할 때 TCP/IP 프로그램이 설치되며, 이를 통하여 역시 같은 TCP/IP 프로토콜을 쓰고 있는 다른 컴퓨터 사용자와 메시지를 주고받거나, 또는 정보를 얻을 수 있게 된다.

TCP/IP는 2개의 계층으로 이루어진 프로그램이다. 상위계층인 TCP는 메시지나 파일들을 좀 더 작은 패킷으로 나누어 인터넷을 통해 전송하는 일과, 수신된 패킷들을 원래의 메시지로 재조립하는 일을 담당한다. 하위계층, 즉 IP는 각 패킷의 주소 부분을 처리함으로써, 패킷들이 목적지에 정확하게 도달할 수 있게 한다. 네트워크상의 각 게이트웨이는 메시지를 어느 곳으로 전달해야 할지를 알기 위해, 메시지의 주소를 확인한다. 한 메시지가 여러 개의 패킷으로 나누어 진 경우 각 패킷들은 서로 다른 경로를 통해 전달될 수 있으며, 그것들은 최종 목적지에서 재조립된다.

TCP/IP는 통신하는데 있어 클라이언트/서버 모델을 사용하는데, 컴퓨터 사용자(클라이언트)의 요구에 대응하여, 네트워크상의 다른 컴퓨터(서버)가 웹 페이지를 보내는 식의 서비스를 제공한다. TCP/IP는 본래 점대점 통신을 하는데, 이는 각 통신이 네트워크상의 한 점(또는 호스트 컴퓨터)으로부터 시작되어, 다른 점 또는 호스트 컴퓨터로 전달된다는 것을 의미한다.

TCP/IP와 TCP/IP를 이용하는 상위계층의 응용프로그램들은 모두 "커넥션리스(connection-less)"라고 불리는데, 이는 각 클라이언트의 요구가 이전에 했던 어떠한 요구와도 무관한 새로운 요구로 간주된다는 것을 의미한다(일상적인 전화통화가 통화시간 내내 지속적으로 연결되어 있어야 하는 것과는 다르다). 커넥션리스는 네트워크를 독점하지 않으므로, 모든 사람들이 그 경로를 끊임없이 공동으로 사용할 수 있게 한다(사실 TCP 계층 그 자체는 어떤 한 메시지가 관계되어 있는 한 커넥션리스가 아니라는데 유의해야 한다. TCP 접속은 어떤 한 메시지에 속하는 모든 패킷들이 수신될 때까지 계속 유지된다).

많은 인터넷 사용자들이 TCP/IP를 이용하는 상위계층 응용프로토콜에 대해서는 잘 알고 있다. 이러한 상위계층 프로토콜에는 웹서비스에 사용되는 HTTP를 비롯하여, 멀리 떨어져 있는 원격지의 컴퓨터에 로그온 할 수 있게 해주는 Telnet, 그리고 파일전송에 사용되는 FTP 와 메일 전송에 사용되는 SMTP 등이 있다. 이러한 프로토콜들은 종종 TCP/IP와 함께 패키지로 일괄 판매된다.

PC 사용자들은 보통 인터넷에 접속하기 위해 SLIP이나 PPP 프로토콜을 사용한다. 이러한 프로토콜들은 다이얼업 전화접속을 통해 접속서비스사업자의 모뎀으로 보내질 수 있도록 IP 패킷들을 캡슐화 한다.

TCP/IP와 관련이 있는 프로토콜로 UDP가 있는데, 이것은 특별한 목적을 위해 TCP 대신에 사용되는 것이다. 라우팅 정보를 교환하기 위해 네트워크 호스트 컴퓨터에 의해 사용되는 프로토콜에는 ICMP, IGP, EGP, 그리고 BGP 등이 있다.

TCP/IP 프로토콜은 아래 [그림 6-2]와 같이 4 Layer Model 로 구성되어 있으며, Application Layer는 이용자의 Data를 처리하여 Transport Layer로 넘겨주고 Transport Layer에서는 Data를 쪼개어 Segment를 만든 뒤 IP Layer로 넘겨줍니다.

IP Layer에서는 Segment에 IP Header를 추가하여 Packet을 만들어 Network Interface Layer로 넘겨주면 Network Interface Layer 는 Packet을 Frame으로 만들어 LAN이나 WAN을 통해 목적지까지 전달합니다.

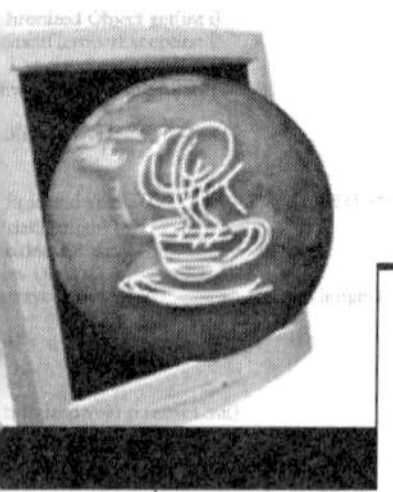

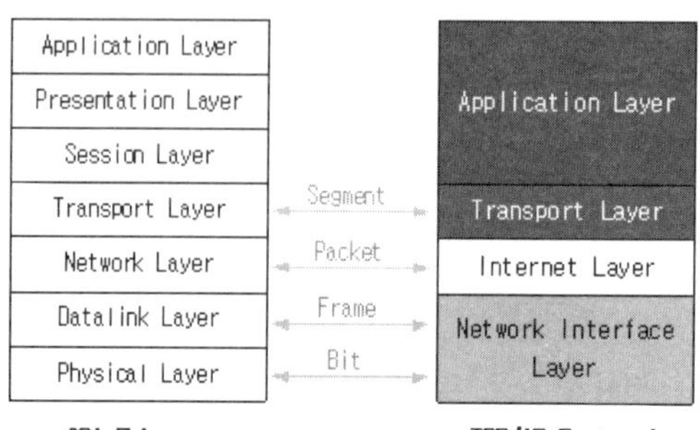

[그림 6-2] OSI 7계층과 TCP/IP 프로토콜

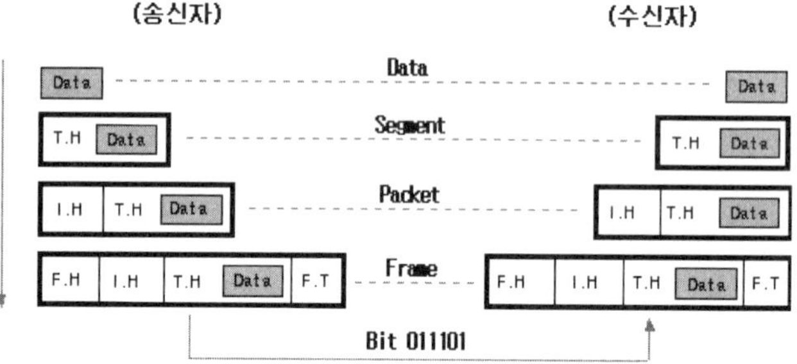

[그림 6-3] TCP/IP 프로토콜에서 데이터의 전달 과정

목적지에 도착한 프레임은 다시 역순을 밟아 Transport Layer에서 TCP Header를 떼어내고 쪼개진 Data를 조립해서 Application Layer로 보내게 되면 서로 간에 통신이 가능해 집니다.

Application Layer에서 제공하는 주요 프로토콜로는 다음 [표 6-2]와 같은 것들이 있다.

[표 6-2] Application 계층에서 제공하는 프로토콜의 종류

분류	주요 Protocol	기능
파일 송수신	FTP	파일 송수신
	NFS	네트워크를 통해 다른 시스템의 파일 시스템을 이용할 때 쓰임
메일 송수신	SMTP	메일서버와 메일서버간의 메일 송수신
	POP	메일서버와 메일클라이언트간의 메일 송수신
원거리 접속	Telnet	다른 시스템으로 로그인 할 수 있는 기능
망관리	SNMP	데이터흐름 정보를 가지고 네트워크 및 시스템의 상태 파악
기타	DNS	호스트이름에 대한 IP Address를 알려주는 기능
	HTTP	Web 서비스 Protocol

FTP : File Transfer Protocol
NFS : Network File System
SMTP : Simple Mail Transfer Protocol
POP : Post Office Protocol
Telnet : Telecommunication Network Protocol
SNMP : Simple Network Management Protocol
DNS : Domain Name System
HTTP : Hyper Text Transfer Protocol

Transport Layer가 하는 일은 Application Layer로부터 받은 Data를 Segment 형태(Data를 보내기 알맞은 단위로 쪼개는 것)로 만들어 네트워크를 통해 목적지까지 전달하는 일을 하고 있으며, TCP와 UDP 두 가지 프로토콜이 제공된다.

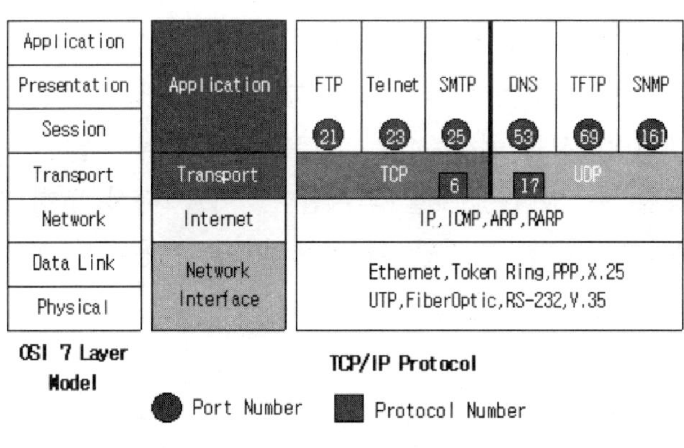

[그림 6-4] TCP/IP 프로토콜의 계층구성

1.3 소켓

소켓은 네트워크에 연결된 각 호스트(인터넷에 연결되어 있는 모든 컴퓨터)간에 데이터를 주고받을 때 사용하는 도구이다. 일단 소켓을 이용해서 상대측과 접속되면 마치 파일 시스템이나 다른 I/O처럼 사용이 가능하기 때문에 네트워크와 관련된 복잡한 기능들에 대해서 신경 쓸 필요가 없다. 소켓은 하드웨어 장비가 아닌

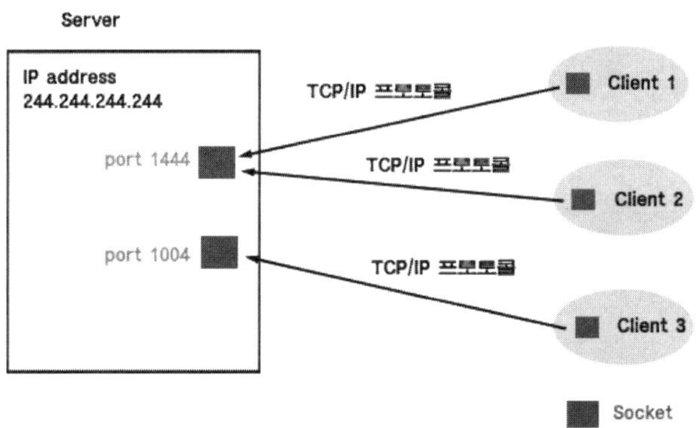

[그림 6-5] 서버-클라이언트 관계에서 소켓과 포트

개발하고자하는 인터넷 프로그램에서 사용할 소프트웨어 차원의 개발 도구이다. 자바에서 소켓은 각 호스트와 연결을 하고 또 자료를 주고받을 수 있는 데이터 송수신의 창구역할을 한다. 이런 소켓과 관련하여 빠뜨릴 수 없는 요소가 있는데 그것은 바로 포트(port)이다.

포트는 소켓끼리 연결하는 채널을 말한다. 흔히 TV에서 A방송사를 보기 위해서는 채널 n번을, B방송사는 채널 m번을 선택하듯이 소켓 간에도 이 채널의 개념을 이용하여 같은 채널 간에 데이터를 주고받을 수 있게 되어 있다. 이 채널의 번호에 해당하는 것이 소켓에서의 포트이다. 이는 한집이 n번을 보고 있다고 해서 다른 집들이 A방송사를 볼 수 없는 것은 아니다. 이는 많은 사람들이 n번이라는 채널을 사용할 수 있다는 것을 의미한다. 이를 다시 말하면 web server에는 IP Address는 하나이다. 하지만 이 포트번호를 이용해서 한 사람이 독점하지 않고 동시에 여러 명이 접속을 할 수 있는 것이다.

2. Socket 클래스

이 클래스는 소켓을 구현한 것이다. 소켓은 연결하고자 하는 서버의 IP 주소와 포트 번호를 필요로 한다. 클라이언트에서 소켓 객체를 만들면, 소켓은 곧바로 주어진 IP주소와 포트 번호로 연결을 시도한다. 서버 소켓은 다른 소켓을 만들어 클라이언트 소켓과 연결시킬 것이다. 서버 측의 소켓과 클라이언트 소켓이 연결되면 소켓의 입출력 스트림을 얻어와 데이터를 서로 주고받을 수 있다.

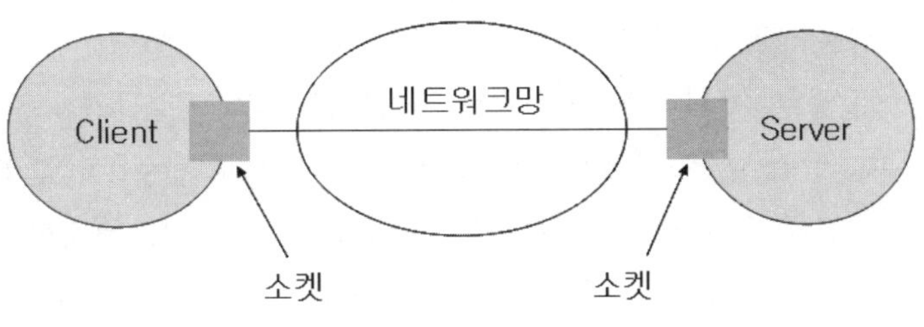

[그림 6-6] 소켓의 구조

2.1 소켓 객체 생성하기

Socket 클래스를 사용하여 객체를 생성하기 위해서는 다음 [표6-3]에 소개되는 생성자를 사용해야 한다.

[표 6-3] Socket 클래스의 주요 생성자

①	public Socket(String host, int port) throws UnknownHostException, IOException host(IP 주소 문자열)와 port(포트 번호)의 서버로 연결하는 소켓을 생성한다.
②	public Socket(InetAddress address, int port) throws IOException address(IP 주소 객체)와 port(포트 번호)의 서버로 연결하는 소켓을 생성한다.

```
public Socket(String host, int port)
    throws UnknownHostException, IOException
```

이 생성자는 주소가 host(IP 주소 문자열)이고 포트 번호가 port인 서버로 연결하는 클라이언트의 Socket 객체를 생성하고 원격 호스트에 연결을 시도한다. 예를 들면 다음과 같다.

```
try {
   Socket honamUniv = new Socket("www.honam.ac.kr", 80);
   // 데이터 송수신 부분 …
} catch(UnkonwnHostException e) {
   // 예외 처리부분
} catch(IOException e){
   // 예외 처리부분
}
```

이 생성자의 host 인수는 String 타입의 호스트명이다. 만약 도메인 네임 서버가 호스트명을 인식하지 못하거나 작동하지 않으면 UnknownHostException이 발생되고, 어떤 이유로 소켓이 열리지 않으면 IOException입 발생된다.

이러한 연결 시도의 실패 이유는 여러 가지가 있다. 연결하려는 서버에서 연결을 받아들이지 않을 수도 있고 라우팅에 문제가 발생하여 목적지까지 패킷이 전달되지 않을 수도 있다.

이 생성자는 단순히 Socket 객체를 생성하는 일 이외에 원격 호스트에 연결을 시도하므로 다음 〈예제 6-1〉처럼 특정 포트로 연결할 수 있는지 없는지도 판단할 수 있다.

[예제 6-1] SocketCon1.java

```
import java.io.*;
import java.net.*;

class  SocketCon1 {
  public static void main(String[] args) {
    Socket socket1, socket2;
    String host1 = "www.honam.ac.kr";
    String host2 = "himec.honam.ac.kr";
    int port1 = 80, port2 = 7;

    try {
      System.out.println(host1 + " 호스트의 포트 " + port1
                + "와 접속 시도..");
      socket1 = new Socket(host1, port1);
      System.out.println("접속완료");
      // 통신 부분 …
      socket1.close();
    } catch (UnknownHostException e) {
      System.err.println("지정된 호스트가 없음.");
    } catch (IOException e) {
      System.err.println("소켓이 열리지 않음.");
    }

    try {
      System.out.println(host2 + " 호스트의 포트 " + port2
                + "와 접속 시도..");
```

```
27            socket2 = new Socket(host2, port2);
28            System.out.println("접속완료");
29            // 통신 부분 …
30            socket2.close();
31         } catch (UnknownHostException e) {
32            System.err.println("지정된 호스트가 없음.");
33         } catch (IOException e) {
34            System.err.println("소켓이 열리지 않음.");
35         }
36      }
37   }
```

〈예제 6-1〉 설명

14행과 27행에서 지정된 host와 port로 소켓을 생성하고 접속을 시도한다. try 블록에서 예외가 발생하면 예외처리가 수행되고 발생하지 않으면 "접속완료"라는 문자열이 출력될 것이다.

```
C:\WINDOWS\system32\cmd.exe

D:\exam>javac SocketCon1.java

D:\exam>java SocketCon1
www.honam.ac.kr 호스트의 포트 80와 접속 시도...
접속완료
himec.honam.ac.kr 호스트의 포트 7와 접속 시도...
소켓이 열리지 않음.

D:\exam>_
```

```
public Socket(InetAddress address, int port) throws IOException
```

첫 번째 생성자와 마찬가지로, 이 생성자는 인수로 지정한 서버와 연결하는 클라이언트 소켓을 생성한다. 첫 번째 생성자와 다른 점은 첫 번째 인수로 호스트 이름 대신 InetAddress 객체를 이용한다는 것이고 연결에 실패하면 Unknown-HostException이 발생되지 않고 IOException만 발생시킨다는 것이다.

[예제 6-2] SocketCon2.java

```
01  import java.io.*;
02  import java.net.*;
03
04  class  SocketCon2 {
05     public static void main(String[ ] args) {
06        Socket socket1, socket2;
07        String host1 = "www.honam.ac.kr";
08        String host2 = "59.3.90.210";
09        int port1 = 80, port2 = 7;
10
11        try {
12           System.out.println(host1 + " 호스트의 포트 " + port1
13                          + "와 접속 시도...");
14           socket1 = new Socket(InetAddress.getByName(host1), port1);
15           System.out.println("접속완료");
16           // 통신 부분 …
17           socket1.close();
18        } catch (IOException e) {
19           System.err.println("소켓이 열리지 않음.");
20        }
21
22        try {
23           System.out.println(host2 + " 호스트의 포트 " + port2
24                          + "와 접속 시도...");
25           socket2 = new Socket(host2, port2);
26           System.out.println("접속완료");
27           // 통신 부분 …
28           socket2.close();
29        } catch (IOException e) {
30           System.err.println("소켓이 열리지 않음.");
31        }
32     }
33  }
```

〈예제 6-2〉 설명

14행에서 InetAddress 객체를 이용해 host의 정보를 얻어와 클라이언트 소켓을

생성한다. 25행에서는 IP 주소를 이용해 클라이언트 소켓을 생성한다. 소켓이 생성되지 않으면 예외처리를 수행한다.

```
C:\WINDOWS\system32\cmd.exe

D:\exam>javac SocketCon2.java

D:\exam>java SocketCon2
www.honam.ac.kr 호스트의 포트 80와 접속 시도...
접속완료
59.3.90.210 호스트의 포트 7와 접속 시도...
소켓이 열리지 않음.

D:\exam>
```

[예제 6-3] LookPorts.java

```java
import java.io.*;
import java.net.*;

public class LookPorts {
   public static void main(String args[ ]){
      Socket socket;
      String host="localhost";
      if(args.length == 1){
         host=args[0] ; // 명령어 라인에서 입력된 호스트 이름을 사용
      }
      for(int i=1; i<1024; i++){
         try {
            socket  = new Socket(InetAddress.getByName(host), i);
            System.out.println(host+"의 "+i+"번 포트는 특정한
서버가 사용합니다.");
         } catch(UnknownHostException e) {
            System.err.println(e);
            break;
         } catch(IOException e) {    }
      }
   }
}
```

■ 〈예제 6-3〉 설명

이 프로그램은 지정한 호스트나 localhost의 특정 포트의 사용 유무를 알아내는 프로그램이다. main() 메소드의 if 문까지는 지정한 호스트에 대한 포트 사용 유무를 알아낼 것인지 localhost의 포트 사용 유무를 알아낼 것인지를 판단하는 부분이다. 그리고 for문에서 서버의 포트번호를 1부터 1023까지 증가시켜 가면서 소켓 객체를 생성한다. 소켓 객체를 생성할 때, 생성한 포트를 서버측에서 "사용하면 사용하고 있다"라는 문자열을 출력할 것이고, 서버측에서 지정한 포트를 사용하는 프로그램이 실행되지 않으면 클라이언트의 접속 요청을 받을 수 없으므로 IOException 예외가 발생하여 어떠한 메시지도 출력하지 않는다.

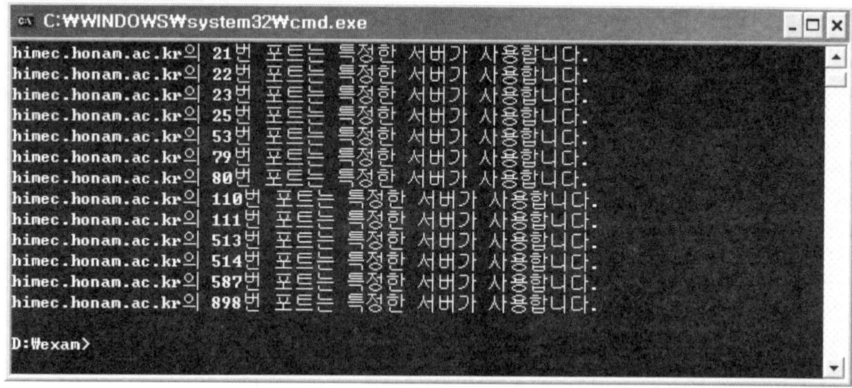

2.2 Socket 클래스의 유용한 메소드

클라이언트의 Socket 객체를 생성한다는 것은 통신을 원하는 원격 호스트와 접속을 시도하고 접속이 가능하면 데이터 송수신을 위한 소켓을 만드는 것이다. 하지만 Socket 클래스로부터 생성된 객체는 접속여부를 판단하여 데이터 송수신을

할 준비 작업일 뿐이다. 실제 응용 프로그램이 생성된 소켓을 이용하여 데이터를 송수신하기 위해서는 응용 프로그램과 소켓을 연결할 수 있는 무엇인가가 필요하게 되는데 이는 입출력 스트림으로 해결할 수 있다. 따라서 입출력 스트림의 read() 메소드와 write() 메소드를 사용하여 데이터를 읽거나 쓰기를 하면 소켓과 연결된 호스트와 데이터를 주고받을 수가 있다.

또한 Socket 클래스로 생성된 객체에 대한 정보를 알아낼 수 있는 메소드도 필요하게 된다. 그리고 생성된 Socket 클래스에서 생성된 객체를 사용하다가 그 용도가 끝났을 때 소켓을 닫아주는 메소드도 Socket 클래스에서 지원한다. [표 6-4]는 Socket 클래스에서 제공하는 주요 메소드들이다.

[표 6-4] Socket 클래스의 주요 메소드

①	public InetAddress getInetAddress() public int getPort() 연결된 서버의 주소를 반환하거나, 포트 번호를 반환한다.
②	public InetAddress getLocalAddress() public int getLocalPort() 로컬 주소를 반환하거나, 로컬 포트번호를 반환한다.
③	public InputStream getInputStream() throws IOException 소켓의 입력 스트림을 반환한다.
④	public OutputStream getOutputStream() throws IOException 소켓의 출력 스트림을 반환한다.
⑤	public void bind(SocketAddress bindpoint) throws IOException public boolean isBound() bindpoint에 해당하는 로컬 주소(IP주소+포트번호)에 결합하거나, 결합 상태를 반환한다.
⑥	public synchronized void close() throws IOException public boolean isClosed() 소켓을 닫거나, 소켓의 닫힘 상태를 반환한다.
⑦	public boolean isConnected() 소켓이 연결된 상태면 true를, 아니면 false를 반환한다.
⑧	public void shutdownInput() throws IOException public boolean isInputShutdown() 입력 스트림을 닫거나, 입력 스트림의 닫힘 상태를 반환한다.
⑨	public void shutdownOutput() throws IOException public boolean isOutputShutdown() 출력 스트림을 닫거나, 출력 스트림의 닫힘 상태를 반환한다.

2.2.1 소켓 객체를 이용한 입출력 스트림 운용

소켓 객체가 생성되면 이를 통해 데이터를 주고받을 수 있어야 한다. 이것을 담당하는 메소드가 getInputStream() 메소드와 getOutputStream() 메소드이다.

```
public InputStream getInputStream() throws IOException
```

이 메소드는 소켓에서 데이터를 읽어 들일 수 있는 입력 스트림 InputStream 객체를 반환한다. 대부분 입력을 읽어 들이기 전에 InputStream이나 DataInputStream 혹은 InputStreamReader처럼 더 많은 기능을 제공하는 FilterStream이나 Reader에 연결해서 사용한다. 더욱 성능을 높이려면 InputStream을 BufferedInputStream이나 BufferedReader에 연결하여 입력을 버퍼화하면 된다. 이러한 과정의 일부분을 살펴보도록 하자.

```
try{
  Socket socket = new Socket("www.honam.ac.kr", 80);
  InputStream is = socket.getInputStream();
  DataInputStream datais = new DataInputStream(is);
  // datais.readUTF() 등으로 소켓으로부터 데이터를 읽는다.
} catch(IOException e){
  // 예외 처리부분
}
```

다음 <예제 6-4>는 지정된 host의 시간을 읽어 들여 출력하는 프로그램이다.

[예제 6-4] DayTime_C.java

```
import java.io.*;
import java.net.*;
public class DayTime_C {
  public static void main(String args[ ]) {
    Socket theSocket;
    String host;
    InputStream is;
    BufferedReader reader;
```

```
09         if(args.length>0) {
10            host=args[0]; // 입력받은 호스트를 사용
11         } else {
12            host="localhost"; // 로컬 호스트를 사용
13         }
14
15         try {
16            theSocket = new Socket(host, 13); // daytime 서버에 접속한다.
17            is = theSocket.getInputStream();
18            reader = new BufferedReader(new InputStreamReader(is));
19            String theTime = reader.readLine();
20            System.out.println("호스트의 시간은 "+theTime+"이다");
21         } catch(UnknownHostException e) {
22            System.err.println(args[0]+" 호스트를 찾을 수 없습니다.");
23         } catch(IOException e) {
24            System.err.println(e);
25         }
26     }
27 }
```

〈예제 6-4〉 설명

9행에서 13행의 if 구문은 호스트를 입력하면 그 값을 host로 지정하고 아니면 localhost로 host를 지정하라는 의미이다.

16행에서 지정된 host와 13번 포트로 소켓 객체를 생성하고 17행에서 InputStream 객체를 getInputStream() 메소드를 이용해 반환 받는다. 18행에서 이를 성능 증진을 목적으로 BufferedReader를 이용해 문자스트림을 생성한다. 19행에서 host로부터 데이터를 읽어 문자열에 할당하고, 20행에서 이를 출력한다.

이 예제는 지정한 host에서 DayTime_S 프로그램이 미리 실행되고 있어야 다음과 같은 결과가 나온다. DayTime_S의 구조는 다음 7장에서 살펴보기로 한다.

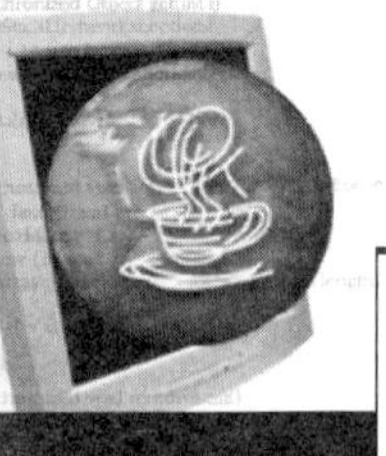


```
C:\WINDOWS\system32\cmd.exe

D:\exam>javac DayTime_C.java

D:\exam>java DayTime_C
호스트의 시간은 Thu Apr 12 21:02:23 KST 2007이다

D:\exam>_
```

```
public OutputStream getOutputStream() throws IOException
```

getOutputStream() 메소드는 OutputStream 객체를 반환한다. 이 스트림을 사용하면 소켓에 데이터를 써넣을 수 있다. 이 메소드도 getnputStream() 메소드가 반환하는 스트림 객체를 DataInputStream 혹은 InputStreamReader 객체로 변환하여 사용하는 것과 같이 DataOutputStream 혹은 OutputStreamWriter에 연결하여 사용할 수 있다. 성능을 더욱 향상시키려면 역시 버퍼화하는 것도 된다. 예를 들면 다음과 같다.

```
Writer out;
try {
  Socket http = new Socket("www.honam.ac.kr", 80);
  OutputStream os = http.getOutputStream();
  OutputStream buffered = new BufferedOutputStream(os);
  out = new OutputStreamWriter(buffered, "ASCII");
  out.write("GET / HTTP 1.0\r\n\r\n);
  // 서버의 응답을 읽는다.
} catch(IOException e){
  // 예외 처리부분
} finally {
  try {
    out.close();
  } catch(Exception e) {}
}
```

〈예제 6-5〉는 입력한 문자열을 host로 지정한 서버에 출력하고 클라이언트의 화면에도 출력하는 예제이다.

[예제 6-5] Echo_C.java

```
import java.io.*;
import java.net.*;
public class Echo_C {
  public static void main(String args[ ] ) {
    Socket theSocket = null;
    String host;
    InputStream is;
    BufferedReader reader, userInput;
    OutputStream os;
    BufferedWriter writer;
    String theLine;
    if(args.length>0) {
      host=args[ 0] ;
    } else {
      host="localhost";
    }

    try{
      theSocket = new Socket(host, 7);
      is = theSocket.getInputStream();
      reader = new BufferedReader(new InputStreamReader(is));
      userInput =
         new BufferedReader(new InputStreamReader(System.in));
      os = theSocket.getOutputStream();
      writer = new BufferedWriter(new OutputStreamWriter(os));
      System.out.println("전송할 문장을 입력하십시오.");
      while(true){
        theLine = userInput.readLine();
        if(theLine.equals("quit")) break;
        writer.write(theLine+'\r'+'\n');
        writer.flush();
        System.out.println(reader.readLine());
      }
    } catch(UnknownHostException e) {
```

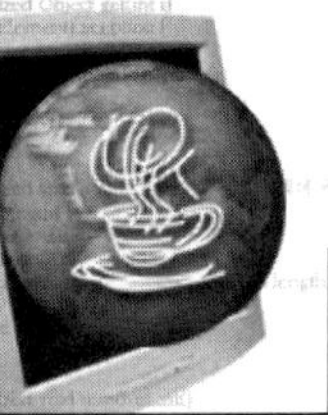


```
35           System.err.println(args[0] +" 호스트를 찾을 수 없습니다.");
36         } catch(IOException e) {
37           System.err.println(e);
38         } finally {
39           try {
40             theSocket.close();
41           } catch(IOException e) {
42             System.out.println(e);
43           }
44         }
45     }
46 }
```

〈예제 6-5〉 설명

19행에서 지정한 host로 접속하고 20행부터 23행은 입력 스트림으로 지정할 객체들을 정의한 부분이다. 24행과 25행에서 출력할 스트림을 정의하여 소켓을 통해 지정한 host로 문자열을 보내고 클라이언트에도 문자열을 출력한다.

이 예제 또한 지정한 host에서 Echo_S 프로그램이 미리 실행되고 있어야 한다. 결과를 확인하기 위해 우선 host쪽의 화면과 클라이언트의 결과 화면을 보이기로 한다. Echo_S의 구조도 다음 7장에서 살펴보기로 한다.

```
C:\WINDOWS\system32\cmd.exe

D:\exam>java Echo_S
인터넷소프트웨어학과 화이팅
네트워크 프로그래밍 쉽죠??? ^^;;
힘내세요..

D:\exam>
```

```
C:\WINDOWS\system32\cmd.exe

D:\exam>javac Echo_C.java

D:\exam>java Echo_C
전송할 문장을 입력하십시오.
인터넷소프트웨어학과 화이팅
인터넷소프트웨어학과 화이팅
네트워크 프로그래밍 쉽죠??? ^^;;
네트워크 프로그래밍 쉽죠??? ^^;;
힘내세요..
힘내세요..
quit

D:\exam>_
```

2.2.2 소켓 정보 다루기

이제 Socket 클래스를 통해 생성된 소켓 객체의 정보를 접근할 수 있는 메소드들을 소개한다. 소켓의 정보를 활용할 수 있는 메소드는 다음과 같은 메소드들이 있다.

```
public int getPort()
public int getLocalPort()
public InetAddress getLocalAddress()
```

getPort() 메소드는 Socket이 원격 호스트의 몇 번 포트에 연결되어 있는지를 알 수 있고, localhost의 포트번호를 알고 싶을 때는 getLocalPort() 메소드를 사용하면 된다. 또한 getLocalAddress() 메소드를 사용하면 어떤 네트워크 환경에 바인드되어 있는지 알 수 있다.

[예제 6-6] SocketInfo.java

```
import java.io.*;
import java.net.*;
public class SocketInfo {
   public static void main(String args[ ] ) {
      Socket theSocket;
      for(int i=0; i<args.length; i++) {
         try {
            theSocket = new Socket(args[ i] , 80);
            System.out.println("소켓 정보 : "+theSocket);
            System.out.println("로컬 호스트의 " +
theSocket.getLocalPort() + "포트로부터 ");
            System.out.println(theSocket.getInetAddress()
+ "호스트의 " + theSocket.getPort() + "포트에 연결");
         } catch(UnknownHostException e){
            System.err.println(args[ i] +" 호스트를 찾을 수 없습니다.");
         } catch(SocketException e){
            System.err.println(args[ i] +" 호스트에 연결할 수 없습니다.");
         } catch(IOException e){
            System.err.println(e);
```

```
            }
        }
    }
}
```

```
C:\WINDOWS\system32\cmd.exe

D:\exam>javac SocketInfo.java

D:\exam>java SocketInfo www.honam.ac.kr
소켓 정보 : Socket[addr=www.honam.ac.kr/211.227.233.180,port=80,localport=2447]
로컬 호스트의 2447포트로부터
www.honam.ac.kr/211.227.233.180호스트의 80포트에 연결

D:\exam>_
```

CHAPTER

07 TCP/IP 서버 소켓

1. 서버 소켓이란?
2. ServerSocket 클래스

1. 서버 소켓이란?

6장에서 TCP/IP 프로토콜을 사용하여 클라이언트 측에서 소켓을 이용한 서버와의 통신을 살펴보았다. 그리고 클라이언트에서 소켓 객체의 생성은 서버와 데이터를 송수신하기 위한 출입구(소켓) 및 서버와의 접속을 시도하여 통신을 위한 채널을 만든다는 것을 배웠다. 이와 같은 기능을 하기 위해서 서버는 클라이언트로부터 접속 요청을 기다리고, 접속 요구가 있으면 클라이언트와 통신할 서버 측의 소켓을 생성한다. 자바에서 이와 같은 기능은 Serversocket 클래스가 담당하며, 본 장에서는 이 클래스를 중심으로 서버 측에서 클라이언트와 통신하기 위한 과정을 살펴본다.

서버 소켓은 생성된 후에 클라이언트의 입력을 기다리는 소켓이므로 원격지의 호스트를 지정하지 않는다. 다만 서버가 여러 IP주소나 DNS이름이 사용 가능하면 사용할 지역IP 주소를 지정할 수 있다. 서버 소켓에는 backlog옵션이 존재하는데 이는 서버 소켓에 대한 연결 요구를 몇 개까지 받아들이는가 하는 옵션이다. 클라이언트에서 접속을 시도하면 하나하나의 연결 시도는 대기 큐(queue)에 저장되며 이후 서버 소켓에서 accept() 메소드를 호출하면 가장처음 들어온 연결 시도를 받아들여 소켓을 생성하게 된다. 이때 대기 큐의 크기가 바로 backlog가 되는데 클라이언트 접속이 많아지는 대형 서버에서는 중요한 변수이다. 예를 들어 서버가 하나의 클라이언트 접속을 미처 처리하기도 전에 다른 클라이언트가 접속을 시도하는 경우 backlog 크기가 너무 작으면 일부 클라이언트의 접속 시도는 거부될 수 있다.

ServerSocket 클래스는 서버 소켓(server socket)을 위한 기능을 제공해준다. 서버 소켓은 네트워크상에서 자신에게 오는 요청을 계속 기다리는데, 요청이 오면 그 요청에 해당하는 적당한 서비스를 수행하고 그리고 나서 요청한 쪽에 해당 결과를 되돌려 준다. 서버 소켓은 클라이언트의 접속을 기다리고 있다가 접속이 되면 클라이언트는 새로운 일반 소켓을 생성해서 넘겨주고 서버소켓은 다시 클라이언트의 접속을 기다린다. 일반 소켓과 클라이언트가 서로 스트림 작업을 한다.

다음 [그림 7-1]에서 보는 것처럼 서버 소켓은 서버에서 실행되어, 들어오는 접속요청 신호에 귀를 기울인다. 우리가 클라이언트 소켓을 생성할 때, Socket() 생성자의 2번째 인수인 포트번호가 서버소켓이 접속요청을 기다리는 포트이다. 자바에서 서버소켓의 기능은 Serversocket 클래스가 담당하며, accept() 메소드는 클

라이언트의 접속 요청을 기다리고, 접속을 승인하며, 클라이언트의 소켓과 통신할 서버 측의 소켓을 생성하는 일을 담당한다.

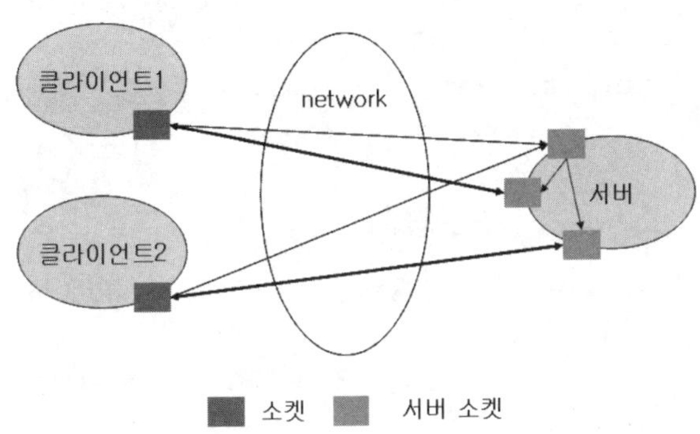

[그림 7-1] 서버와 클라이언트의 소켓 연결

2. ServerSocket 클래스

ServerSocket 클래스는 Socket 클래스로부터 생성된 소켓 객체가 실제 연결할 대상인 host(서버)쪽의 소켓에 대한 생성 및 운용을 담당하는 클래스이다. 이 클래스는 서버 소켓 객체를 생성하고 지정한 포트에서 접속 요청을 기다리고 클라이언트에서 생성된 소켓 객체와 연결되면 데이터를 주고받을 수 있는 서버 측의 소켓을 반환하는 accept() 메소드 등을 지원한다.

ServerSocket 클래스는 서버에서 클라이언트의 접속요청을 기다리는 서버 소켓을 생성하기 위해 다음 [표 7-1]과 같은 생성자를 제공한다.

[표 7-1] ServerSocket 클래스의 주요 생성자

①	public ServerSocket(int port) throws IOException port 번호에 해당하는 포트를 통해 기다리는 서버소켓을 만든다.
②	public ServerSocket(int port, int backlog) throws IOException port 번호에 해당하는 포트를 통해 기다리는 서버 소켓을 만들고, 큐의 크기를 backlog 값으로 정한다.
③	public ServerSocket(int port, int backlog, InetAddress bindAddr) throws IOException bindAddr을 IP 주소로 하며, port와 backlog가 설정된 서버소켓을 만든다. 만일 서버가 여러 개의 IP 주소를 가지고 있다면 IP 주소를 지정할 수도 있다.

[예제 7-1] ServerSocketCon.java

```
01  import java.io.*;
02  import java.net.*;
03  public class ServerSocketCon {
04    public static void main(String args[ ]){
05      ServerSocket theServer = null;
06      int port;
07      if(args.length == 1) {
08        port = Integer.parseInt(args[ 0] );
09      } else {
10        System.out.println("명령어 라인에서 서버의 포트번호를 입
11  력하세요");
12        return;
13      }
14      try {
15        theServer  = new ServerSocket(port);
16        System.out.println(port+"에 바인드된 서버 소켓 객체를
17  생성하였습니다.");
18       // 이 부분에서 클라이언트의 접속을 기다리고, 통신을 수행한다.
19        theServer.close();
20      } catch(IOException e) {
21        System.out.println(e);
22      }
23    }
24  }
```

〈예제 7-1〉 설명

15행에서 지정한 포트 번호로 접근을 허용할 ServerSocket 객체를 생성한다.

```
C:\WINDOWS\system32\cmd.exe

D:\exam>javac ServerSocketCon.java

D:\exam>java ServerSocketCon
명령어 라인에서 서버의 포트번호를 입력하세요

D:\exam>java ServerSocketCon 8080
8080에 바인드된 서버 소켓 객체를 생성하였습니다.

D:\exam>_
```

ServerSocket 클래스에서 제공하는 메소드는 [표 7-2]와 같다.

[표 7-2] ServerSocket 클래스의 주요 메소드

①	public Socket accept() throws IOException 클라이언트의 소켓 접속을 기다리다가 접속되면 소켓을 생성하여 반환한다.
②	public void close() throws IOException 서버소켓을 닫는다.
③	public boolean isClosed() 서버 소켓이 닫혔으면 true를, 아니면 false를 반환한다.
④	public InetAddress getInetAddress() 서버소켓과 결합된 IP 주소를 반환한다.
⑤	public int getLocalPort() 서버소켓이 기다리는 포트의 번호를 반환한다.
⑥	public void bind(SocketAddress endpoint) throws IOException endpoint에 해당하는 소켓 주소(IP주소+포트번호)에 결합한다. 이미 결합된 상태이거나 결합할 수 없는 상태이면 예외를 발생시킨다.
⑦	public boolean isBound() 서버소켓이 어떤 소켓 주소와 바인드된 상태이면 true를, 아니면 false를 반환한다.

〈예제 6-4〉의 DayTime_C를 정상적으로 수행시키려면 DayTime_S.java가 필요하다고 앞장에서 거론하였었다. 이때 Socket 클래스에서 생성된 객체가 서버와 통신하기를 원할 때 서버 측에서는 클라이언트의 요청을 기다려야하고 요청이 있을 때 요청을 받아들이는 부분이 서버 측에 작성되어야 한다. 이를 담당하는 메소드가 accept() 메소드이다.

〈예제 7-2〉는 접속을 요청한 클라이언트에 현재 날짜를 전송하는 간단한 daytime 서버를 구현한 프로그램이다. 이 예제를 먼저 실행시키고

[예제 7-2] DayTime_S.java

```
import java.io.*;
import java.net.*;
import java.util.Date;
public class DayTime_S {
  public final static int daytimeport=13;
  public static void main(String args[ ] ) {
    ServerSocket theServer;
    Socket theSocket = null;
    BufferedWriter writer;
```

```
      try {
        theServer = new ServerSocket(daytimeport);
        while(true) {
          try {
            theSocket = theServer.accept();
            OutputStream os = theSocket.getOutputStream();
            writer = new BufferedWriter(new OutputStreamWriter(os));
            Date now = new Date(); // 날짜를 구한다.
            writer.write(now.toString()+"\r\n");
            writer.flush();
            theSocket.close();
          } catch(IOException e) {
            System.out.println(e);
          } finally {
            try{
              if(theSocket != null) theSocket.close();
            } catch(IOException e) {
              System.out.println(e);
            }
          }
        }
      } catch(IOException e) {
        System.out.println(e);
      }
    }
}
```

〈예제 7-3〉은 〈예제 6-5〉와 통신하는 서버 프로그램이다. 이 예제는 클라이언트에서 보내온 데이터를 수신하고 수신된 데이터를 다시 클라이언트에 재전송하는 프로그램이다.

[예제 7-3] Echo_S.java

```
import java.io.*;
import java.net.*;
public class Echo_S{
  public static void main(String args[]) {
    ServerSocket theServer;
    Socket theSocket = null;
```

```
      InputStream is;
      BufferedReader reader;
      OutputStream os;
      BufferedWriter writer;
      String theLine;
      try{
         theServer = new ServerSocket(7); // 7은 echo 서버 포트
         theSocket = theServer.accept(); // 서버측의 소켓을 생성한다.
         is = theSocket.getInputStream();
         reader =
            new BufferedReader(new InputStreamReader(is));
         os = theSocket.getOutputStream();
         writer =
            new BufferedWriter(new OutputStreamWriter(os));
         while((theLine = reader.readLine()) != null ){
            System.out.println(theLine); // 받은 데이터를 화면에 출력한다.
            writer.write(theLine+'\r'+'\n');
            writer.flush(); // 클라이언트에 데이터를 재전송
         }
      } catch(UnknownHostException e) {
         System.err.println(e);
      } catch(IOException e) {
         System.err.println(e);
      } finally{
         if(theSocket != null) {
            try{
               theSocket.close();
            } catch(IOException e) {
               System.out.println(e);
            }
         }
      }
   }
}
```

서버소켓에 대한 정보를 알아낼 수 있는 메소드는 다음과 같다.

```
public InetAddress getInetAddress()
public int getLocalPort()
```

<예제 7-4>는 ServerSocket 클래스의 메소드를 사용하여 서버의 이름 및 포트번호, 그리고 접속을 요청한 클라이언트의 이름 및 포트번호를 출력하는 프로그램이다.

[예제 7-4] GetServerSocketFields.java

```
import java.io.*;
import java.net.*;
public class GetServerSocketFields {
   public static void main(String args[ ]){
      ServerSocket theServer = null;
      Socket theSocket = null;
      int port = 4000;
      try {
         System.out.println(port+" 포트에 바인드된 서버 소켓을
생성하는 중입니다.");
         theServer = new ServerSocket(port);
         System.out.println(theServer.getInetAddress().getHostName()
+ " 호스트 및 " + theServer.getLocalPort() + " 포트에 바인드된
서버 소켓을 생성하였습니다.");
      } catch(IOException e){
         System.out.println(e);
         System.exit(1);
      }
      while(true){
         System.out.println("클라이언트의 접속 요청을 기다립니다....");
         try{
            theSocket = theServer.accept();
            System.out.println(theSocket.getInetAddress()
.getHostName()+" 이름 및 "+theSocket.getPort()+" 포트의 클
라이언트로부터 접속 요청을 받았습니다.");

            // 이 부분에서 접속된 클라이언트와 통신을 구현한다.

            theSocket.close();
         } catch(IOException e){
            System.err.println(e);
         }
      }
   }
}
```

Client-Server 통신 프로그램

1. Client-Server 통신 프로그램
2. 간단한 Client-Server 통신 프로그램
3. Echo Client-Server
4. Self-Study : 마우스 포인터

1. Client-Server 통신 프로그램

본 장에서는 앞서 6장과 7장에서 학습한 TCP/IP 소켓 프로그램을 이용하여 몇 가지 프로그램을 작성해 보도록 한다. Client-Server 통신 프로그램은 다음과 같은 순서로 작성되는 것이 일반적이다.

1. 서버가 소켓을 생성하고 연결을 기다린다.
2. 클라이언트에서 서버의 소켓에 연결한다.
3. 클라이언트에서 데이터를 전송한다.
4. 서버에서 데이터를 받아서 화면에 출력한다.
5. 서버와 클라이언트의 소켓 연결을 끊는다.

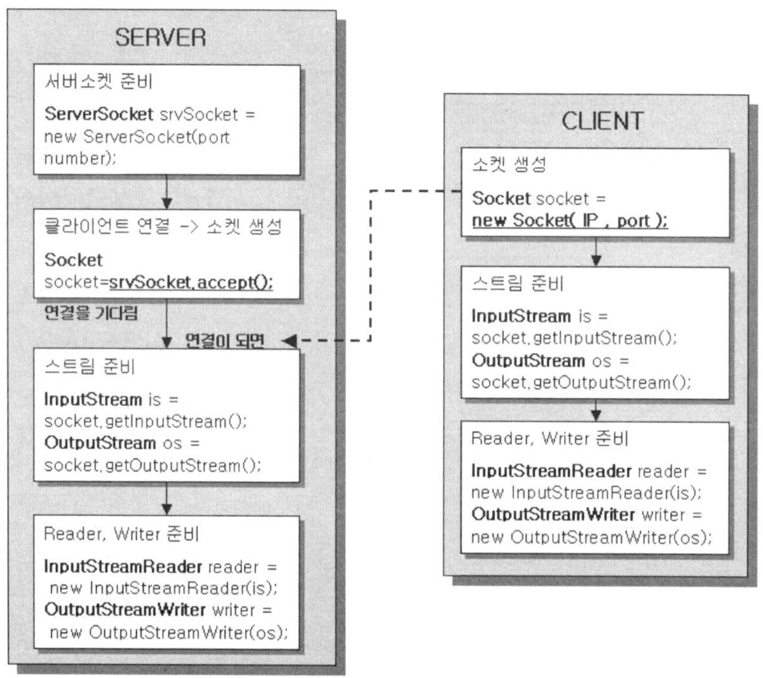

[그림 8-1] 서버와 클라이언트의 소켓 준비

2. 간단한 Client-Server 통신 프로그램

소켓은 TCP프로토콜을 사용하여 통신을 하는데 쓰인다고 앞에서 학습하였다. 따라서 소켓의 기본은 IP와 port이다. 이것들이 각각 무엇을 의미하는지는 알지 못해도 상관없다. 아무튼 IP는 컴퓨터마다 가진 고유한 주소이고, port는 통신을 위한 연결 라인과 같은 것이라고만 알고 있으면 된다. 소켓을 사용하여 어떤 프로그램과 연결을 하기 위해서는 그 프로그램이 있는 컴퓨터의 IP와 소켓을 만든 port번호를 알고 있어야 한다는 것만 기억하자.

2.1 서버 소켓 준비하기(SocketServer.java)

통신을 하기 위해서는 먼저 서버에서 소켓을 준비해야 한다. 자바에서는 그것을 위해 ServerSocket이라는 클래스가 제공된다. 다음과 같이 초기화를 하면 서버 소켓이 만들어진다. 이것은 java.net 패키지에 들어있다.

```
ServerSocket 소켓변수이름 = new ServerSocket(포트번호);
```

포트번호는 정수이고, 소켓변수이름은 변수로 쓸 수 있는 것으로 작성하면 된다. 예를 들면 ServerSocket srvSocket=new ServerSocket(1000); 라고 선언할 수 있다.

다음은 이 서버소켓을 사용하여 클라이언트와 통신할 다른 소켓을 만들어주는 작업이다. 서버 쪽에서는 반드시 두 개의 소켓이 필요하다. 하나는 서버용 소켓인데 이것으로는 통신을 할 수가 없고 단지 클라이언트의 연결을 기다린다. 따라서 클라이언트와 연결이 되면 실제로 통신을 하기 위해서는 소켓을 하나 더 만들어서 연결해주어야 한다는 것을 의미한다. 이 소켓은 서버소켓.accept() 명령으로 만들어줄 수 있다.

```
Socket soc = srvSocket.accept();
```

여기서 srvSocket은 방금 전에 선언해준 서버소켓의 이름이 된다. 클래스의 이름이 Socket임을 확인하라. 클라이언트에서도 이 소켓을 사용하여 연결하게 된다.

다음은 입력을 위한 스트림을 선언하는 부분이다. 물론 만들어 놓은 소켓에서 스트림을 얻어 와야 한다. 스트림은 java.io 패키지에 포함되어 있다.

```
InputStream is = soc.getInputStream();
```

이렇게 is는 스트림변수 이름이고, soc는 앞에서 선언한 소켓의 이름이다. 이렇게 되면 입력스트림이 얻어졌다. 그러고 나서 이 스트림에서 입력을 받기위해서는 이 스트림을 읽을 수 있는 Reader를 정의해야만 읽을 수가 있다.

```
InputStreamReader isr = new InputStreamReader(is);
```

여기서 is는 앞에서 선언한 inputstream이고, isr은 InputStreamReader의 이름이다. 이것으로 서버 측에서 소켓을 준비하는 것은 모두 끝났다. 데이터를 읽기 위해서는 InputStreamReader에 있는 read() 메소드를 사용하면 된다. 즉, int a = isr.read(); 와 같이 하면 a에 한 글자가 입력된다. int값으로 넘어오는데, 문자로 바꾸기 위해서는 형변환(type casting)을 해주면 된다.

[예제 8-1] SocketServer.java

```
// 소켓을 하나 열어서 클라이언트 소켓에서 10글자를 얻어오고 소켓을 닫는다.

import java.io.*;
import java.net.*;
import java.util.*;

public class SocketServer {

  // 소켓을 만들기 위한 인스턴스들
  private ServerSocket serverSocket=null;
  private Socket socket=null;

  // 소켓에서 스트림을 얻어오기 위한 인스턴스들
  private InputStream is = null;
  private InputStreamReader reader = null;

```

```
   public SocketServer(int port) throws IOException {
      try {
         // 서버 소켓을 생성하고, 클라이언트에서 스트림을
         // 받아들일 소켓을 하나 더 생성.
         serverSocket=new ServerSocket(port);
         System.out.println("소켓을 생성하여 클라이언트의 연결을 기다립니다. 포트번호="+port);
         socket=serverSocket.accept();
         System.out.println("클라이언트와 연결되었습니다.");
      } catch (IOException e) {
         throw e;
      }
   }

   public void startSocket() {
      String str="";
      try {
         // 소켓에 스트림을 연결하고, 스트림을 읽어들일 reader를 만듬.
         is = socket.getInputStream();
         reader = new InputStreamReader(is);
      } catch (IOException e) { System.out.println("소켓 연결에 실패했습니다."); }

      for (int i=0; i<10; i++) {
         try {
            str=str + (char) reader.read();
         } catch (IOException e) {
            System.out.println("데이터를 받는 데에 실패했습니다.");
         }
      }

      System.out.println("받은 데이터:"+str);

      try {
         serverSocket.close();
         socket.close();
         reader.close();
```

```
            is.close();
        } catch (IOException e) {
            System.out.println("소켓을 닫는데에 실패했습니다.");
        }
    }

    public static void main(String args[]) {
        SocketServer s;
        int port=1000;

        if (args.length>0) {
            port=Integer.parseInt(args[0]);
    }

        try{
            s=new SocketServer(port);
            s.startSocket();
        } catch (IOException e) {
            System.out.println("소켓 생성에 실패했습니다.");
        }
    }
}
```

2.2. 클라이언트 소켓(SocketClient.java)

클라이언트 소켓은 서버 소켓보다 훨씬 쉽다. 서버 소켓은 필요가 없고, InputStream을 OutputStream으로, InputStreamReader를 OutputStreamWriter로 바꾸기만 하면 된다.

먼저 소켓을 만들어야 한다. 앞에서 생성한 서버의 IP와 port번호를 알고 있어야 한다.

```
Socket soc = new Socket("127.0.0.1", 1000);
```

여기서 "127.0.0.1"은 IP주소이다. 이것은 localhost 즉, 자기 자신을 의미합니다. 만약 서버가 다른 컴퓨터에 있다면 그 컴퓨터의 IP를 적어야 한다. 1000은 포

트번호이다. soc는 물론 소켓의 이름으로 변수로 쓸 수 있는 것을 적어주면 된다. Socket과 동일한 클래스를 사용하고 있다는 것을 확인하자.

다음은 이 소켓에서 스트림을 생성하는 것이다. 서버로 데이터를 보내는 것이니까 당연히 InputStream이 아니라 OutputStream을 사용해야 할 것이다

```
OutputStream os = soc.getOutputStream();
```

이 문장이 잘 이해가 안가면 앞의 서버 쪽의 InputStream을 만드는 부분을 다시 살펴보라. 이제 앞에서와 마찬가지로 OutputStreamWriter를 만들어줘야 한다.

```
OutputStreamWriter osw = new OutputStreamWriter(os);
```

이렇게 하면 writer까지 무사히 만들어졌다. 이제 데이터를 전송하기 위해서는 write()메소드를 사용하면 된다. 구체적으로 어떻게 사용하는지는 다음 절에서 학습하기로 한다.

[예제 8-2] SocketClient.java

```
// 서버에 연결하여 10글자를 보낸다.

import java.io.*;
import java.net.*;
import java.util.*;

public class SocketClient {

   // 소켓을 만들기 위한 인스턴스들
   private Socket socket=null;

   // 소켓에서 스트림을 얻어오기 위한 인스턴스들
   private OutputStream os = null;
   private OutputStreamWriter writer = null;

   // 생성자. 주어진 IP와 포트번호로 소켓을 생성한다.
```

```
    public SocketClient(String ip, int port) throws IOException {
      try {
         // 서버 소켓을 생성하고, 클라이언트에서 스트림을
         // 받아들일 소켓을 하나 더 생성.
         socket=new Socket(ip, port);
         System.out.println("소켓을 생성하여 서버와 연결하였습니다.");
         } catch (IOException e) {
         throw e;
      }
    }

    public void startSocket() {

      String str="나랏말싸미듕귁에달아";

      try {
         // 소켓에 스트림을 연결하고, 스트림을 보낼 Writer를 만듭니다.
         os = socket.getOutputStream();
         writer = new OutputStreamWriter(os);

      } catch (IOException e) {
         System.out.println("소켓 연결에 실패했습니다.");
      }

      try {
         writer.write(str,0,10);
         writer.flush();
      } catch (IOException e) {
         System.out.println("데이터 전송에 실패했습니다.");
      }

      System.out.println("보낸 데이터:"+str);

      try {
         socket.close();
         writer.close();
         os.close();
      } catch (IOException e) {
```

```
            System.out.println("소켓 닫기에 실패했습니다");
        }

    }

    public static void main(String args[]) {

        SocketClient c;
        String ip="127.0.0.1";
        int port=1000;

        if (args.length>1) {
            ip=args[1];
            port=Integer.parseInt(args[0]);
        } else if (args.length==1) {
            port=Integer.parseInt(args[0]);
        }

        try {
            c=new SocketClient(ip, port);
            c.startSocket();
        } catch (IOException e) {
            System.out.println("소켓 생성에 실패했습니다.");
        }
    }
}
```

3. Echo Client-Server

3.1 단일 접속 처리 Echo 서버

여기에서는 한 번에 하나의 연결 요청을 처리하는 가장 단순한 형태의 Echo 서버를 만들어 보자. 6장과 7장에서 소개된 Echo_C.java와 Echo_S.java와 유사하다.

[예제 8-3] TCPEchoClient.java

```
import java.io.*;
import java.net.*;

public class TCPEchoClient {
  private Socket socket = null;
  private BufferedInputStream bis = null;
  private BufferedOutputStream bos = null;

  public TCPEchoClient(String sAddress, int port) {
    try {
      //입력받은 서버 주소와 포트번호를 인자로 소켓을 생성한다.
      socket = new Socket(sAddress, port);

      //소켓에서 데이터를 읽고 쓰기 위한 스트림 객체를 생성한다.
      bis = new BufferedInputStream(socket.getInputStream());
      bos = new BufferedOutputStream(socket.getOutputStream());
    } catch(IOException ioe) {
      ioe.printStackTrace();
    }
  }

  public void send(byte[ ] buf) {
    try {
      System.out.print("송신한 메시지 : "+new String(buf));
      //출력 스트림객체에 buf에 저장된 메시지를 쓴다.
      bos.write(buf);
      //출력 스트림객체의 버퍼에 저장된 메시를 네트워크를 통해 전송한다.
      bos.flush();
    } catch(IOException ioe) {
      ioe.printStackTrace();
    }
  }

  public void receive() {
    try {
      String str = "";
      //서버로 부터 수신한 메시지를 저장하기 위한 바이트 배열
```

```
      byte echo[ ] = new byte[ 256] ;
      //수신된 데이터의 길이를 저장하기위한 변수
      int len = 0;

      //서버로부터 수신한 데이터의 길이가 -1이 아닌동안 반복해서 수신한다.
      while((len=bis.read(echo,0,echo.length))!=-1) {
        str = str + new String(echo,0,len);
      }
      System.out.print("수신한 메시지 : "+str);
    } catch(IOException ioe) {
      ioe.printStackTrace();
    }
  }

  public void close() {
    try {
      //스트림 객체와 소켓을 종료한다.
      bos.close();
      bis.close();
      socket.close();
    } catch(IOException ioe) {
      ioe.printStackTrace();
    }
  }

  public static void main(String args[ ]) {
    //에코 서버의 주소, 포트번호, 메시지가 입력되었는지 확인한다.
    //입력되지 않은 파라미터가 있다면 프로그램을 종료한다.
    if(args.length<=2||args.length>3) {
      System.out.println("파라미터:<서버주소><포트번호><메시지>");
      System.exit(0);
    }

    //서버의 주소
    String sAddress = args[ 0] ;

    //포트번호를 int 형으로 저장한다.
    int port = Integer.parseInt(args[ 1]);
```

```

    //메시지에 메시지의 끝을 알리는 \n을 붙여 byte 배열로 저장한다.
    byte buf[ ] = (args[ 2] +"\n").getBytes();

    TCPEchoClient client = new TCPEchoClient(sAddress, port);
    client.send(buf);
    client.receive();
    client.close();
  }
}
```

〈예제 8-3〉 설명

TCPEchoClient 클래스는 프로그램은 실행 시 인자로 서버의 주소, 포트번호, 메시지 문자열을 입력받아 서버에 메시지를 전달하고 되돌아온 메시지를 화면에 출력해 주는 간단한 프로그램이다. 지정된 원격 호스트(Address)와 포트(port)를 인자로 받는 Socket 생성자를 호출해 TCP 연결을 만든다. 어떤 이유에 의해 연결 시도에 실패하게 되면 생성자는 IOException을 발생시킨다. 이렇게 생성한 소켓으로부터 입출력 스트림 객체를 얻어와 서버와의 입출력에 사용할 버퍼 입출력 객체를 만든다.

출력 스트림 클래스의 write() 메서드를 사용해 서버로 전송할 문자열을 버퍼에 쓰고, flush() 메서드를 호출해 버퍼의 내용을 서버로 전송한다.

에코 서버로부터 수신한 문자열을 read() 메서드를 사용해 읽어 들인다. 이때 while 루프는 읽은 데이터의 길이(len)가 -1이 아닌 동안 반복하며 읽어 들인 바이트의 길이가 -1 이라는 것은 입력 스트림 bis가 더 이상 사용 가능한 상태가 아니라는 것을 의미한다.

사용이 끝난 입출력 스트림과 소켓은 close() 메서드를 호출하여 닫는다.

[예제 8-4] TCPEchoServer.java

```
import java.io.*;
import java.net.*;

public class TCPEchoServer {
  private ServerSocket server = null;

```

```
    public TCPEchoServer(int port) {
      //수신한 포트번호로 서버 소켓을 생성한다.
      try {
        server = new ServerSocket(port);
      } catch(IOException ioe) {
        ioe.printStackTrace();
      }
    }

    public void process() {
      //루프를 반복하며 클라이언트로부터의 요청을 처리한다.
      while(true) {
        try {
          //서버소켓을 accept메서드를 이용해 클라이언트의
          //접속 요청이 있을 때까지 대기한다.
          //클라이언트의 연결이 발생하면 클라이언트와 통신을 위한
          //소켓을 반환한다.
          Socket con = server.accept();

          //소켓을 통해 데이터를 읽고 쓰기위한 스트림 객체를 생성한다.
          BufferedInputStream bis = null;
          BufferedOutputStream bos = null;
          bis = new BufferedInputStream(con.getInputStream());
          bos = new BufferedOutputStream(con.getOutputStream());

          String str = "";
          //클라이언트로 부터 수신한 데이터를 저장하기위한 byte배열
          byte buf[] = new byte[256];
          //수신한 데이터의 길이를 저장하기위한 int형 변수
          int len = 0;

         //입력 스트림에서 읽어들인 데이터의 길이가 -1이 아닌 동안 반복한다.
          while((len=bis.read(buf,0,buf.length))!=-1) {
            //읽어들인 데이터를 화면에 출력하고 출력 스트림 객체를 통해
            //클라이언트로 전송한다.
            str = str + new String(buf,0,len);
            bos.write(buf, 0,len);
            bos.flush();
```

```

          //일어들인 데이터에 메시지의 끝을 알리는 문자(\n)가 있다면
          //더이상 데이터를 읽지 않는다.
          if(str.indexOf("\n")!=-1);
            break;
        }
        System.out.print("수신한 메시지 : "+str);

        //스트림 객체와 소켓을 닫는다.
        bos.close();
        bis.close();
        con.close();
      } catch(IOException ioe) {
        ioe.printStackTrace();
      }
    }
  }

  public static void main(String args[ ]) {
    //서버 소켓이 사용할 포트번호를 파라미터로 받았는지 검사한다.
    if(args.length!=1) {
      System.out.println("파라미터 : <포트번호>");
      System.exit(0);
    }

    //파라미터로 받은 포트번호를 int형으로 변환한다.
    int port = Integer.parseInt(args[0]);

    TCPEchoServer server = new TCPEchoServer(port);
    server.process();
  }
}
```

◪ 〈예제 8-4〉 설명

TCPEchoServer클래스는 프로그램은 실행 시 인자로 포트번호를 입력받아 서버 소켓을 생성하고 클라이언트로부터 메시지를 전달받아 화면에 출력하고 클라이언

트에게 재전송하는 간단한 프로그램이다. 포트번호를 인자로 가지는 생성자를 호출해 서버소켓의 인스턴스를 생성한다.

서버 소켓의 accept() 메서드를 사용해서 클라이언트로부터 연결 요청이 있을 때까지 대기하고 연결 요청이 발생하면 서브소켓 객체를 반환한다.

이후의 처리 과정은 클라이언트와 동일하다. 서브소켓 객체인 con의 입출력 스트림 객체를 사용해 클라이언트와 데이터를 주고받는다.

클라이언트와 마찬가지로 read() 메서드를 사용해 데이터를 읽어와 화면에 출력하고 write() 메서드를 수신한 내용을 출력버퍼에 저장하고 flush() 메서드를 사용해 클라이언트에 전송한다. 이 때 클라이언트로부터 수신한 데이터의 길이가 바이트 배열 buf의 길이 보다 작을 경우를 고려해 바이트 배열의 시작부터 수신한 데이터의 길이만큼만 버퍼에 쓰도록 한다.

if문에서는 수신한 데이터의 끝을 표시하는 개행문자(₩n)가 있다면 더 이상 수신할 데이터가 없는 것으로 판단하고 while 루프를 빠져나온다. 메시지의 송수신이 끝나면 클라이언트와의 통신에 사용한 소켓과 입출력 스트림 객체를 close() 메서드를 사용해 닫고 다음 클라이언트의 접속 요청을 기다린다.

3.2 동시접속자 처리 Echo 서버

위에서 만든 Echo 서버는 한 번에 하나의 접속에 대한 처리만 가능했다. 여기에서는 스레드를 사용해 동시에 여러 접속 요청을 처리할 수 있는 Echo 서버를 구현해 보자. 클라이언트 부분은 변경할 필요가 없고 서버측만 스레드를 이용해 변경하면 되겠다.

[예제 8-5] TCPEchoServer.java

```
import java.io.*;
import java.net.*;

public class TCPEchoServer {
  public static void main(String args[]) {
    if(args.length!=1) {
      System.out.println("파라미터 : <포트번호>");
    }

    int port = Integer.parseInt(args[0]);

```

```
    ServerSocket server = null;

    try {
      server = new ServerSocket(port);
    } catch(IOException ioe) {
      ioe.printStackTrace();
    }

    while(true) {
      try {
        Socket con = server.accept();

        //연결요청이 발생하면 쓰레드 객체를 만들어 처리한다.
        TCPEchoServerThread process = new TCPEchoServerThread(con);

        Thread thread = new Thread(process);
        thread.start();
      } catch(IOException ioe) {
        ioe.printStackTrace();
      }
    }
  }
}
```

〈예제 8-5〉 분석

TCPEchoServer 클래스는 프로그램은 실행 시 인수로 포트번호를 입력받아 서버 소켓을 생성하고 클라이언트로부터 연결요청이 발생하면 스레드 객체를 만들어 처리한다.

accept() 메서드가 반환한 Socket 객체를 인자로 TCPEchoServerThread 클래스의 인스턴스를 생성한다. TCPEchoServerThread 클래스는 Runnable 인터페이스를 구현함으로Thread 클래스를 만들고 start() 메서드를 사용하여 쓰레드를 실행시킨다.

[예제 8-6] TCPEchoServerThread.java

```
import java.io.*;
import java.net.*;

public class TCPEchoServerThread implements Runnable {
  private Socket con = null;
  private BufferedInputStream bis = null;
  private BufferedOutputStream bos = null;

  public TCPEchoServerThread(Socket socket) {
    //TCPEchoServer로부터 받아온 소켓을 멤버변수 con에 저장한다.
    con = socket;
  }

  public void run() {
    try {
      bis = new BufferedInputStream(con.getInputStream());
      bos = new BufferedOutputStream(con.getOutputStream());

      String str = "";
      byte buf[] = new byte[256];
      int len = 0;

      while((len=bis.read(buf,0,buf.length))!=-1) {
        str = str + new String(buf,0,len);
        bos.write(buf, 0,len);
        bos.flush();

        //일어들인 데이터에 메시지의 끝을 알리는 문자(\n)가 있다면
        //더이상 데이터를 읽지 않는다.
        if(str.indexOf("\n")!=-1);
          break;
      }

      System.out.print("수신한 메시지 : "+str);

      bos.close();
      bis.close();
```

```
            con.close();
        } catch(IOException ioe) {
            ioe.printStackTrace();
        }
    }
}
```

〈예제 8-6〉 분석

TCPEchoServerThread 클래스는 Runnable 인터페이스를 구현한 클래스로 에코 서버에 연결 요청이 발생하면 클라이언트와 통신에 사용할 Socket 객체를 받아와 실제로 처리한다. Serversocket 객체인 server의 accept() 메서드가 반환한 Socket 객체를 인자로 받아 멤버 변수인 con에 저장한다. 단일 접속 처리 Echo 서버에서는 소켓의 입출력을 TCPEchoClinet 클래스에서 직접 처리하였지만 여기에서는 TCPEchoServerThread 클래스의 run() 메서드에서 처리하기 때문에 동시에 여러 클라이언트의 연결 요청을 처리할 수 있다.

4. Self-Study : 마우스 포인터

자가 학습으로 클라이언트의 마우스 정보를 실시간으로 서버로 전송하는 프로그램을 학습한다. 주요 부분은 주석으로 처리하였으니 지금까지 학습한 내용으로 충분히 이해할 수 있으리라 생각된다. GUI 프로그래밍이 난해하다면 지금 당장 자바 기본 학습서를 꺼내어 참고 하면서 학습하길 바란다.

[예제 8-7] MousePositionServer.java

```
import java.io.*;
import java.net.*;
import java.util.*;

class MousePositionServer {
    ServerSocket ss; //서버 소켓
    Vector clientList = new Vector(10,3); //클라이언트 저장 벡터
    ThreadClient client; //수신 메시지 전송을 위한 클라이언트
```

```

    // 클라이언트가 접속되었을 때 처리
    public void ConnectProcess() throws Exception {
        ss= new ServerSocket(4444); // 서버 시작
        System.out.println("Multi Server Starting....");

        while(true) {
            Socket s = ss.accept(); // 접근대기
            // 접속된 클라이언트 소켓으로 스레드 객체 생성
            ThreadClient tc=new ThreadClient(s);

            // 벡터에 저장
            clientList.add(tc);

            tc.start(); // 클라이언트의 스레드 시작
        }

    }

    // inner Class
    class ThreadClient extends Thread {
        Socket client;
        InputStream input;
        InputStreamReader reader;
        BufferedReader receive;

        OutputStream output;
        OutputStreamWriter writer;
        PrintWriter send;

        // 접속된 클라이언트 소켓을 인수로 스레드 생성.
        public ThreadClient(Socket s) {
            client = s;
            System.out.println("Thread starting....");
            initStream();
        }

        // 입출력 스트림 초기화
```

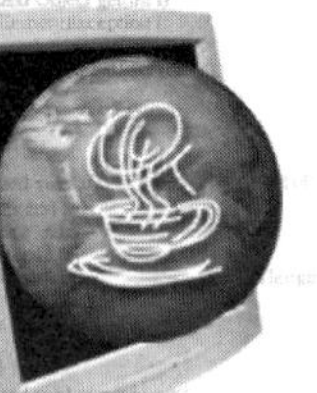


```
        public void initStream() {
            try{
                input = client.getInputStream();
                reader = new InputStreamReader(input);
                receive = new BufferedReader(reader);

                output = client.getOutputStream();
                writer = new OutputStreamWriter(output);
                send = new PrintWriter(writer);
            } catch(Exception e) {  }
        }

        // 클라이언트로부터 메시지가 전달되면 전달된 메시지를 갖고
        // sendProcess()로 이동
        public void run() {
            String str;
            while(true) {
                try{
                    str = receive.readLine();
                    System.out.println(str);
                    sleep(100);
                } catch(Exception e){ }
            }
        }
    } // ThreadClient class(inner) end.

    public static void main(String args[]) throws Exception{
        MousePositionServer ms = new MousePositionServer();
        ms.ConnectProcess();
    }
}
```

[예제 8-8] MousePositionClient.java

```
import java.awt.*;
import java.io.*;
import java.awt.event.*;
import java.net.*;
```

```
class MousePositionClient extends Frame implements
ActionListener, KeyListener, MouseMotionListener{
   myWindowAdater myW = new myWindowAdater();
   // WindowListener -> WindowAdpater사용

   Panel topP = new Panel();
   Panel centerP = new Panel();
   Panel bottomP = new Panel();

   // Stream
   InputStream input;
   InputStreamReader reader;
   BufferedReader receive;

   OutputStream output;
   OutputStreamWriter writer;
   PrintWriter send;

   // Socket
   Socket s;

   // top
   Label ipLabel = new Label("IP Address");
   Label portLabel = new Label("Port Number");
   TextField ip = new TextField("localhost");
   TextField port = new TextField("4444");
   Button connectButton = new Button("Connect");

   // bottom
   TextField talk = new TextField();
   Button sendButton = new Button("Send");

   public MousePositionClient() {
      setTitle("Client");
      setLayout(null);
      addWindowListener(myW);

```

```
        // top Panel
        topP.setLayout(null);
        topP.setBackground(Color.blue);
        topP.setBounds(5,30,340,50);

        ipLabel.setBounds(0,0,75,20);
        ipLabel.setAlignment(Label.RIGHT);
        topP.add(ipLabel);
        ip.setBounds(80,0,150,20);
        topP.add(ip);

        portLabel.setBounds(0,25,75,20);
        topP.add(portLabel);
        port.setBounds(80,25,150,20);
        topP.add(port);

        connectButton.setBounds(245,0,70,45);
        connectButton.addActionListener(this); //connecting...
        topP.add(connectButton);

        add(topP);

        // center Panel
        centerP.setLayout(new BorderLayout());
        centerP.setBounds(5,81,340,370);
        centerP.setBackground(new Color(200,100,100));
        centerP.addMouseMotionListener(this);

        add(centerP);

        // bottom
        bottomP.setBounds(5,452,340,23);
        bottomP.setLayout(null);
        talk.setBounds(0,0,280,22);
        talk.addKeyListener(this); // KeyListener ....
        bottomP.add(talk);

        sendButton.setBounds(285,0,50,22);
```

```
        sendButton.addActionListener(this); //ActionListener ....
        bottomP.add(sendButton);

        add(bottomP);

    }

    public void connectProcess() {
        try{
            s = new Socket(ip.getText(), Integer.parseInt(port.getText()));
            input = s.getInputStream();
            reader = new InputStreamReader(input);
            receive = new BufferedReader(reader);

            output = s.getOutputStream();
            writer = new OutputStreamWriter(output);
            send = new PrintWriter(writer);
            connectButton.setEnabled(false);
        } catch(Exception e){ }
    }

    public void sendProcess(){
        send.println(talk.getText());
        send.flush();
        talk.setText("");
    }

    // actionLister Method (connectButton and sendButton)
    public void actionPerformed(ActionEvent e) {
        if(e.getSource().equals(connectButton)) { //연결 처리
            connectProcess();
        }

        if(e.getSource().equals(sendButton)) { //메시지 전송 처리
            sendProcess();
        }
    }

```

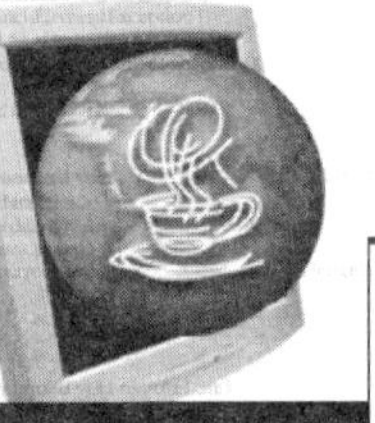


```
    // keylistener method
    public void keyTyped(KeyEvent e) {
    }

    // TextField창에서 엔터키를 누르면 처리.
    public void keyPressed(KeyEvent e) {
       if(e.getKeyCode() == KeyEvent.VK_ENTER) sendProcess();
    }

    public void keyReleased(KeyEvent e) {
    }

    // MouseMotionLisener
    public void mouseDragged(MouseEvent e) {
       String str = "Position : ("+ e.getX()+ " , "+e.getY()+")";
       send.println(str);
       send.flush();
    }

    // MouseListener
    public void mouseClicked(MouseEvent e) {
    }

    public void mouseMoved(MouseEvent e) {
    }

    public void mousePressed(MouseEvent e) {
    }

    public void mouseReleased(MouseEvent e) {
    }
    public void mouseEntered(MouseEvent e) {
    }
    public void mouseExited(MouseEvent e) {
    }


    // WindowAdapter
```

```
    class myWindowAdater extends WindowAdapter{
       public void windowClosing(WindowEvent e) {
          dispose();
          System.exit(0);
       }
    }

    public static void main(String args[]) {
       MousePositionClient c = new MousePositionClient();
       c.setSize(350,480);
       c.setVisible(true);
    }
}
```

CHAPTER 09

채팅 프로그램

1. 채팅 서버 구현
2. 클라이언트의 서버 접속 인터페이스 구현
3. 채팅 기능 구현

이 장에서는 채팅 프로그램을 구현해 보자. 구현 순서는 먼저 서버 측, 클라이언트 측, 실행 단계로 구현한다.

1. 채팅 서버 구현

클라이언트로부터 접속을 받아들일 ServerSocket을 생성하고 새로운 연결 요청이 발생할 때마다 스레드를 생성해 처리함으로써 여러 사용자가 동시에 채팅을 할 수 있도록 한다.

[예제 9-1] ClientInfo.java

```
import java.io.*;
import java.net.*;
import java.util.*;

public class CilentInfo {
  private Socket c;
  private String ip;
  private BufferedWriter bw;

  public CilentInfo(Socket c) {
    this.c = c;
    //소켓을 연결한 클라이언트의 IP정보를 저장한다.
    ip = c.getInetAddress().getHostAddress();

    //클라이언트에 문자열을 전송하기 위한 출력 스트림을 생성한다.
    try {
      bw = new BufferedWriter(new
OutputStreamWriter(c.getOutputStream()));
    } catch(Exception e) {
    }
  }

  public boolean write(String str) {
    //인자로 받은 문자열을 출력 스트림을 사용한 전송한다.
    try {
```

```
26          bw.write(str+"\n");
27          bw.flush();
28        } catch(Exception e) {
29          return false;
30        }
31        return true;
32      }
33
34      public String getIp() {
35        return ip;
36      }
37    }
```

〈예제 9-1〉 분석

10행에서 21행까지의 생성자를 살펴보면 Socket의 getInetAddress() 메소드로 구한 InetAddress 객체의 getHostAddress() 메소드로 클라이언트의 IP주소를 구해 문자열로 저장한다. 그리고 Socket의 getOutputStream() 메소드로 출력 스트림을 구하고 이 출력 스트림을 인수로 BufferedWriter 객체를 생성한다.

23행에서 32행의 write() 메소드는 인수로 받은 문자열 str을 BufferedWriter 객체의 write() 메소드의 인수로 사용해 출력 스트림에 문자열을 쓴다.

[예제 9-2] ChatThread.java

```
import java.io.*;
import java.net.*;
import java.util.*;

public class ChatThread implements Runnable {
  private Socket c = null;
  private BufferedReader br = null;
  private Vector v = null;

  public ChatThread(Socket c, Vector v) {
    this.c = c;
    this.v = v;

```

```
14       //클라이언트로부터 전송된 내용을 읽어오기 위한 입력 스트림을 생성한다.
15       try {
16         br = new BufferedReader(new
17   InputStreamReader(c.getInputStream()));
18       } catch(Exception e) {}
19     }
20
21     public void run() {
22       while(true) {
23         String str=null;
24         try {
25           //클라이언트로부터 문자열을 읽어온다.
26           str = br.readLine();
27         } catch(Exception e) {
28           break;
29         }
30
31         for(int i=0; i<v.size(); i++) {
32           //읽어온 문자열을 벡터객체에 저장된 각 클라이언트에 전송한다.
33           CilentInfo ci = (CilentInfo)v.get(i);
34           ci.write(str);
35         }
36       }
37
38       try {
39         //예외가 발생하여 while 루프가 종료되면 스트림과 소켓을 닫는다.
40         br.close();
41         c.close();
42       } catch(Exception e) {}
43     }
44   }
```

〈예제 9-2〉 분석

15행에서 18행에서 클라이언트로부터 전송된 문자열을 읽기 위해 Socket의 getInputStream() 메소드를 사용해 얻은 스트림 객체를 인수로 하여 BufferedReader 객체를 생성한다.

24행에서 29행은 BufferedReader 객체의 readLine() 메소드를 호출해 입력 스트림 버퍼에 있는 문자열을 읽어온다.

31행에서 35행은 벡터의 객체에 저장되어 있는 ClientInfo 객체의 write() 메소드를 호출하여 각 클라이언트에 수신한 문자열을 전송한다.

38행에서 42행은 출력 스트림에 문자열을 쓸 때 예외가 발생하여 루프를 빠져나오게 되면 클라이언트와의 Socket을 종료하기 위해 close() 메소드를 호출한다.

[예제 9-3] ChatServer.java

```
import java.io.*;
import java.net.*;
import java.util.*;

public class ChatServer {
  public static void main(String args[ ])
  {
    System.out.println("자바 커뮤니티 채팅 서버 v1.0");

    ServerSocket ss=null;
    Vector v = null;

    try {
      //9000번 포트를 사용하는 서버 소켓을 생성한다.
      ss = new ServerSocket(9000);
      v = new Vector(10);

      while(true) {
        //클라이언트로부터 접속 요청이 발생하면 서버와 클라이언트
        //사이에 새로운 소켓을 생성한다.
        Socket c = ss.accept();

        //클라이언트의 정보를 저장하는 ClientInfo 클래스를 생성하고
        //벡터 객체에 저장한다.
        CilentInfo ci = new CilentInfo(c);
        v.add(ci);

        //각 소켓에 대한 작업을 수행할 쓰레드를 생성한다.
        ChatThread ct = new ChatThread(c, v);
```

```
30          Thread t = new Thread(ct);
31          t.start();
32
33          System.out.println(ci.getIp()+"가 접속했습니다.");
34        }
35      } catch(Exception e) {
36        try {
37          //서버 소켓에 예외가 발생하면 소켓을 닫고 프로그램을 종료한다.
38          ss.close();
39          System.exit(0);
40        } catch(Exception ioe) {}
41      }
42    }
43  }
```

〈예제 9-3〉 분석

15행에서 포트번호가 9000인 ServerSocket를 생성한다

18행에서 34행은 루프를 반복하며 클라이언트의 접속요청이 생길 때까지 대기한다. 클라이언트로부터 접속 요청이 발생하면 Socket ServerSocket의 accept() 메소드는 서버와 클라이언트의 통신에 사용할 Socket 객체를 생성한다.

Socket 객체와 클라이언트의 정보를 저장하고 있는 ClientInfo 객체를 인수로 Runnable 인터페이스를 구현한 ChatThread 객체를 생성한다. 이렇게 생성된 ChatThread 객체를 사용해 Thread 객체를 생성하고 start() 메서드를 호출하여 스레드를 실행시킨다.

35행부터 43행은 ServerSocket에 예외가 발생하면 ServerSocket을 close() 메서드를 사용해 닫고 System.exit()를 호출하여 프로그램을 종료한다.

2. 클라이언트의 서버 접속 인터페이스 구현

채팅 서버에 접속하기 위해 IP 정보와 포드 번호를 입력받아 Socket 객체를 생성하고 채팅에 필요한 정보를 초기화 한다.

[예제 9-4] ServerInputForm.java

```
import javax.swing.*;
import javax.swing.event.*;
import javax.swing.border.*;
import java.awt.*;
import java.awt.event.*;

public class ServerInputForm extends JDialog implements ActionListener {
  private JLabel ipl;
  private JLabel portl;
  private JTextField iptf;
  private JTextField porttf;
  private JButton b;
  private JPanel ipjp;
  private JPanel portjp;
  private JPanel bjp;

  private ChatClient c;

  public ServerInputForm(ChatClient c) {
    setTitle("서버 정보 입력 다이얼로그");
    this.c = c;

    ipl =  new JLabel("I    P  : ");
    portl = new JLabel("Port  : ");
    iptf = new JTextField(15);
    porttf = new JTextField(15);
    b = new JButton("입 력");
    b.addActionListener(this);

    ipjp = new JPanel();
    portjp = new JPanel();
    bjp = new JPanel();

    ipjp.add(ipl);
    ipjp.add(iptf);
    portjp.add(portl);
    portjp.add(porttf);
```

```
      bjp.add(b);

      setBounds(100,100,240,130);

      getContentPane().setLayout(new GridLayout(3,1));
      getContentPane().add(ipjp);
      getContentPane().add(portjp);
      getContentPane().add(bjp);
    }

    public void actionPerformed(ActionEvent ae) {
      //입력된 서버의 정보를 다이얼로그를 호출한 클래스의 멤버
      //변수에 저장한다.
      c.setIp(iptf.getText());
      c.setPort(Integer.parseInt(porttf.getText()));
      setVisible(false);
      show(false);
    }
}
```

[예제 9-5] NameInputForm.java

```
import javax.swing.*;
import javax.swing.event.*;
import javax.swing.border.*;
import java.awt.*;
import java.awt.event.*;

public class NameInputForm extends JDialog implements ActionListener {
  private ChatClient c;
  private JTextField jf;
  private JButton jb;
  private JPanel jp;

  public NameInputForm(ChatClient c){
    this.c = c;
    setTitle("대화명을 입력하세요.");
    setBounds(100,100,250,70);
```

```

    jf = new JTextField(15);
    jb = new JButton("입 력");
    jb.addActionListener(this);
    jp = new JPanel();

    jp.add(jf);
    jp.add(jb);

    getContentPane().add(jp);
  }

  public void actionPerformed(ActionEvent ae) {
    //입력된 이름을 다이얼로그를 호출한 클래스의 멤버 변수에 저장한다.
    c.setName(jf.getText());
    setVisible(false);
    show(false);
  }
}
```

[예제 9-6] NameInputForm.java

```
import java.io.*;
import java.net.*;

public class ChatClient {
  private Socket s = null;
  private String ip = null;
  private int port = 0;
  private String name = null;

  public static void main(String args[]) {
    ChatClient cc = new ChatClient();
    cc.init();
  }

  public ChatClient() {

```

```
}

//채팅 클라이언트 초기화
public void init() {
  //서버의 주소와 포트 번호를 입력받는 다이얼 로그
  ServerInputForm sif = new ServerInputForm(this);
  sif.setModal(true);
  sif.setVisible(true);
  sif.show(true);

  //채팅에서 사용할 이름을 입력받는 다이얼로그
  NameInputForm nif = new NameInputForm(this);
  nif.setModal(true);
  nif.setVisible(true);
  nif.show(true);

  //입력된 서버의 주소와 포트번호로 소켓을 생성한다.
  try {
    s = new Socket(ip, port);
  } catch(Exception e) {
  }

  //생성된 소켓과 채팅에서 사용할 이름을 인자로 새로운
  //채팅창 프레임을 생성한다.
  ChatClientForm ccf = new ChatClientForm(s, name);
  ccf.setVisible(true);
  ccf.show(true);
}

//초기화 값을 멤버 변수에 저장하는 set 메서드
public void setIp(String ip) {
  this.ip = ip;
}

public void setPort(int port) {
  this.port = port;
}

```

```
  public void setName(String name) {
    this.name = name;
  }
}
```

3. 채팅 기능 구현

Socket 객체를 생성함으로써 서버에 접속하는 부분까지 작성했다. 이제 실제로 문자열을 서버로 전송하고 서버에서는 각 클라이언트에게 문자열을 전송하여 채팅 기능을 구현하도록 한다. 이때 클라이언트는 별도의 스레드를 이용해 서버로부터 수신할 문자열이 있는지 대기하고 만약 있다면 이를 읽어 클라이언트의 프레임에 이 내용이 출력하도록 한다.

[예제 9-7] ListenThread.java

```
import java.io.*;
import java.net.*;

public class ListenThread implements Runnable {
  private Socket s;
  private ChatClientForm f;
  private BufferedReader br;

  public ListenThread(Socket s, ChatClientForm f) {
    this.s = s;
    this.f = f;

    try {
      //인자로 받은 소켓에 대한 입력 스트림을 만든다.
      br = new BufferedReader(new
InputStreamReader(s.getInputStream()));
    } catch(Exception e) {
    }
  }

```

```
21      //쓰레드가 시작되면 run 메서드의 내용이 실행된다.
22      public void run() {
23        while(true) {
24        //서버로부터 받은 내용을 읽어 클라이언트의 텍스트 에어리어에 적는다.
25          try {
26            f.writeTextArea(br.readLine());
27          } catch(Exception e) {
28          }
29        }
30      }
31    }
```

〈예제 9-7〉 분석

4행에서 ListenThread 클래스는 Runnable 인터페이스를 구현하고 있기 때문에 반드시 22행의 run() 메소드를 구현해 스레드가 수행할 작업을 알려주어야 한다.

run() 메서드에서는 루프를 졸며 새로운 문자열이 수신되면 BufferedReader 객체를 사용해 문자열을 읽어와 프레임의 JTextArea 객체에 새로운 문자열을 추가한다.

[예제 9-8] ChatClientInfo.java

```
import javax.swing.*;
import javax.swing.event.*;
import javax.swing.border.*;
import java.awt.*;
import java.awt.event.*;
import java.io.*;
import java.net.*;

public class ChatClientForm extends JFrame implements ActionListener {
  private Socket s;
  private String name;

  private BufferedWriter bw;

```

```
  private JTextArea ta;
  private JTextField tf;
  private JButton b;
  private JPanel p;

  public ChatClientForm(Socket s, String name) {
    this.s = s;
    this.name = name;
    this.setTitle(name+"님의 채팅 클라이언트");

    ta = new JTextArea();
    ta.setEditable(false);
    tf = new JTextField(25);
    b = new JButton("전송");
    b.addActionListener(this);
    p = new JPanel();
    p.add(tf);
    p.add(b);

    getContentPane().setLayout(new BorderLayout());
    getContentPane().add(ta,"Center");
    getContentPane().add(p,"South");

    setBounds(100,100,400,300);

    try{
      //서버로부터 문자열을 수신하기 위한 쓰레드를 생성한다.
      ListenThread lt = new ListenThread(s, this);
      Thread t = new Thread(lt);
      t.start();

      //서버에 문자열을 송신하기 위한 출력 스트림을 생성한다.
      bw = new BufferedWriter(new
OutputStreamWriter(s.getOutputStream()));
    }catch(Exception e){
    }
  }
```

```
52
53    public void writeTextArea(String str) {
54      ta.append(str+"\n");
55    }
56
57    public void actionPerformed(ActionEvent ae) {
58      try {
59        //버튼이 클릭되면 텍스트 필드의 내용을 서버에 송신한다.
60        bw.write(name+" : "+tf.getText()+"\n");
61        bw.flush();
62        tf.setText("");
63      } catch(Exception e) {
64        //서버에 문자열을 송신할 수 없으면 스트림과 소켓을 닫고
65        //프로그램을 종료한다.
66        try {
67          bw.close();
68          s.close();
69        } catch(Exception e2) {}
70        System.exit(0);
71      }
72    }
73  }
```

〈예제 9-8〉 분석

40행에서 51행은 인터페이스를 구현한 ListenThread 클래스 객체인 lt를 인수로 새로운 Thread 객체를 생성한다. Thread 객체의 start() 메서드를 호출하면 lt의 run() 메서드가 실행되며 스레드가 실행된다. 서버에서 BufferedWriter 객체를 생성한 것과 마차가지로 클라이언트의 Socket에 대해서도 스트림 객체를 생성해야 한다.

57행에서 71행은 BufferedWtriter 객체의 write(String) 메서드를 호출해서 문자열을 전송하는데 이때 주의할 점은 서버에서 수신할 때 사용할 BufferedReader 객체의 readLine() 메서드가 문자열의 끝을 인식할 수 있게 하기 위해"₩n"을 붙여준다는 것이다.

[예제 9-9] ChatClient.java

```
import java.io.*;
import java.net.*;

public class ChatClient {
  private Socket s = null;
  private String ip = null;
  private int port = 0;
  private String name = null;

  public static void main(String args[ ] ) {
    ChatClient cc = new ChatClient();
    cc.init();
  }

  public ChatClient() {

  }

  //채팅 클라이언트 초기화
  public void init() {
    //서버의 주소와 포트 번호를 입력받는 다이얼 로그
    ServerInputForm sif = new ServerInputForm(this);
    sif.setModal(true);
    sif.setVisible(true);
    sif.show(true);

    //채팅에서 사용할 이름을 입력받는 다이얼로그
    NameInputForm nif = new NameInputForm(this);
    nif.setModal(true);
    nif.setVisible(true);
    nif.show(true);

    //입력된 서버의 주소와 포트번호로 소켓을 생성한다.
    try {
      s = new Socket(ip, port);
```

```
    } catch(Exception e) {
    }

    //생성된 소켓과 채팅에서 사용할 이름을 인자로 새로운
    //채팅창 프레임을 생성한다.
    ChatClientForm ccf = new ChatClientForm(s, name);
    ccf.setVisible(true);
    ccf.show(true);
  }

  //초기화 값을 멤버 변수에 저장하는 set 메서드
  public void setIp(String ip) {
    this.ip = ip;
  }

  public void setPort(int port) {
    this.port = port;
  }

  public void setName(String name) {
    this.name = name;
  }
}
```

CHAPTER 10

UDP 프로그램

1. UDP 소켓
2. UDP 응용 프로그램

1. UDP 소켓

앞부분에서 살펴본 TCP 소켓은 상호 연결된 상태에서의 통신 방법이다. 이 방법은 높은 신뢰성이 요구되는 응용 프로그램에 적합하다. 그러나 높은 신뢰성이 요구되지 않거나 적은 양의 데이터 전송에는 네트워크에 많은 부담을 주는 TCP 소켓이 적합하지 않다.

UDP(User Datagram Protocol)는 TCP 소켓에 비해 신뢰성과 안정성 측면에서 뒤지지만, 연결을 설정하지 않으므로 네트워크에 부담을 주지 않는다는 장점이 있다. 즉 사용자는 응용 프로그램의 특성에 따라 적합한 소켓을 사용하여야 한다.

자바에서는 UDP를 지원하는 DatagramPacket, DatagramSocket 클래스를 제공하고 있다. DatagramPacket 클래스는 응용 프로그램들이 주고받을 데이터와 관련된 클래스이다. 실제 데이터의 전송은 DatagramSocket 클래스에 의해 이루어진다.

1.1 DatagramPacket 클래스

DatagramPacket 클래스는 데이터그램을 사용할 수 있도록 기능을 제공해 준다. 데이터그램 패킷은 비연결 패킷 전송 서비스(connectionless packet delivery service)를 구현하기 위해 사용된다. 메시지는 패킷 내에 포함되어 있는 정보에 기반을 두어 하나의 호스트에서 다른 호스트로 라우팅(routed) 된다. 한 호스트에서 다른 호스트로 전송된 여러 개의 패킷(multiple packet)은 서로 다르게 라우팅 될 것이며, 임의의 순서로 도착하게 됩니다. DatagramPacket 클래스는 다음과 같은 생성자를 제공한다.

```
DatagramPacket(byte[] buffer, int size)
DatagramPacket(byte[] buffer, int size, InetAddress ia, int port)
```

첫 번째 생성자는 데이터를 수신하는 응용 프로그램에서 사용하는 생성이다. buffer는 수신되는 데이터를 저장할 바이트 배열이며, size는 배열의 크기이다.

두 번째 생성자는 데이터를 송신하는 응용프로그램에서 사용하는 생성자이다. buffer는 송신될 데이터가 저장되어 있는 배열이며, size는 배열의 크기이다. ia는 정보가 보내질 컴퓨터의 주소이며 InetAddress 객체를 사용하여 지정한다. port는 컴퓨터의 포트 번호이다.

Datagrampacket 클래스에서 제공하는 메소드를 [표 10-1]에 나타내었다.

[표 10-1] DatagramPacket 클래스의 주요 메소드

① public InetAddress getAddress()
이 데이터그램의 송신지인 머신, 또는 데이터그램의 송신원인 머신의 IP Address를 돌려준다.

② public byte[] getData()
수신한 데이터 또는 송신하는 데이터를 돌려준다.

③ public int getLength()
송신하는 데이터의 길이, 또는 수신한 데이터의 길이를 돌려준다.

④ public int getOffset()
송신하는 데이터의 오프셋, 또는 수신한 데이터의 오프셋을 돌려준다.

⑤ public int getPort()
이 데이터그램의 송신지, 또는 데이터그램의 송신 원래의, 리모트 호스트상의 Port번호를 돌려준다.

⑥ public void setAddress(InetAddress iaddr)
이 데이터그램의 송신지인 머신의 IP Address를 설정한다.

⑦ public void setData(byte[] buf)
이 패킷의 데이터 버퍼를 설정한다.

⑧ public void setData(byte[] buf, int offset, int length)
이 패킷의 데이터 버퍼를 설정한다.

⑨ public void setLength(int length)
이 패킷의 길이를 설정한다.

⑩ public void setPort(int iport)
이 데이터그램의 송신지인 리모트 호스트의 Port번호를 설정한다.

1.2 DatagramSocket 클래스

DatagramSocket 클래스는 데이터그램 패킷을 보내거나 받기 위한 데이터그램 소켓 기능을 제공해 주는 클래스이다. 데이터그램 소켓은 패킷 전송 서비스를 위한 송신과 수신을 위한 포인트이다. 데이터그램 소켓에 보내지거나 또는 데이터그램 소켓에서 받아들인 각 패킷은 각각 보내지거나 라우트 된다. UDP 브로드케스트 송신(UDP broadcasts sends)과 UDP 브로드케스트 수신(UDP broadcasts receives)은 항상 데이터그램 소켓을 활성화시킨다. DatagramSocket 클래스는 다음과 같은 생성자를 제공한다.

```
DatagramSocket() throws SocketException
DatagramSocket(int port) throws SocketException
```

port는 소켓이 사용할 포트 번호이다. 지정되지 않으면 현재 사용 가능한 포트 중에서 하나를 사용한다.

DatagramSocket 클래스의 주요 메소드는 다음 [표 10-2]와 같다.

[표 10-2] DatagramSocket 클래스의 주요 메소드

①	public void receive(DatagramPacket p) 이 소켓으로부터의 데이터그램 패킷을 수신한다.
②	public void send(DatagramPacket p) 이 소켓으로부터 데이터그램 패킷을 송신한다.
③	public void close() : 데이터그램 소켓을 닫는다.

1.3 UDP 프로그램

UDP 프로그램도 TCP와 마찬가지로 서버 측 소스와 클라이언트 소스가 필요하다. 전체 흐름을 보자.

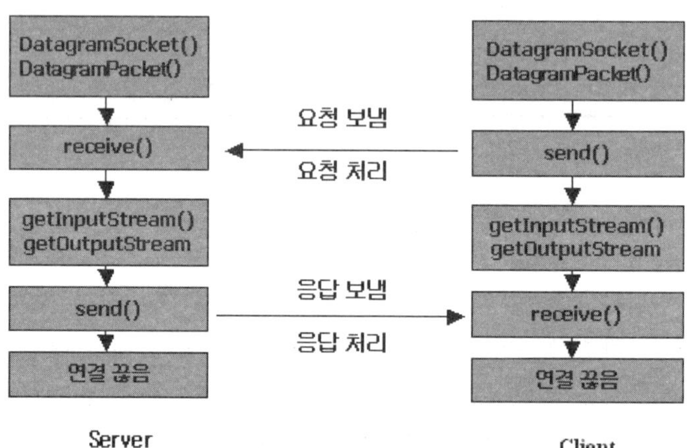

[그림 10-1] UDP/IP 를 이용한 클라이언트와 서버와의 통신 과정

UDP 프로그래밍의 순서는 다음 [표 10-3]과 같이 정리할 수 있다.

[표 10-3] UDP 프로그래밍의 서버/클라이언트 프로그래밍 과정

<--- 서버 측 --->

1. 데이터그램 소켓 생성 및 연결
 DatagramSocket ds = new DatagramSocket(포트 번호);
2. 입력 데이터그램 패킷 생성 및 요청 받기
 DatagramPacket dp = new DatagramPacket(buffer[], buffer.length);
 ds.receive(dp);
3. 요청에 대한 응답 내용 처리
4. 출력 데이터그램 패킷 생성 및 전송
 DatagramPacket packetOut = new DatagramPacket(버퍼, 버퍼길이, IP주소, 포트번호);
 ds.send(packetOut);

<--- 클라이언트 측 --->

1. 데이터그램 소켓 생성 및 연결
 DatagramSocket ds = new DatagramSocket(포트 번호);
4. 출력 데이터그램 패킷 생성 및 전송
 DatagramPacket packetOut = new DatagramPacket(버퍼, 버퍼길이, IP주소, 포트번호);
 ds.send(packetOut);
2. 입력 데이터그램 패킷 생성 및 수신
 DatagramPacket dp = new DatagramPacket(buffer[], buffer.length);
 ds.receive(dp);
3. 응답 내용 처리

[예제 10-1] UDPServer.java

```
import java.net.*;
import java.io.*;

public class UDPServer {
  public final static int discardPort = 3000;
  static byte[] buffer = new byte[65507];

  public static void main(String[] args) {
    int port;
    try {
      port = Integer.parseInt(args[0]);
    } catch (Exception e) {
      port = discardPort;
    }

```

```
        try {
            DatagramSocket ds = new DatagramSocket(port);
            DatagramPacket dp = new DatagramPacket(buffer, buffer.length);
            while (true) {
                try {
                    ds.receive(dp);
                    String s = new String(dp.getData(), 0, 0, dp.getLength());
                    System.out.println(dp.getAddress() + " at
port " + dp.getPort() + " says " + s);
                } catch (IOException e) {
                    System.err.println(e);
                }
            }
        } catch (SocketException se) {
            System.err.println(se);
        }
    }
}
```

[예제 10-2] UDPClient.java

```
import java.net.*;
import java.io.*;

public class UDPClient {

    public final static int port = 3000;
    public static void main(String[] args) {
        String hostname;
        if (args.length > 0) {
            hostname = args[0];
        } else {
            hostname = "localhost";
        }

        try {
            String strInput;
            DatagramPacket outPacket;
```

```
            // InetAddress 클래스 객체를 얻는다.
            InetAddress server = InetAddress.getByName(hostname);

            // System.in으로부터 BufferedReader 클래스 객체를 생성한다.
            BufferedReader userInput= new BufferedReader(new
InputStreamReader(System.in));

            // DatagramSocket을 생성한다.
            DatagramSocket dSock = new DatagramSocket();

            while (true) {
               // 사용자에게 입력을 받는다.
               strInput = userInput.readLine();

               // 입력된 문자가 quit 이면 종료한다.
               if (strInput.equals("quit")) break;

               // 바이트 배열로 받아들인 문자를 바꾼다.
               byte[] data = strInput.getBytes();

               // Datagram Packetㅇ을 생성한다.
               outPacket = new DatagramPacket(data, data.length,
server, port);
               // 화면에 보낼 Datagram Packet의 정보를 보여준다.
               UDPClient.viewInfo(outPacket);

               // 대상 호스트로 Datagram Packet을 보낸다.
               dSock.send(outPacket);
            }
         } catch (UnknownHostException e) {
            System.err.println(e);
         } catch (SocketException se) {
            System.err.println(se);
         } catch (IOException e) {
            System.err.println(e);
         }
   }
```

```
    public static void viewInfo(DatagramPacket packet){
        // Datagram Packet의 여러 정보를 화면에 출력함
        System.out.println("패킷의     대상     주소는     "     +
packet.getAddress().toString());
        System.out.println("패킷의 대상 포트는 " + packet.getPort());
        System.out.println("패킷의 데이터 크기는 " + packet.getLength());
    }
}
```

```
C:\WINDOWS\system32\cmd.exe - java UDPServer

D:\exam>javac UDPServer.java
Note: UDPServer.java uses or overrides a deprecated API.
Note: Recompile with -Xlint:deprecation for details.

D:\exam>java UDPServer
/127.0.0.1 at port 2026 says www.honam.ac.kr
/127.0.0.1 at port 2026 says himec.honam.ac.kr
/127.0.0.1 at port 2026 says 0123456789
```

```
C:\WINDOWS\system32\cmd.exe - java UDPClient

D:\exam>javac UDPClient.java

D:\exam>java UDPClient
www.honam.ac.kr
패킷의 대상 주소는 localhost/127.0.0.1
패킷의 대상 포트는 3000
패킷의 데이터 크기는 15
himec.honam.ac.kr
패킷의 대상 주소는 localhost/127.0.0.1
패킷의 대상 포트는 3000
패킷의 데이터 크기는 17
0123456789
패킷의 대상 주소는 localhost/127.0.0.1
패킷의 대상 포트는 3000
패킷의 데이터 크기는 10
```

2. UDP 응용 프로그램

DatagramSocket 클래스를 사용한 UPD 응용 프로그램을 작성해보자. 앞부분에서 UDP는 TCP보다 네트워크의 부담을 덜 줄 수 있는 장점은 있지만 신뢰성과 안정성이 TCP보다 뒤떨어지는 것을 감안하여 꼭 필요한 부분에만 사용해야만 한다.

이 절에서는 UDP가 작은 데이터를 빠르게 전송하는데 적합하다는 특성을 살려 InetAddress 클래스를 사용하여 특정 호스트의 주소 정보를 조회하는 서버와 클라이언트를 제작해 본다.

2.1 InetAddress 클래스로 주소정보 다루기

[예제 10-3] InetAddressExample.java

```
import java.net.*;

class InetAddressExample {
  private InetAddress address = null;

  public InetAddressExample() {
  }

  public void getLocalHost() {
    System.out.println("Local Host : ");
    try {
      address =  InetAddress.getLocalHost();
      System.out.println("\t"+address.getHostName());
      System.out.println("\t"+address.getHostAddress());
    } catch(UnknownHostException uhe) {
      System.out.println("알수 없는 호스트 이름 입니다.");
    }
  }

  public void getAddressInfo(String host) {
    System.out.println("\n"+host + "  : ");
    try {
      address =  InetAddress.getByName(host);
      System.out.println("\t"+address.getHostName());
      System.out.println("\t"+address.getHostAddress());
    } catch(UnknownHostException uhe) {
      System.out.println("알수 없는 호스트 이름 입니다.");
    }
  }

```

```
31    public static void main(String args[ ] ) {
32      InetAddressExample address = new InetAddressExample();
33      address.getLocalHost();
34      for(int i=0; i < args.length ; i++) {
35        address.getAddressInfo(args[ i] );
36      }
37    }
38  }
```

〈예제 10-3〉 설명

이 예제는 로컬호스트와 입력받은 호스트들의 주소 정보를 화면에 출력하는 간단한 프로그램이다.

12행에서 16행은 InetAddress 클래스의 static 메서드인 getLocalHost() 메서드를 호출하며 InetAddress 클래스의 인스턴스를 구한 뒤 getHostName() 메서드를 호출해 문자로 된 로컬 호스트의 주소 정보를 출력하고 getHostName() 메소드를 호출하여 로컬 호스트의 IP 주소를 화면에 출력한다.

22행에서 28행은 InetAddress 클래스의 static 메서드인 getByName() 메서드를 호출하며 InetAddress 클래스의 인스턴스를 구한 뒤 getHostName() 메서드를 호출해 문자로 된 로컬 호스트의 주소 정보를 출력하고 getHostAddress() 메소드를 호출하여 로컬 호스트의 IP 주소를 화면에 출력한다.

34행에서 36행은 입력받은 호스트의 숫자만큼 반복하며 getAddressInfo() 메서드를 호출한다.

2.2 DatagramPacket 클래스를 이용한 주소조회 클라이언트 구현

UDP 통신을 위해서 DatagramPacket 클래스와 DatagramSocket 클래스를 사용하여 호스트의 이름이나 IP를 서버로 전송하고 처리 결과를 수신한 화면에 출력하는 프로그램을 작성해 본다.

[예제 10-4] HostInfoClient.java

```
import java.io.*;
import java.net.*;

class HostInfoClient {
```

```
  private final int TIMEOUT = 3000;
  private final int MAXTRIES = 5;
  private DatagramSocket socket = null;
  private DatagramPacket sendPacket = null;
  private DatagramPacket recvPacket = null;
  private InetAddress address = null;
  private int port = 0;
  private byte[] buf = null;

  public HostInfoClient(String[] args) {
    try {
      socket = new DatagramSocket();
      socket.setSoTimeout(TIMEOUT);
    } catch(SocketException se) {
      se.printStackTrace();
    }

    try {
      address = InetAddress.getByName(args[0]);
    } catch(UnknownHostException uhe) {
      System.out.println("서버의 주소를 확인해 주세요!");
      System.exit(0);
    }
    port = Integer.parseInt(args[1]);
    buf = args[2].getBytes();
  }

  public void process() {
    sendPacket = new DatagramPacket(buf, buf.length, address, port);

      try {
        socket.send(sendPacket);
      } catch(IOException ioe) {
        System.out.println("패킷 전송 오류");
        return;
      }

      recvPacket = new DatagramPacket(new byte[255], 255);
```

```
43          try {
44            socket.receive(recvPacket);
45            String[] str = new String(recvPacket.getData()).split("\t");
46            System.out.println(str[0] + " : ");
47            System.out.println("    "+str[1]);
48            System.out.println("    "+str[2]);
49          } catch(IOException ioe) {
50            System.out.println("패킷 수신 오류");
51          }
52      }
53
54      public static void main(String args[]) {
55
56        if(args.length <= 2) {
57          System.out.println("파라미터 : [서버주소] [포트번호] [호스트]");
58          System.exit(0);
59        }
60        HostInfoClient client = new HostInfoClient(args);
61        client.process();
62      }
63    }
```

〈예제 10-4〉 설명

이 예제는 프로그램은 주소 정보 조회 서버에 UDP 데이터그램을 보내고 수신하는 프로그램이다.15행에서 19행은 DatagramSocket 클래스 객체를 초기화할 때 로컬 주소와 포트를 명시적으로 지정하지 않았기 때문에 임의의 로컬 주소와 포트가 지정된다. setSoTimeout() 메서드로 소켓이 데이터를 수신하기 위해 대기하는 시간을 지정했다.

33행은 송신할 데이터인 buf, 데이터의 길이, 서버의 주소정보를 담고 있는 address, 포드 번호를 인수로 송신하기 위한 DatagramPacket 클래스 객체를 생성한다.

35행에서 40행은 DatagramSocket 클래스의 send() 메서드를 호출해 DatagramPacket 클래스 객체에 지정된 주소로 UDP 데이터그램을 송신한다.

42행에서 51행은 데이터 수신을 위해 DatagramPacket 클래스 객체인 recvPacket을 만들고 DatagramSocket 클래스의 receive() 메서드를 호출해 recvPacket에 수신한 UDP 데이터그램의 내용을 채운다.

2.3 주소정보를 조회하여 회신하는 서버 구현

수신한 UDP 데이터그램으로부터 호스트 정보를 읽어 호스트 주소 정보를 구해 클라이언트로 회신하는 서버를 구현한다.

[예제 10-5] HostInfoServer.java

```
import java.io.*;
import java.net.*;

class HostInfoServer {
  private final int MAX_LENGTH = 255;
  private InetAddress address = null;
  private int port = 0;
  private String host = null;
  private DatagramSocket socket = null;

  public HostInfoServer(String[] args) {
    port = Integer.parseInt(args[0]);
    try {
      socket = new DatagramSocket(port);
    } catch(SocketException se) {
    }
  }

  public void process() {
    while(true) {
      DatagramPacket recvPacket = new DatagramPacket(new
byte[MAX_LENGTH], MAX_LENGTH);
      try {
        socket.receive(recvPacket);

        address = recvPacket.getAddress();
```

```
        int cport = recvPacket.getPort();

        System.out.println(address.getHostAddress() + ":"
+ cport + "로 부터 수신한 패킷의 처리 결과");

        String str = new String(recvPacket.getData());
        byte[] buf = getAddressInfo(str.substring(0,str.indexOf(0)));
         DatagramPacket sendPacket = new DatagramPacket(buf,
buf.length, address, cport);
         socket.send(sendPacket);
      } catch(IOException ioe) {
      }
    }
  }

  public byte[] getAddressInfo(String host) {
    InetAddress addr = null;
    String str = null;
    System.out.println(host + " : ");
    try {
      addr = InetAddress.getByName(host);
      System.out.println("    "+addr.getHostName());
      System.out.println("    "+addr.getHostAddress()+"\n");
      str    =    host+"\t"+addr.getHostName()     +"\t"+
addr.getHostAddress()+"\t";
    } catch(UnknownHostException uhe) {
      System.out.println("알 수 없는 호스트 이름 입니다.\n");
      str = host+"\tUnknown Host\tUnknown Host\t";
    }
    return str.getBytes();
  }

  public static void main(String args[]) {
    if(args.length != 1) {
      System.out.println("파라미터 : [ 포트번호] ");
      System.exit(1);
    }
```

```
64
65        HostInfoServer server = new HostInfoServer(args);
66        server.process();
67    }
68  }
```

〈예제 10-5〉 설명

이 예제는 프로그램은 클라이언트가 송신한 UDP 데이터그램으로부터 호스트 이름을 읽어 주소 정보를 클라이언트로 송신하는 프로그램이다.

13행에서 16행은 클라이언트와 달리 서버는 포트번호를 명시적으로 지정해야하기 때문에 포트번호를 인자로 가지는 DatagramSocket의 생성자르 호출한다.

23행에서 38행은 DatagramSocket 클래스의 receive() 메서드를 사용해 데이터를 수신한다. 수신한 데이터그램 객체인 recvPacket의 getAddress() 메서드와 getPort() 메서드를 사용하여 클라이언트의 주소정보를 저장한다.

46행에서 55행은 getData() 메서드를 사용해 호스트의 이름을 얻어와 getAddressInfo() 메서드에 인수로 준다. getAddressInfo() 메서드는 실행결과를 byte 배열로 반환한다. byteqoduf, 배열의 길이, 클라이언트의 주소, 클라이언트의 포트 정보로 DatagramPacket 클래스 객체를 만들고 send() 메서드를 사용해 클라이언트로 전송한다.

CHAPTER 11 멀티케스트 소켓

1. 개요
2. MulticastSocket 클래스
3. 멀티캐스트 패킷 송수신 방법

1. 개요

멀티캐스트(multicast)란 하나의 패킷을 다수의 호스트로 동시에 전송하는 기능을 말한다. 멀티캐스트에 참여하는 호스트들을 멀티캐스트 그룹이라고 하는데 이들은 클래스 D의 IP 주소를 사용한다. 특정 멀티캐스트 그룹으로 패킷을 전송하려면 그 그룹 주소로 UDP 패킷을 전송하면 된다. 중간의 라우터들은 MRP(Multicast Routing Protocol)을 실행하고 있어야 한다. 어떤 호스트가 멀티캐스트 그룹에 가입하면 호스트는 인접한 멀티캐스트 라우터에게 IGMP 메시지를 보내어 멀티캐스트 그룹에 가입된 사실을 알린다.

멀티캐스트 패킷의 송수신은 UDP 소켓을 통하여 즉, 비연결형으로 이루어지므로 패킷의 분실, 순서 바뀜 등을 확인해주지 않는다. 한편 멀티캐스트 그룹에 속하지 않은 호스트에서도 멀티캐스트 패킷을 전송할 수 있다.

멀티캐스트 패킷 전송 시에는 TTL 값의 지정이 중요한 역할을 하는데 TTL이 불필요하게 크면 네트워크에 트래픽이 급격히 증가할 수 있고 너무 작으면 목적지로 패킷이 전달되지 않을 수도 있기 때문이다.

예를 들어 이더넷에서는 멀티캐스트 패킷을 구분하기 위하여 상위 24비트를 (hexa)01005e로 세트하며 멀티캐스트 IP 주소 중 하위 23비트가 이더넷 주소의 하위 23비트로 매핑한다. 예를 들어 어떤 호스트가 239.3.3.3이라는 멀티캐스트 그룹에 가입(join)하였다면 이것의 의미는 이더넷 주소가 01005e030303인 이더넷 프레임을 이 호스트가 항상 수신하게 된다.

멀티캐스트는 브로드캐스트(boradcast)와 유니캐스트(unicast)와 그 의미를 비교해 봐야 한다. 다음 [그림 11-1]을 보면 이들의 의미를 한 눈에 알 수 있다.

먼저 유니캐스트는 송신기와 수신기가 하나씩 존재하여 단일송신자와 단일수신자 사이의 전송으로 점대점 통신(point to point communication)이다. 브로드캐스트 전송방식은 하나의 송신자가 같은 서브네트워크 상의 모든 수신자들에게 전송하는 방식이다. 멀티캐스트 전송방식은 하나 이상의 송신자들이 특정한 하나 이상의 수신자들에게 전송하는 것으로 인터넷 화상회의를 생각하면 쉽게 이해 될 것이다. 이 방식은 네트워크 Resource 낭비를 최소화할 수 있다.

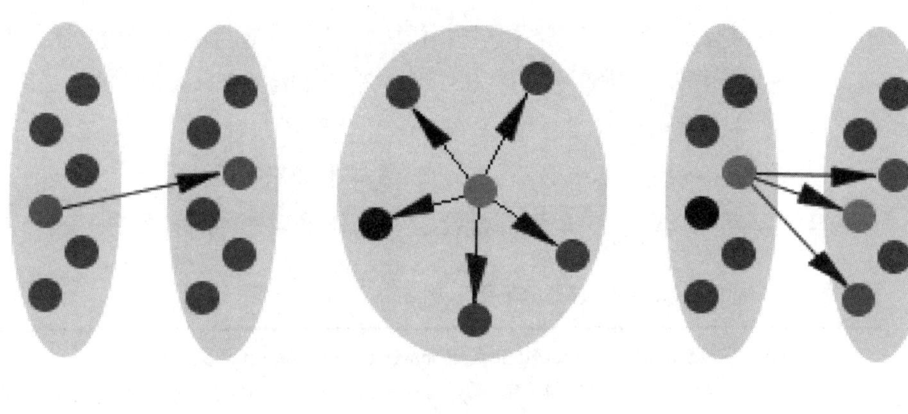

[그림 11-1] 여러 캐스트 방식들

2. MulticastSocket 클래스

MulticastSocket 클래스는 멀티캐스트 데이터그램 소켓을 위한 클래스로서 IP 멀티캐스트 패킷을 송신 또는 수신하기 위한 기능을 제공해 준다. 즉, MulticastSocket 객체는 인터넷에서 멀티캐스트 그룹에 속한 모든 클라이언트들에게 송신하기 위한 기능이 포함된 DatagramSocket 객체라 할 수 있다. 여기서, 멀티캐스트 그룹이란 IP 주소 클래스 중 D 클래스, 224.0.0.0에서 239.255.255.255까지의 IP 주소 범위, 그리고, 표준 UDP 포트 번호를 이용하여 나타낼 수 있다. 이 때, 요구된 포트를 갖는 MulticastSocket 객체를 생성한 후 joinGroup(InetAddress groupAddr) 메소드를 호출함으로써 멀티캐스트 그룹에 연결할 수 있다. 그런데, IP 멀티캐스트 주소 중 224.0.0.0은 예약되어 있고, 224.0.01은 IP 멀티캐스트에 참여하는 모든 호스트와 라우터를 포함하는 모든 호스트 그룹에 영구히 할당되어 있으므로 사용할 수 없다.

멀티캐스트소켓 클래스로부터 객체를 생성하는 방법은 다음과 같다. 멀티캐스트 소켓을 생성하기 위해서는 다음과 같이 연결할 포트를 지정해야 하는데, 이 번호는 브로드캐스트 서버가 개설한 채널 포트번호와 일치해야 한다.

```
public MulticastSocket(int port) throws IOException
```

이 소켓을 생성할 때 애플리케이션에서 보안 관리자를 설치해두었으면, 데이터그램 소켓을 생성하기 전에 인자를 0으로 지정한 checkListen(0) 메소드를 호출하여 보안 검사를 한 뒤 문제가 없을 때 이 작업을 진행한다. 그러나 보안상의 문제가 발생한 경우에는 SecurityException 예외가 발생한다.

다음으로 멀티캐스트 소켓으로 생성한 객체에 적용되는 메소드들은 다음과 같다.

[표 11-1] MulticastSocket 클래스의 주요 메소드

①	public void joinGroup(InetAddress channel) throws IOException 지정한 IP 주소의 멀티캐스트 채널 그룹 channel에 대해 현재 MulticastSocket 객체를 멤버로 가입하며, 이 채널을 통해 멀티캐스트 데이터그램 패킷을 받을 수 있다.
②	public void leaveGroup(InetAddress channel) throws IOException 지정한 IP 주소의 멀티캐스트 채널 그룹 channel에서 현재 MulticastSocket 개체를 제외시킨다. 여기서, 현재 MulticastSocket 객체를 채널 그룹에 가입시키거나 떠날 때 애플리케이션에서 보안 관리자를 설치해두었으면, 이 보안 관리자는 먼저 채널 IP 어드레스 channel을 인자로 한 checkMulticast(channel) 메소드를 호출하여 보안 검사를 한 뒤 문제가 없으면 후속 작업을 진행한다.
③	public void setInterface(InetAddress newCh) throws SocketException MulticastSocket 의 멀티캐스트 채널 그룹을 새로운 그룹 newCh로 바꿉니다.

3. 멀티캐스트 패킷 송수신 방법

3.1 멀티캐스트 패킷 수신

멀티캐스트 패킷을 수신하려면 MulticastSocket을 만들고 MulticastSocket이 제공하는 joinGroup() 메소드를 이용하여 멀티캐스트 그룹에 가입하여야 한다.

아래에서 port는 멀티캐스트 통신에서 사용하기로 한 포트 번호이고 mAddr은 멀티캐스트 그룹 주소(예: 239.3.3.3)이다.

```
MulticastSocket ms = new MulticastSocket(port);
ms.joinGroup(mAddr);
```

DatagramPacket을 만든 후 MulticastSocket 클래스가 제공하는 receive() 메소드로 멀티캐스트 패킷을 수신할 수 있다. 아래에서 receive()가 성공적으로 실

행되면 멀티캐스트 패킷이 수신되며 getData() 메소드로 데이터를 얻을 수 있다. getData()는 바이트 어레이를 리턴하므로 이것을 스트링으로 바꾸어 화면에 출력하였다.

```
byte[] buffer = new byte[512];
DatagramPacket dp = new DatagramPacket(buffer, buffer.length);
ms.receive(dp);
String s = new String(dp.getData(), 0, dp.getLength());
System.out.println(s);
```

MulticastSocket은 DatagramSocket을 상속한 것이므로 DatagramSocket이 제공하는 메소드를 모두 지원하며 추가로 아래와 같은 메소드들이 제공된다.

```
void joinGroup(InetAddress mcastaddr) // 멀티캐스트 그룹에 가입한다
void leaveGroup(InetAddress mcastaddr) // 멀티캐스트 그룹을 탈퇴한다
void send(DatagramPacket p, byte ttl) // TTL 값을 지정하면서 패킷을 전송
void setTimeToLive(int ttl) // 이 소켓의 디폴트 TTL 값을 바꾼다(1-255
사이의 값)
int getTimeToLive() // 디폴트 TTL 값을 읽는다
void setInterface(InetAddress inf) // 멀티캐스트용으로 소켓을 지정한다
InetAddress getInterface() // 멀티캐스트용 소켓의 IP 주소를 리턴
```

3.2 멀티캐스트 패킷 송신

멀티캐스트 패킷의 전송은 일반 UDP 패킷을 전송할 때와 같이 DatagramSocket을 개설하고 DatagramPacket 타입의 송신용 패킷을 만든 후 send()를 호출하면 된다.

```
DatagramSocket ds = new DatagramSocket();
String data = A message to send.;
buffer = data.getBytes();
DatagramPacket dp = new DatagramPacket(buffer, buffer.length,
mAddr, port);
ds.send(dp);
```

멀티캐스트 패킷을 전송하기 위해서 MulticastSocket을 사용하거나 멀티캐스트 그룹에 가입(joinGroup)되어 있을 필요는 없다.

3.3 멀티캐스트 프로그램의 예

다음은 멀티캐스트의 개념을 이해하는데 도움이 되도록 간단한 멀티캐스트 프로그램을 소개하고자 한다. 이 프로그램에서 서버는 쓰레드를 이용하여 지속적으로 문자열 변수인 msg의 문자열을 접속한 클라이언트들에게 송신한다. 따라서 이 문자열을 변경하는 메서드를 추가하면 뉴스를 제공하는 프로그램을 간단히 작성할 수 있을 것이다.

먼저, 서버 측 프로그램은 다음과 같다. 여기서, 소켓은 데이터그램 소켓을 이용하며, 방송을 중계하는 중계소의 IP 주소로 230.0.0.1을 설정했으며, 이에 대응하는 InetAddress 개체를 만들어 사용하였다.

[예제 11-1] ExampleCastServer.java

```
import java.io.*;
import java.net.*;
import java.util.*;
public class ExampleCastServer extends Thread {
  DatagramSocket socket = null;
  DatagramPacket packet = null;
  InetAddress channel =null;
  int port = 5555;
  String address = "230.0.0.1";
  boolean onAir = true;

  // 생성자
  public ExampleCastServer() throws IOException {
    super("호남대학교");
    socket = new DatagramSocket(port);
  }

  // 뉴스를 읽는다.
  protected String getNews() {
    String msg = "여기는 인터넷소프트웨어 학과입니다";
    return msg;
```

```
  }

  // 쓰레드의 메소드 구현
  public void run() {
    byte[] b = new byte[100];
    while (onAir) { //onAir가 false가 될 때까지 지속적으로 반복
      try {
        b = getNews().getBytes(); // 바이트 배열로 만듦
        channel = InetAddress.getByName(address);
        packet = new DatagramPacket(b, b.length, channel, port);
        socket.send(packet);  // 패킷 전송
        try {
          sleep(2000); // 일정시간(밀리초) 기다렸다가 다시 보냄.
        } catch (InterruptedException e) { }
      } catch (IOException e) {
          e.printStackTrace();
      }
    }
    socket.close();
  }

  public static void main(String[] args) throws java.io.IOException {
    new ExampleCastServer().start();
  }
}
```

다음으로 클라이언트 측 프로그램을 살펴보면 다음과 같다. 여기서 데이터그램 패킷을 설정하는 방법은 위에서 소개한 서버의 경우와 동일하며, 수신된 데이터를 받아들이기 위해서는 getData() 메소드를 이용한다.

[예제 11-2] ExampleCastClient.java

```
import java.io.*;
import java.net.*;
import java.util.*;
public class ExampleCastClient {
  MulticastSocket receiver = null;
```

```
    DatagramPacket packet = null;
    InetAddress channel =null;
    int port = 5555;
    String address = "230.0.0.1";
    byte[] b = new byte[100];

    public ExampleCastClient () {
      try {
        receiver = new MulticastSocket(port);
        channel = InetAddress.getByName(address);
        packet = new DatagramPacket(b, b.length);
        receiver.joinGroup(channel);
        for (int i=0; i<3; i++) {
          receiver.receive(packet);
          String notice = new String(packet.getData());
          System.out.println(notice);
        }
        receiver.leaveGroup(channel);
        receiver.close();
      } catch (IOException e) {
        e.printStackTrace();
      }
    }

    public static void main(String[] args) throws IOException {
      new ExampleCastClient();
    }
}
```

CHAPTER 12

RMI

1. 개요
2. RMI Architecture
3. Remote Method Invocation(RMI)의 특징
4. 구현 process 단계

1. 개요

RMI와 CORBA는 네트워크를 가로지르는 객체들 간의 통신을 다루는 것들이다. URL과 소켓을 사용한 네트워크 통신 프로그래밍을 이전에 다룬 경험이 있으면 네트워크 환경에서의 프로그래밍이 낯설게 느껴지지는 않을 것이다. 자바가 등장하기 이전에도 분산 네트워크 환경에서 보다 쉽게 프로그래밍을 하기 위한 방법들이 존재했었다. 예를 들어, 유닉스 시스템에서 주로 사용되는 RPC(원격 프러시저 호출)와 같은 방법은 원격지의 기능을 사용하기 위해 마치 함수처럼 정의하여 사용할 수 있게 해주는 통신 규약이다. RPC를 사용하면 프로그래머는 소켓 통신을 고려할 필요 없이 마치 같은 프로그램 내의 함수를 호출하듯이 원격 호스트의 함수를 사용할 수 있게 된다. 하지만 함수 수준의 이러한 기능은 자바와 같은 객체 세계에서 사용하기에는 적합하지 않다.

자바는 함수 수준의 통신이 아니라 지역 객체와 원격 객체 간의 메서드 호출을 통한 원격 객체 통신 방식을 제공한다. 이러한 원격 객체들 간의 통신을 제공하는 방법에는 자바의 원격 메서드 호출(RMI) 외에도, 객체 관리 그룹(OMG)에서 만든 개방형 표준인 공용 객체 브로커 아키텍처(CORBA), 마이크로소프트사에서 만든 분산 컴포넌트 객체 모델(DCOM) 등이 있다.

Java는 GUI 어플리케이션뿐만 아니라 LAN과 WAN, Internet상에서의 client/server 시스템을 구축할 수 있는 순수한 Object-Oriented 언어이다. 분산 컴퓨팅 시스템을 구축하는 관점에서 보면 Java와 CORBA, CORBA와 EJB(Enterprise Java Beans)는 경쟁적인 관계에 있는 기술이 아니다. 오히려 상호 보완적인 관계에 있다. 분산컴퓨팅을 이해하고 Business-Critical 한 실제 프로젝트에 적용하기 위해서는 어느 것 하나 만의 기술에 대한 이해로는 불충분하다. 이 세 가지 기술을 상호연동적인 관계에서 바라봐야 할 것이다.

인터넷 및 인트라넷의 보급이 확산되면서 네트워크는 컴퓨팅 환경의 기반을 이루게 되었으며 이기종 컴퓨터간 분산 컴퓨팅의 중요성이 부각되고 있다. 그러나 이기종 컴퓨터간의 분산 컴퓨팅은 각 컴퓨팅 환경을 구성하는 플랫폼의 다양성 때문에 매우 복잡하고 어려운 작업으로 여겨지고 있다. 관련 업체 및 표준화 단체에서 분산 컴퓨팅을 위한 표준을 제안하고 있지만 분산 응용 프로그램의 요구가 점차 다양화됨에 따라 보다 일관적이고 플랫폼에 독립적인 개발 환경을 필요로 하게 되었다. 썬마이크로시스템즈(이하 썬)에 의해 개발된 Java가 등장하면서 분산 응

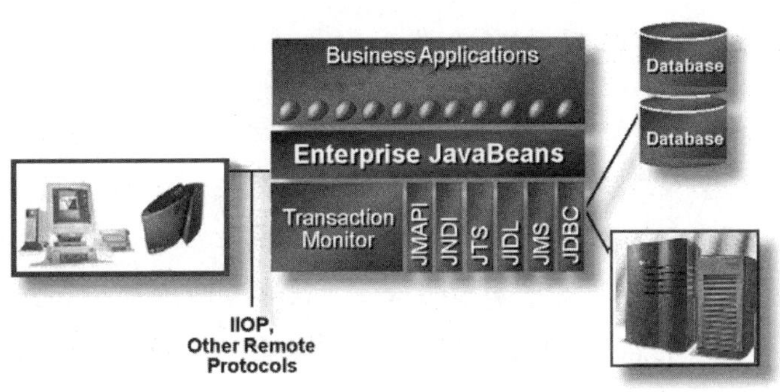

[그림 12-1] Java 엔터프라이즈 플랫폼

용프로그램 개발자들은 이러한 개발 환경을 제공 받을 수 있는 기회를 갖게 되었다. Java가 제시하는 엔터프라이즈 플랫폼은 분산 컴퓨팅을 위한 다양한 API(Application Program Interface)를 제공하며 응용 프로그램의 생산성 향상 및 플랫폼 독립성을 제공한다.

RMI(Remote Method Invocation)는 JDK(Java Development Kit) 1.1 부터 기본적으로 포함되어 있는 자바의 분산객체 표준 인터페이스이다. 다른 이기종 언어(C, C++, COBOL 등등)와 호환되지 않고 자바에 국한되어 있다는 것이 단점이기도 하지만, 반면 자바의 특수한 기능인 객체 직렬화(Object Serialization)와 강력한 보안(Security)기능을 활용할 수 있다는 장점이 있으며, 자바언어에 익숙한 사람에게는 특별한 새로운 개념의 이해 없이 분산객체 시스템을 쉽게 구축할 수 막강한 도구를 가진 셈이 된다.

RMI는 (현재까지는) 자체 고유의 아키텍처와 TCP기반의 Transport Layer를 가지고 있지만, 그러나 최근 들어 OMG가 RMI의 Transport Layer를 IIOP로 채택하는 것을 자바에서의 분산컴퓨팅 표준으로 인증함으로써 RMI는 CORBA 시스템과 연동이 가능하게 되었다. 따라서 RMI가 자바에 국한되었던 고립성이 이젠 별로 의미가 없어질지도 모르겠다.

많은 사람들은 자바 RMI가 자바의 가치를 잃지 않고 IIOP의 가장 위에서 실행될 수 있고 또 그렇게 되어야만 한다고 전망한다. 어쨌거나 여기에서는 RMI 아키텍처의 모습을 맞추고, RMI 적용의 장단점, 그리고, 실제 Java Sample Code를 통해 설명하고자 한다.

1.1 Java 분산 컴퓨팅 API

분산 컴퓨팅 환경하에서 Java는 응용프로그램 개발자에게 서버 독립성 뿐 아니라 트랜잭션 시스템 및 데이터베이스 등 하부구조와의 독립성을 제공한다. Java 엔터프라이즈 API를 통하여 개발자는 기존의 다양한 분산 컴퓨팅 플랫폼과 프로토콜을 위한 일관된 개발 환경을 제공 받는다. CORBA(Common Object Request Broker Architecture)와 Java의 연동을 위한 JavaIDL(Java Interface Definition Language), 원격 Java 메서드 호출을 위한 RMI(Remote Method Invocation), Java와 관계형 데이터베이스와의 연결을 위한 JDBC(Java DataBase Connectivity) 등의 API를 이용하여 개발자는 Java라는 단일 플랫폼하에서 분산 응용프로그램을 작성할 수 있다. [그림 12-2]는 Java 분산 컴퓨팅 API 간의 관계를 보여주며, [표 12-1]은 각 API간의 비교를 나타낸다.

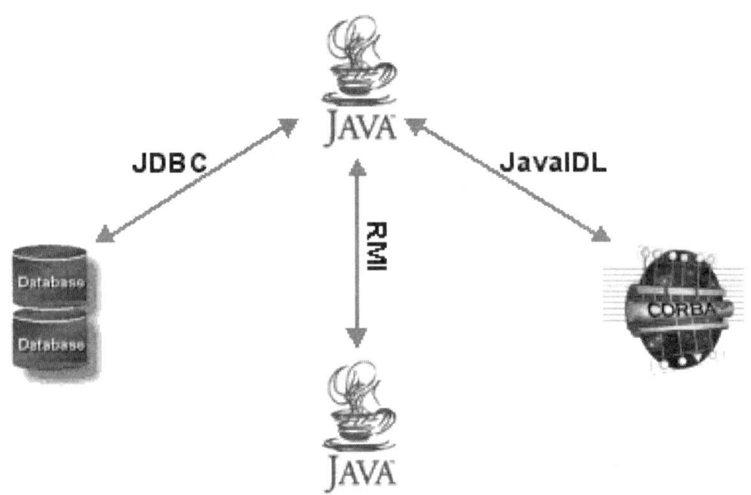

[그림 12-2] 분산 컴퓨팅을 위한 Java API

[표 12-1] 분산 검퓨팅을 위한 Java API의 비교

구분	JavaIDL	RMI	JDBC
기능	Java를 CORBA에 연결 이기종 분산 컴퓨팅 환경에 적합	Java 간의 연결 서로 다른 JVM 상에서 실행중인 Java와 Java간의 원격 메서드 호출	Java를 관계형 DB에 연결 관계형 DB에 대하여 일관된 인터페이스 제공
복잡성	IDL 파일 생성 후 클라이언트 및 서버의 런타임 생성이 필요	클라이언트 및 서버의 런타임을 생성하기 위한 인터페이스 클래스 생성 필요	C Library 사용 시와 유사한 API 사용
유연성	RMI의 유연성 서버 변경 시 작업 불필요	메서드가 삭제되지 않는 한 클라이언트 프로그램 변경 불필요 서버 변경 시 작업 필요	DB 상의 모든 변경 발생 시 클라이언트 프로그램 재작성 및 재 컴파일 필요

1.2. Java 분산 응용프로그램 모델

Java 분산 응용프로그램을 작성하기 위한 모델로는 일반적인 클라이언트/서버 모델로 알려져 있는 2-계층 구조와 서버 측을 비즈니스 논리 계층과 데이터베이스 계층으로 분리한 3-계층 구조가 있다. 현재 대부분의 분산 응용프로그램이 채택하고 있는 2-계층 구조의 경우, 비즈니스 논리 계층은 클라이언트 측에서 실행되는 응용프로그램에 포함되어 있으며 특정 업무 수행을 위해 서버 측 데이터베이스에 대한 접근 및 이후의 처리를 수행하게 된다. 그러나 전체 시스템의 크기가 커지고 클라이언트의 수가 많아지면 각 응용프로그램 간에 동일한 역할을 수행하는 비즈니스 논리 계층을 포함하게 되는 중복 문제가 발생하게 될 것이다. 바꾸어 말해서 비즈니스 논리가 바뀌게 된다면 관련된 모든 응용프로그램의 수정이 불가피하게 된다. 잘 설계된 3-계층 구조 시스템의 경우 이와 같은 중복이 발생하지 않으며 다른 계층에 영향을 주지 않고 비즈니스 논리 계층을 변경할 수 있다. Java 분산 컴퓨팅 API를 이용하여 응용프로그램을 작성할 때는 구성하고자 하는 시스템에 적절한 분산 컴퓨팅 모델과 API를 선택하는 것이 효과적인 결과를 얻을 수 있는 기본이 된다. [그림 12-3]과 [그림 12-4]는 각각 Java 분산 컴퓨팅 API를 이용하여 구성 가능한 2-계층 및 3-계층 시스템을 보여준다.

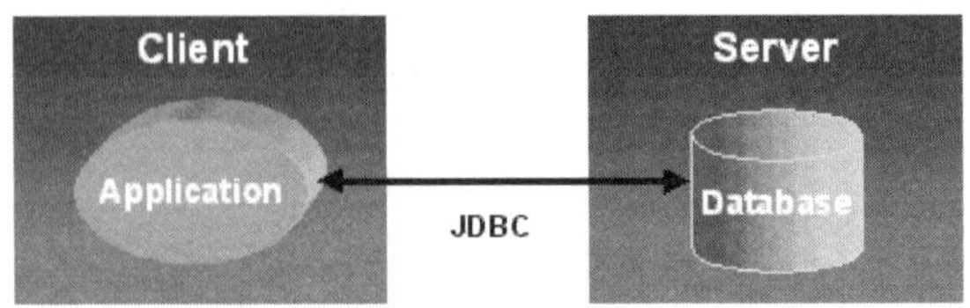

[그림 12-3] 2-계층 시스템

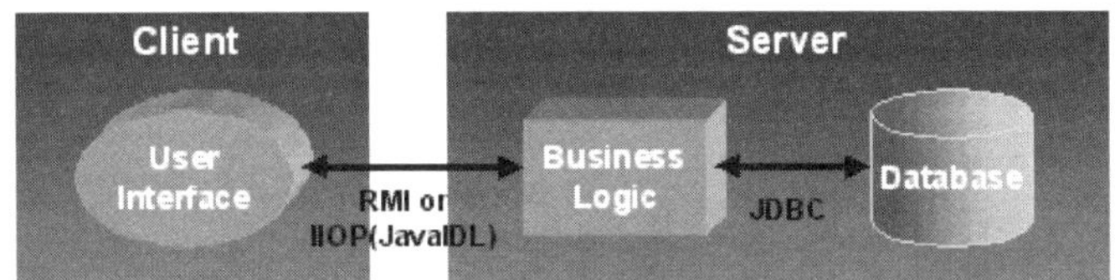

[그림 12-4] 3-계층 시스템

2. RMI Architecture

2.1 RMI architecture

RMI는 기본적으로 Client-Server 모델을 기본으로 하고 있으며 다음과 같이 세부분의 Layer 구조로 이루어져 있다.

첫 번째 Layer는 Stub/Skeleton Layer이다. 여기에서 client와 Server간의 Remote Object Interface 처리를 담당한다.

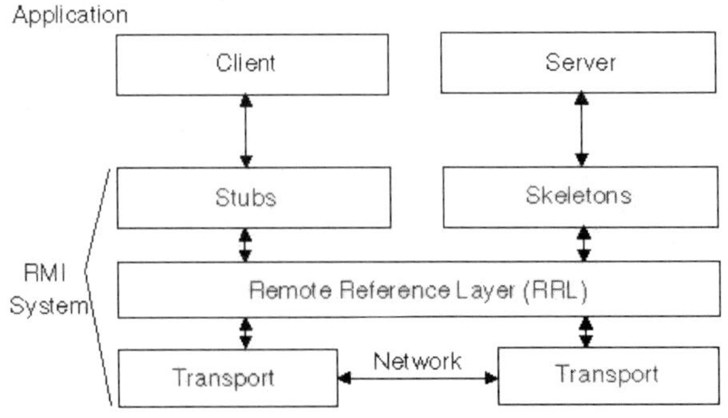

[그림 12-5] RMI 구조

두 번째 Layer는 Remote Reference Layer(RRL)이다. 여기서는 Remote Object의 생명(liveliness)을 관장한다. 또한 client/Server와 Virtual Machine과의 통신을 담당하면서 Remote Object에 대한 threading, garbage collection등을 수행한다.

세 번째 Layer는 Transport Layer이다. 여기에서는 실제적인 Network/통신을 담당하는 부분이다. 현재는 TCP/IP Socket을 근간으로 하고 있다. RPC를 이해하고 있다면, 아시다시피 UDP 프로토콜은 아주 빠르다. 반면 상태를 저장하지 않기 때문에 패킷을 잃어버릴 가능성이 있다. 그러나 TCP는 좀 더 안정적인 프로토콜로서 패킷의 상태를 저장하여 에러처리를 할 수가 있다. 속도가 다소 느리지만 이러한 이유로 RMI는 TCP/IP를 사용한 것으로 추측된다.

2.2 RMI Communication Process

Client 어플리케이션이 Remote Object의 Method를 호출하기 위해서 제일 먼저 해야 할 일은 서버머신에 기동되어 있는 bootstrap-naming service인 레지스트리(Registry)에서 원격 객체에 대한 Reference를 찾아오거나 혹은 파라미터/Return Value로 Reference를 얻어와야 한다.

RMI Client는 Remote Object의 Reference를 통해 Remote Object의 Method를 호출한다. 이 때 Method에 의해 넘어가는 파라미터와 Return Value의 Object Data를 marshaling / unmarshaling을 하기위해 Object Serialization를 사용함으로써 그 Object의 Type을 그대로 유지하여 전달하게 된다. 진정한 Object-Oriented 다형성(Polymorphism)을 제공하는 것이다.

Client가 Remote Object의 Method를 호출할 때 Method의 인자들은 실시간으로 인코딩이 일어나고, 네트워크를 타고 Skeleton을 거쳐 원격 객체까지 전달된다. 서버는 그 인수들을 디코딩하여 Method를 실행한 후 결과를 다시 인코딩하여 Client에게로 넘겨주게 된다. 물론 Client는 Stub로부터 받은 Return Value를 다시 디코딩하여 사용하게 된다.

2.3 Java Distributed Object Model & Java Object Model

자바 분산 객체 모델(Java Distributed Object Model)에서의 Remote Object는 Remote 머신이든 혹은 Local 머신이든 서로 다른 Java Virtual Machine으로부터 그 Object의 Method가 호출될 수 있는 Object를 지칭한다. 이러한 Remote

Object는 Remote Object의 Method들을 정의하고 있는 Remote Interface로 나타난다. Remote Interface는 Java언어의 Interface 그 자체이며 CORBA처럼 특별한 IDL이 존재하는 것이 아니라 Java언어의 Interface 그 자체이다. 좀 더 정확히는 java.rmi.Remote Interface를 상속받아 기술된다.

자바의 분산객체모델과 자바객체모델은 아주 많은 부분에서 유사하다.

- Remote Object에 대한 Reference는 물리적으로 Local이든 Remote머신으로든 동일하게 Method의 인자나 Return value로서 전달될 수 있다.
- Remote Object는 자바의 일반적인 Object Cast방법을 통해 Remote Interface로 cast될 수 있다.
- Remote Object역시 자바의 instanseOf 연산을 Remote Interface를 테스트하기 위해 사용할 수 있다.

차이점도 있다.

- Client는 Remote Object의 Implementation과 교신하는 것이 아니라 Remote Object의 Interface와 교신해야만 한다.
- RMI Remote Object가 아닌 일반적인 Java Object가 Method의 인자나 Return Value로 넘어갈 때는 Reference가 넘어가는 것이 아니라 그 값이 넘어간다. 즉 copy of value인 것이다. 이러한 이유는 일반적인 object의 reference는 같은 Java Virtual Machine에서만 유용하기 때문이다.
- RMI Remote Object는 Remote Object의 Implementation 그 자체가 넘어가는 것이 아니라 Reference가 넘어간다.
- java.rmi.server.RemoteObject class에 정의된 몇몇 Method들은 Remote Object를 위해 java.lang.Object class의 Method를 Override한다.
- Remote Object를 호출할 때는 일반적인 자바 Object의 Method를 호출할 때보다 좀 더 복잡하며 특별한 Exception을 처리해 주어야 한다.

3. Remote Method Invocation(RMI)의 특징

3.1 객체 직렬화(Object Serialization)

사실 Object Serialization은 RMI의 특징이 아니라 Java언어의 특징이다. 자바객체모델을 자바분산객체모델에서도 그대로 적용한 것이라 보면 된다. RMI에서

Object Serialization이 중요한 부분인 이유는 한 Address 공간에서 다른 곳으로 Object를 투명하게 전송시켜 줄 수 있기 때문이다. CORBA 2.0에서는 Object를 직접 전송할 수 있는 방법이 없으며 CORBA 3.0 스펙에서야 비로소 이러한 부분을 추가해 놓았다.

임의의 모든 Serializable된 java Object는 RMI를 통하든 혹은 그렇지 않든 그 Object의 state를 그대로 유지한 체 투명하게 전송될 수 있다. RMI의 파라미터나 Return Value로 Serializable Object를 넘기면 그 Object의 상태를 그대로 복사하여 전송할 수 있게 되는 것이다. Java의 대부분의 type은 Serializable되어 있다. 특히 Vector같은 기능이 다양한 Object를 파라미터나 Return Value로 받아들일 수 있다는 것은 개발자에게 Coding의 부담을 대폭 덜어주게 된다.

3.2 Thread의 사용

JDK 1.1 RMI 스펙에서는 같은 Client Virtual Machine에서 요청이 들어오면 Thread를 사용하지 않으나 서로 다른 client Virtual Machine에서 요청이 들어오면 RMI Server는 서로 다른 Thread를 이용해 요청을 처리한다고 한다. 따라서 RMI Server가 항상 Thread를 사용한다는 것은 보장은 할 수 없다고 기술되어 있다. 그러나 실제 테스트를 해 본 결과 어떠한 경우든 RMI서버객체는 Thread를 이용하고 있는 것으로 나타났다. 즉 같은 RMI 서버객체를 바인딩한 client들이 동시에 Method를 호출하더라도 서로 다른 각각의 Thread를 통해 처리하는 것이다.(그러나 부하가 심하게 걸리는 작업이나, DB Session을 연결하여 사용하는 경우에는 System자체의 용량부족이나 DB가 Lock을 잡고 있지는 않는지 확인해 보아야 할 것이다.)

3.3 Remote Object에 대한 Garbage collection

Local Object Garbage Collection처럼 Remote Object도 자동으로 Garbage Collection을 한다. Reference-counting Garbage Collection Algorithm을 이용해 Remote Object가 그 어떤 Client로 부터도 Reference를 더 이상 갖지 않게 될 때, Local Java Virtual Machine의 Garbage Collector에게 Garbage Collection을 요청하게 된다. RMI Object가 다른 머신의 모든 Client로부터 Reference를 갖고 있지 않은 상태일 지라도 서버 내의 Local Reference가 존재한다면 Garbage Collection이 일어나지는 않는다. 결국 Remote Object에 대한

Garbage Collection이 일어나는 경우는 Remote Machine이나 Local Machine 어디에서도 그 Remote Object에 대한 Reference를 갖고 있지 않을 때 일어나게 된다.

이러한 Distributed Garbage Collection 기능은 분산객체 모델 시스템을 구축하는데 있어서 개발자로부터 분산객체의 생성과 소멸을 세세하게 신경 쓰지 않을 수가 있다. 참고로 C++로 구현된 CORBA객체를 예로 들면, 실시간으로 생성된 분산객체의 Reference가 없어지는 시점을 개발자는 모두 알고 있어야 하며 적절한 때에 그 객체를 메모리에서 해제시키는 일련의 작업을 처리해 주어야 한다. 만약 그렇지 않으면 쓸데없이 금쪽같은 시스템 메모리자원을 낭비하게 될 것이다.

3.4. 동적 Class Loading

RPC 시스템에서는 Remote Procedure Call이 일어나기 전에 Client측의 Stub code는 반드시 미리 만들어져서 Client와 Link되어 있어야 한다. 그러나 RMI에서는 Dynamic Class Loading 메커니즘을 이용해서 원격객체를 호출하는데 필요한 Class들을 실행시점에 동적으로 가져다 사용할 수 있다. Stub와 Skeleton Class들도 예외는 아니다. 이러한 기술의 밑바탕에는 Object Serialization에 근간을 두고 있다.

이러한 방법은 웹브라우저가 Applet을 Downloading받아 웹브라우저에서 실행시키는 방법과 흡사하다. 사실 웹브라우저는 AppletClassLoader Class가 이러한 일을 담당하고 있으며, 일반적인 Class Loading은 RMIClassLoader Class를 통해 구현할 수 있다. 다음의 예를 한번 보도록 하자.

[예제 12-1] LoadClient.java

```
import java.rmi.RMISecurityManager;
import java.rmi.server.RMIClassLoader;
public class LoadClient {
  public static void main()  {
    System.setSecurityManager(new RMISecurityManager());
      try{
        Class cl = RMIClassLoader.loadClass("MyClient");
        Runnable client = (Runnable)cl.newInstance();
        client.run();
      } catch (Exception e) {
```

```
                System.out.println("Exception: " + e.getMessage());
                e.printStackTrace();
            }
        }
}
```

〈예제 12-1〉을 실행하기 위해서는 다음과 같이 codebase를 주거나 프로그램 내에 setProperities() Method를 통해 cadebase를 명시해 주어야 한다.

```
java -Djava.rmi.server.codebase=http://host/rmiclasses/ LoadClient
```

혹은

```
Class cl = RMIClassLoader.loadClass(url, "myclient");
```

와 같이 명시적으로 URL을 줄 수도 있다. 원격지 Machine의 MyClient.class는 프로그램 실행 시점에서 가지와 이곳 Local에서 Instance화 될 것이다.

3.5 RMI의 Firewall 통과

RMI의 Transport Layer는 보통 인터넷상의 호스트와 직정 소켓 연결을 시도하게 된다. 그러나 인트라넷 같은 경우 보안상의 이유로 방화벽(Firewall)을 설치하는 경우가 많다. 이러한 경우에는 HTTP에 근간을 두고 있는 두 가지 방법을 이용하여 방화벽을 통과할 수가 있다.

- 방화벽 프락시가 특정 호스트의 특정 Port로 요청되는 패킷을 여과 없이 통과시키도록 설정함으로서 프락시가 중계자 역할을 하게 한다.
- 만약 방화벽 프락시가 오직 잘 알려진 특정 Port의 HTTP요청만 처리하도록 제한되어 있다면 (80 port), java-rmi.cgi라는 CGI 스크립트를 이용해 Client가 보내준 POST요청을 방화벽 내의 실제 RMI Server가 있는 호스트로 중계하게 하는 방법이 있다. (java-rmi.cgi는 $JAVA_HOME/bin에 있다.)

4. 구현 process 단계

이제부터 RMI를 이용한 구현 프로세스를 살펴보도록 하겠다. 예제로 사용할 HelloServer는 Remote Object로 구현된 sayHello()라는 단일의 Method를 호출해서 그 결과를 Client인 Applet이 받아 TextArea에 뿌리는 것으로 설명을 시작하려 한다. 만들어야 할 파일은 전부 4개이다.

```
Hello.java
HelloImpl.java
Server.java
HelloApplet.java
```

4.1 Remote Interface

java.rmi.Remote Interface를 상속받아 임의의 원하는 Method를 정의해 주는 단계이다. RCP가 그렇고, CORBA의 IDL이 그러하듯이 이 역시 Remote Object가 어떠한 Method를 가져야 하는 지를 기술해야만 한다. 그러나 CORBA의 IDL과는 달리 자바에서 Remote Interface를 기술한다는 것은 자바언어 자체가 갖고 있는 "Interface"를 상속받아 자바 Class자체를 만드는 것이다.

[예제 12-2] Hello.java

```
import java.rmi.*;
public interface Hello extends java.rmi.Remote {
    String sayHello(String client_msg) throws java.rmi.RemoteException;
}
```

String sayHello(String clientmsg);라는 method를 하나 선언했다. 이처럼 java.rmi.Remote Interface를 상속받아(extends) Hello라는 Interface를 선언한 것이다.

4.2 Remote Object Implementation

이제는 Hello Interface를 실제 구현할 객체를 만들어야 한다. Java.rmi.Uni-

castRemoteObject를 상속받고, 위에서 정의한 Hello Interface를 구현(Implements)하면 된다.

[예제 12-3] HelloImpl.java

```
import java.net.*;
import java.rmi.*;
import java.rmi.server.UnicastRemoteObject;

public class HelloImpl extends UnicastRemoteObject implements Hello {
    private String name;
    public HelloImpl(String s) throws java.rmi.RemoteException {
        super();
        name = s;
    }

    public String sayHello(String client_msg) throws RemoteException {
        System.out.println("Client : " + client_msg );
        String response_msg =
            new String("Oh! How are you? Im's Remote Server." );
        return  response_msg;
    }
}
```

4.3 rmic(Stub & Skeleton)

먼저 Hello.java와 HelloImpl.java를 컴파일 하도록 하자.

Stub와 Skeleton을 만들기 위해 rmic라는 tool이 제공된다. rmic를 사용해 Hello Interface를 구현한 객체 즉, HelloImpl에 대해서 다음과 같은 명령을 사용한다.

```
rmic HelloImpl
```

기억할 사항은 Interface가 아니라 Interface를 실제 구현한 class에 대해서 확장자 .class를 생략하고 class Name에 대해서 rmic를 사용한다는 점이다. 그러면 HelloImpl_Stub.class와 HelloImpl_Skel.class가 자동으로 생성될 것이다.

참고로 Remote Object가 여러 개있다면 그 모든 Remote Object에 대해 rmic를 이용해 Stub와 Skeleton를 생성해 줘야한다.

이렇게 생성된 Stub와 Skeleton은 Remote Object를 사용하거나 Reference를 갖는 모든 곳에 copy되어 있거나 혹은 실시간으로 Web Server나 혹은 Dynamic class Loading을 통해 제공되어야 한다. 즉, Applet으로 client를 만들 때는 Applet에서 Access가능한 곳에 Stub와 Skeleton이 있어야 하며 이는 Applet이 Downloading이 일어날 때 함께 Downloading이 된다. 또 Application으로 구현할 때 해당 Stub와 Skeleton을 Client 측과 Server측 모두에게 Copy되어 있거나 혹은 Web Server를 경유해서 제공되어져야 한다. 당연히 가장 간단한 방법은 해당 Directory에 Copy해 두는 것이다.

4.4 RMI Server

먼저 Server.java의 Source Code는 아래와 같다.

[예제 12-4] Server.java

```
import java.net.*;
import java.util.*;
import java.rmi.*;
import java.rmi.registry.LocateRegistry;

public class Server {
    public static void main(String args[ ] ) {
        int PORT = 7943;
        try {
            InetAddress address = InetAddress.getLocalHost();
            String thisHost = address.getHostAddress();
            Properties properties = System.getProperties();
            properties.put("java.rmi.server.hostname", thisHost);
            System.setProperties(properties);
            System.setSecurityManager (new RMISecurityManager());
            LocateRegistry.createRegistry( PORT );
            Hello server = new HelloImpl("HelloServer");
            Naming.rebind("rmi//:"+ PORT +"/HelloServer", server);
            System.out.println("Hello Server is ready..");
        }
```

```
        catch (Exception e) {
            System.out.println("HelloServer.main: an exception occurred:");
            e.printStackTrace();
        }
    }
}
```

4.4.1 rmiregistry

Server.java에서 Remote Object에 대한 정보를 저장시켜두는 Repositary 역할을 하는 rmiregistry를 띄워야 한다. 이는

```
rmiregistry 7943
```

과 같이 직접 Command Line명령으로 띄울 수도 있고, Server.java에서처럼

```
int PORT = 7943;
LocateRegistry.createRegistry( PORT );
```

와 같은 방법으로 Program Starting시에 명시적으로 띄울 수도 있다. 앞에서도 언급했지만 RMI는 내부적으로 TCP/IP Socket통신을 하므로 port를 인수로 줘야 하며, 동일 머신, 동일 Port번호로는 단 하나의 Registry를 띄울 수 있다.

4.4.2 Remote Object Binding

제일 먼저 할 일은 RMISecurityManager를 재설정하는 일이다.

```
System.setSecurityManager (new RMISecurityManager());
```

그 다음 할 일은 HelloImpl 객체를 만드는 일이다.

```
Hello server = new HelloImpl("HelloServer");
```

그리고 이를 Registry에 Binding을 함으로써 비로소 HelloImpl 객체는 Remote Object의 역할을 할 준비가 끝나게 된다.

```
Naming.rebind("rmi//:" + PORT + "/HelloServer",  server);
```

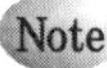

RMI의 bug로 인하여 Fully Qualified Domain Name에 등록되어 있지 않은 Machine에서는 Remote Object가 Binding될 때 그 머신의 IP Address로 등록 되는 것이 아니라 머신 Host 명으로 등록 된다. 즉, "rmi://javaservice.net:7943/HelloServer"로 등록되는 것이 아니라 "rmi://power:7943/HelloServer"로 등록이 일어난다. 이렇게 되면 Client가 해당 Server Host의 Registry에서 Remote Object를 Binding할 때 DNS에 등록되어 있지 않은 power라는 머신명으로 Object를 찾으려 함으로써 Exception이 발생하게 된다. 이것을 해결하기 위한 Code가 바로 아래와 같다.

```
InetAddress address = InetAddress.getLocalHost();
String thisHost = address.getHostAddress();
Properties properties = System.getProperties();
properties.put("java.rmi.server.hostname", thisHost);
System.setProperties(properties);
```

즉, Local IP Address를 Remote Object가 등록될 Registry에 Server Host Name을 IP Address로 설정해 두는 것이다. 이렇게 해야만 Applet에서 RMI를 사용할 수 있게 된다. 혹은 간단하게

```
properties.put("java.rmi.server.hostname", "javaservice.net");
```

처럼 명시적으로 설정해도 된다.

4.4.3 Server Running

아래와 같은 방법으로 Server를 실행한다.

```
java Server
```

[예제 12-5] Server.java

```
import java.net.*;
import java.util.*;
import java.rmi.*;
import java.rmi.registry.LocateRegistry;

public class Server {
    public static void main(String args[]) {
        int PORT = 7943;
```

```
        try {
            InetAddress address = InetAddress.getLocalHost();
            String thisHost = address.getHostAddress();
            Properties properties = System.getProperties();
            properties.put("java.rmi.server.hostname", thisHost);
            System.setProperties(properties);
            System.setSecurityManager(new RMISecurityManager());
            LocateRegistry.createRegistry( PORT );
            Hello server = new HelloImpl("HelloServer");
            Naming.rebind("rmi//:"+PORT+"/HelloServer", server);
            System.out.println("Hello Server is ready..");
        }
        catch (Exception e) {
            System.out.println("HelloServer.main: an exception occurred:");
            e.printStackTrace();
        }
    }
}
```

4.5 RMI Client

Client측에서는 Remote Object에 대한 Reference를 가져야 한다.

```
try {
    server = (Hello) Naming.lookup(
        "rmi://"+getCodeBase().getHost() + ":7943/HelloServer");
}
catch(Exception e){
    ...
}
```

위처럼 server라는 Hello Interface형의 참조를 통해 원격지의 HelloImpl객체의 Method를 부를 수 있다. Local Object와 다른 점은 RemoteException처리를 해 주어야 한다는 것과 앞서 설명한 RMI의 메커니즘에 따르면 된다.

```
try {
    String msg = server.sayHello("How are you? I'm client.");
    textArea.append(msg + "\n");
}
catch(RemoteException e){
    ...
}
```

client Applet의 모든 Source codes는 이 장 끝 부분에 있다. GUI부분으로 인해 양이 다소 많다.

4.6 Running

이제 Web Server가 접근가능한 적당한 디렉토리에 HelloApplet.class와 HelloImpl_Stub.class, HelloImpl_Skel.class를 넣고, Applet이 들어갈 HTML파일을 하나 만들도록 하자.

```
[ HelloApplet.html]
<HTML><head><title>Hello World</title></head>
<body>
<applet code="HelloApplet.class"  width=300 height=200>
</applet>
</body></HTML>
```

이제 Netscape에서 HelloApplet.html을 웹서버를 경유해서 요청하면 된다.

4.7 Source Code

[예제 12-6] Hello.java

```
import java.rmi.*;
public interface Hello extends java.rmi.Remote {
    String sayHello(String client_msg) throws java.rmi.
RemoteException;
}
```

[예제 12-7] HelloImpl.java

```
import java.net.*;
import java.util.*;
import java.rmi.*;
import java.rmi.server.UnicastRemoteObject;
import java.rmi.registry.LocateRegistry;

public class HelloImpl extends UnicastRemoteObject
implements Hello {
    private String name;
    public HelloImpl(String s) throws java.rmi.RemoteException {
        super();
        name = s;
    }

    public String sayHello(String client_msg) throws
RemoteException {
        System.out.println("Client : " + client_msg );
        String response_msg = new String("Oh! How are you?
Im's Remote Server." );
        return response_msg;
    }
}
```

[예제 12-8] Server.java

```
import java.net.*;
import java.util.*;
import java.rmi.*;
import java.rmi.registry.LocateRegistry;

public class Server {
    public static void main(String args[] ) {
        int PORT = 7943;
        try {
            InetAddress address = InetAddress.getLocalHost();
            String thisHost = address.getHostAddress();
```

```
            Properties properties = System.getProperties();
            properties.put("java.rmi.server.hostname", thisHost);
            System.setProperties(properties);
            System.setSecurityManager (new RMISecurityManager());
            LocateRegistry.createRegistry( PORT );
            Hello server = new HelloImpl("HelloServer");
            Naming.rebind("rmi//:" + PORT + "/HelloServer", server);
            System.out.println("Hello Server is ready..");
        }
        catch (Exception e) {
            System.out.println("HelloServer.main: an exception
occurred:");
            e.printStackTrace();
        }
    }
}
```

[예제 12-9] Server.java

```
import java.rmi.*;
import java.awt.*;
import java.applet.*;

public class HelloApplet extends Applet {
   public void init() {
      //{{INIT_CONTROLS
      setLayout(new BorderLayout(0,0));
      setSize(426,266);
      itleLabel = new java.awt.Label("Say Hello Applet", Label.CENTER);
      titleLabel.setBounds(0,0,426,23);
      add("North", titleLabel);
      textArea = new java.awt.TextArea();
      textArea.setBounds(0,23,426,220);
      add("Center", textArea);
      sayHelloButton = new java.awt.Button();
      sayHelloButton.setLabel("Say Hello");
      sayHelloButton.setBounds(0,243,426,23);
      sayHelloButton.setBackground(new Color(12632256));
```

```
        add("South", sayHelloButton);
        //}}

        try{
           server   =   (Hello)   Naming.lookup("rmi://"   +
getCodeBase().getHost() + ":7943/HelloServer");
        } catch(Exception e) {
            textArea.append(e.getMessage());
        }

        //{{REGISTER_LISTENERS
        SymAction lSymAction = new SymAction();
        sayHelloButton.addActionListener(lSymAction);
        //}}
    }

    //{{DECLARE_CONTROLS
    java.awt.Label titleLabel;
    java.awt.Button sayHelloButton;
    java.awt.TextArea textArea;
    //}}

    Hello server = null;

    class SymAction implements java.awt.event.ActionListener {
        public void actionPerformed(java.awt.event.ActionEvent event) {
            Object object = event.getSource();
            if (object == sayHelloButton)
                sayHelloButton_ActionPerformed(event);
        }
    }

    void   sayHelloButton_ActionPerformed(java.awt.event.
ActionEvent event) {
        //{{CONNECTION
        if ( server == null ) return;
        try{
            String msg = server.sayHello("How are you? I'm client.");
```

```
            textArea.append(msg + "\n");
        } catch(RemoteException e) {
            textArea.append(e.getMessage());
        }
        //}}
    }
}
```

CHAPTER 13

CORBA

1. 개요
2. CORBA
3. CORBA와 Java의 연동

1. 개요

자바의 원격 메서드 호출은 네트워크를 가로질러 자바 객체들 간의 통신을 가능하게 해주는 프로토콜이다. 이에 반해 공용 객체 요청 브로커 아키텍처 즉, CORBA는 네트워크를 가로질러 다양한 언어로 작성된 객체들 간의 통신을 가능하게 해준다. 즉, 상대방 객체가 자바 객체가 아니라 C/C++, COBOL과 같은 언어로 작성된 객체일 때에도 객체 수준의 통신을 가능하게 해주는 것이다.

CORBA의 또 하나 중요한 특징은 OMG(Object Management Group의 약자)라는 여러 회사와 조직들로 구성된 컨소시엄에서 개발하고 발전시켜나가는 개방형 표준이라는 점이다. OMG는 1989년에 설립된 이후 여러 객체 지향 소프트웨어 표준과 지침을 만들어 컴포넌트 기반의 소프트웨어 개발을 도모하는 일을 해왔다. CORBA는 이 노력의 산물 중 하나로, 분산 환경의 객체 지향 시스템을 개발하는 표준 아키텍처를 제공한다. 즉, CORBA는 어떤 특정 언어로 작성된 클라이언트 객체가 다른 언어로 작성된 원격지의 서버 객체의 메서드를 호출하는 표준적인 방법을 제공하는 것이다.

CORBA는 현재 가장 각광 받고 있는 분산객체 기술의 표준이다. CORBA를 소개하기에 앞서 지금까지의 분산 객체기술의 발전사를 살펴보면 [그림 13-1]과 같다.

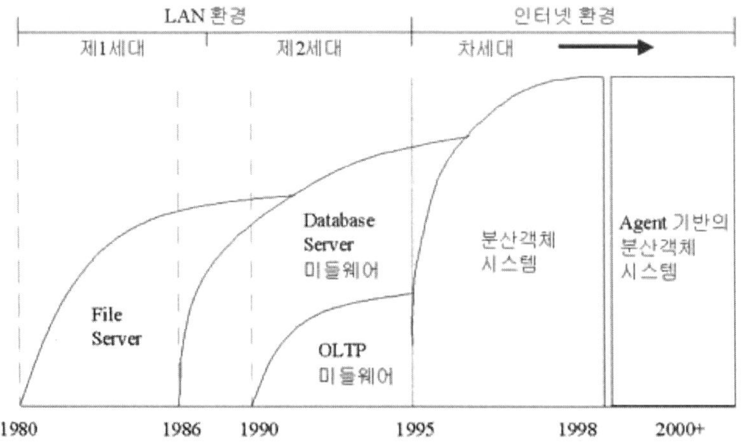

[그림 13-1] 분산객체 기술의 발전

1989년에 현존하는 객체지향 기술을 바탕으로 응용 프로그램들을 결합하기 위한 객체지향 표준을 제정하기 위해 OMG(Object Management Group)가 탄생하였다. OMG는 600개 이상의 컴퓨터 관련 단체들이 참가하여 객체지향 기술을 기반으로 이종의 분산된 환경 하에서 응용 프로그램들을 통합하고 상호 연동할 수 있는 표준기술을 제정했는데, 바로 이 표준이 OMA(Object Management Architecture)이다.

OMA는 응용 프로그램간의 통합뿐만 아니라 객체의 생성, 소멸에서부터 저장, 트랜잭션(transaction) 기능에 이르기까지 분산 객체 환경에서 필요한 모든 서비스를 총칭하는 것이다. 이들 기능 중 CORBA는 컴퓨터 내부의 버스처럼 서로 다른 프로그램들 사이의 버스 역할을 하는 모듈로서 프로그래머가 원하는 메소드 등의 위치에 관계없이 마치 로컬에 있는 것처럼 사용할 수 있도록 하는 기능을 제공한다. 따라서 CORBA는 OMA에서 가장 중요한 요소가 된다.

OMA는 앞서도 언급했듯이 분산환경에서 객체지향 응용을 작성할 때 기반이 되는 구조라 할 수 있다. OMA는 크게 이종의 분산 환경에서 통신을 담당하는 CORBA와 객체를 조작하는 데 필요한 각종 기본 기능들을 정의하고 있는 COSS(Common Object Service Specification), 그리고 추가적으로 제공되는 기능 서비스와 이들 기능들을 이용하여 사용자들이 작성한 각종 응용 객체들로 구성된다.

CORBA 서비스는 거의 모든 객체가 필요로 하는 기본적인 기능을 제공한다. 이러한 서비스에는 객체의 생명주기 서비스(Object Lifecycle Service), 명명 서비스(Naming Service)와 디렉토리 서비스(Directory Service)등이 있으며 또한 객체지향의 접근 방법인 온라인 트랜잭션 처리(On-line Transaction Processing)와 트레이더 서비스(Trader Service)등을 포함하고 있다.

CORBA 서비스가 객체에게 필요한 서비스를 제공하는 반면, CORBA 편의(CORBA Facilities)는 응용에게 필요한 서비스를 제공한다. 예를 들어 복합문서 관리(Compound Document Management) CORBA 편의는 응용이 복합문서의 컴포넌트를 액세스할 때 표준화된 방법을 제공한다. 이런 CORBA 편의는 두 가지 주요 컴포넌트로 구성된다. 첫째는 수평 편의(Horizontal Facilities)로 복합문서 서비스가 이에 속하며 모든 사업 영역에서 사용될 수 있는 서비스를 말한다. 둘째는 수직 편의(Vertical Facilities)로 특정 산업 그룹에서만 이용될 수 있는 서비스를 말한다.

2. CORBA

2.1 CORBA의 구조

CORBA의 구조는 [그림 13-2]와 같으며 그 구성 요소로는 IDL Stub, 동적 호출 인터페이스(Dynamic Invocation Interface), 코어와 인터페이스로 이루어진 ORB(Object Request Broker), 객체 어댑터(Object Adapter), Skeleton 등이 있다. IDL Stub은 클라이언트로부터 수신된 정적 호출을 처리하며, 동적 호출 인터페이스는 클라이언트의 실행 중에 원하는 메소드를 호출할 수 있게 해주는 동적 호출을 처리한다. ORB는 클라이언트의 호출이 발생하면 통신 기능을 이용하여 구현 객체에게 전달한다. 호출에 따라 객체 어댑터는 해당 객체를 호출 가능하게 생성하고 Skeleton을 통해 원하는 호출에 해당하는 메소드를 실행시킨다. 이후 처리된 결과는 호출과 역순으로 다시 클라이언트에게 반환된다.

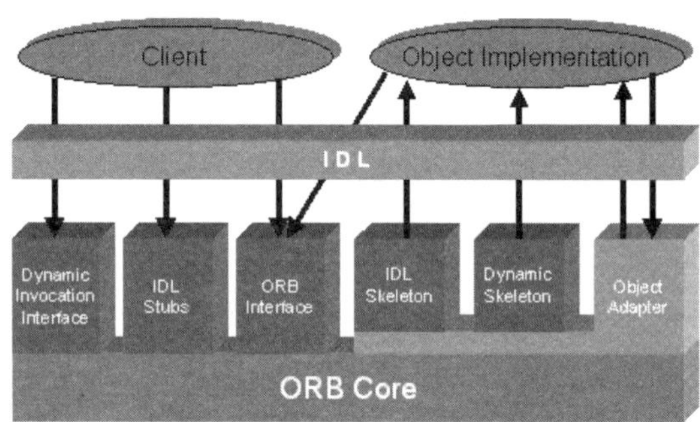

[그림 13-2] CORBA의 구조

2.2 CORBA의 객체 호출

CORBA에서 서비스가 호출되는 원리는 [그림 13-3]과 같다. 일반적인 객체지향 코드에서는 메소드 호출자(caller)와 이에 대한 호출처리자(callee)가 하나의 프로세스에 존재한다. 그러나 CORBA와 DCE(Distributed Computing Environment) 같은 분산 객체 환경 에서는 호출자와 호출처리자가 네트워크를 사이에 두고 분산되어 존재한다. 호출자인 클라이언트 쪽에서는 네트워크를 통해 서비스를 호출하고 그 결과를 전달 받는 코드가 필요한데 이를 Stub 라고 하고, 호출처리자인 구

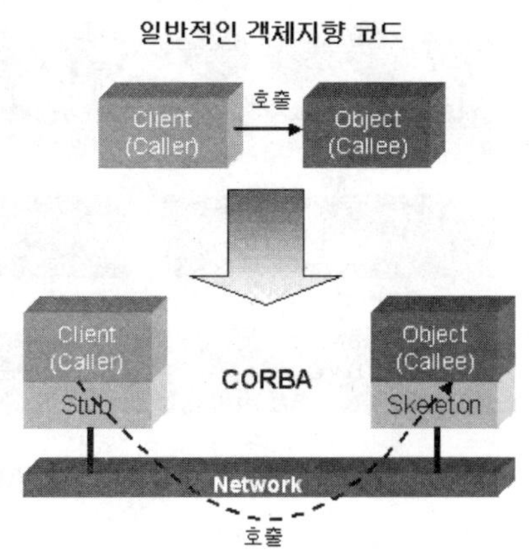

[그림 13-3] CORBA의 객체 호출

현 객체 쪽에서는 네트워크를 통해 전달 받은 서비스 호출을 처리하고 그 결과를 다시 클라이언트에게 전달해 주는 코드가 필요하며 이를 Skeleton이라 한다. Stub 및 Skeleton 코드는 IDL 컴파일러에 의해 생성되며 실행에 필요한 모든 기능의 코드는 CORBA에 의해 자동으로 제공된다.

2.3 CORBA IDL

분산 환경하에서 IDL은 C, C++, Ada 등과 같은 프로그래밍 언어나 컴파일러에 상관없이 CORBA 응용 프로그램을 작성할 수 있게 해준다[그림 13-4]. IDL로 작성된 CORBA 응용 프로그램은 IDL 컴파일러를 통해 원하는 프로그래밍 언어에 적합한 코드로 변환된다. 개발자는 생성된 코드를 이용해 원하는 언어로 응용 프로그램을 작성하면 된다. IDL의 특징은 특정 언어와 컴파일러에 독립적이고, 다중 상속 등 대부분의 객체지향 개념을 지원하며, 동적 호출 메커니즘을 제공한다는 것이다. 그러나 IDL은 구현을 위한 언어가 아니며 객체의 구현은 C, C++ 등의 프로그래밍 언어를 통하여 이루어진다. 현재 IDL은 표준으로 C 언어로의 매핑을 지원하고 있으며 제품에 따라 다른 언어도 지원된다.

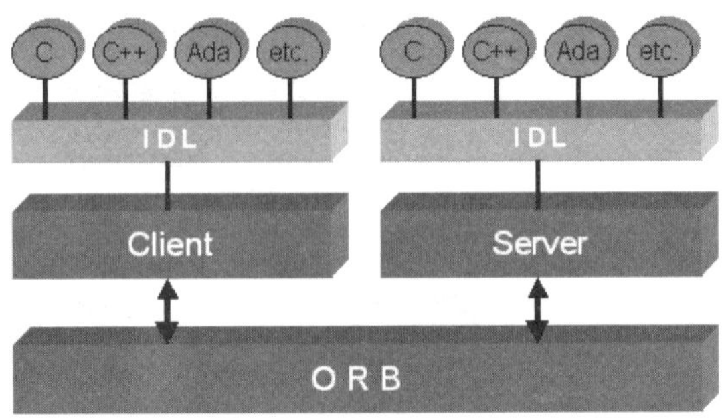

[그림 13-4] IDL의 역할

3. CORBA와 Java의 연동

CORBA와 Java의 연동을 위해서는 CORBA의 IDL언어로 정의된 원격 객체 인터페이스를 Java언어로 매핑시키는 과정이 필요하며, 분산 객체를 호출하기 위한 Java ORB 클래스가 필요하다. 다음에는 이러한 매핑 과정과 CORBA와 Java의 연동을 위한 JavaIDL 환경에 대해 살펴보기로 하겠다.

3.1 CORBA-Java 매핑

CORBA와 Java간의 매핑이란 CORBA IDL 언어의 자료형, Modules, Interfaces, Attributes 등을 Java 언어로 변환시키는 것이라고 할 수 있다. 이와 더불어 ORB에서 제공하는 기능을 사용하기 위한 기본적인 Java 클래스들이 제공되어야 한다. [그림 13-5]는 양측 모두 Java로 작성된 클라이언트/서버 모델을 CORBA와 Java간의 매핑을 통해 구현한 구조도 이다. IDL로 작성된 Stub 코드와 Skeleton 코드는 IDL 컴파일러에 의해 Java 클래스의 형태로 변환된다. 앞서 CORBA에 대해 살펴본 바와 같이 Stub 코드의 역할은 클라이언트에게 원격지에 존재하는 구현 객체에 대한 메소드 호출을 할 수 있도록 프록시 객체를 제공하는 것이다. 이를 위하여 Stub 코드는 통신 기능을 제공하는 ORB 클래스를 호출한다. Skeleton 코드는 서버에 존재하는 구현 객체와 ORB 사이의 인터페이스를 제공하며 서버로 들어오는 호출 요청에 따라 해당 구현 객체의 메서드를 직접 호출하는 역할을 한다.

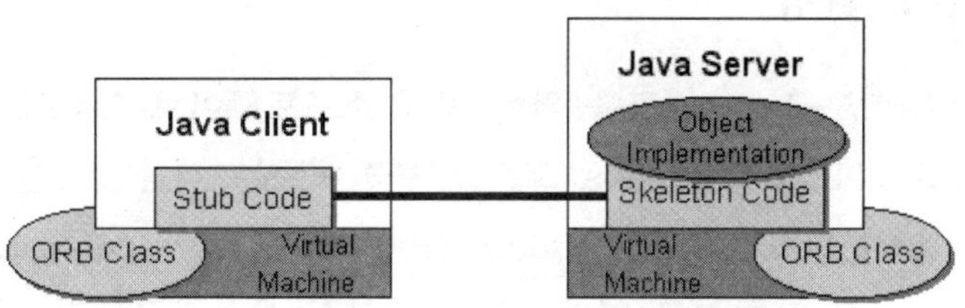

[그림 13-5] CORBA-Java 클라이언트/서버 모델

[표 13-1] JavaIDL 1.1 EA 버전의 CORBA-Java 매핑

구분	IDL	Java
기본자료형	constant	public static final
	boolean	boolean
	char, wchar	char
	octet	byte
	string, wstring	java.lang.String
	short, unsigned short	short
	long, unsigned long	int
	long long, unsigned long long	long
	float	float
	double	double
	long double	추후 지원
특수자료형	enum, struct, union	class
	sequence, array	array
	any	org.omg.CORBA.Any
	fixed	java.math.BigDecimal
기타		package
		interface
		Accessor 및 Modifier 메소드
		원래의 자료형으로 대치
		org.omg.CORBA.UserException 및 org.omg.CORBA.SystemException

3.2 JavaIDL 환경

썬은 CORBA-Java 매핑을 위한 공개 소프트웨어로 JavaIDL을 제공하고 있다. JavaIDL은 IDL 코드를 Java 코드로 변환해주는 컴파일러인 idltojava, ORB 런타임(Portable ORB Core), COS(CORBA Object Service) naming 서비스를 위한 nameserv 등을 포함하고 있다[JIDLG]. 분산 응용프로그램 개발자는 IDL로 작성된 코드를 idltojava로 컴파일 하여 Java 클라이언트 Stub 코드 및 서버 Skeleton 코드를 얻을 수 있다. 이때 생성된 Stub 코드는 복수개의 ORB 프로토콜을 지원하기 위해 개발된 Portable ORB Core 상에서 수행된다. [그림 13-6]은 JavaIDL의 클라이언트 측 실행 환경을 나타낸다.

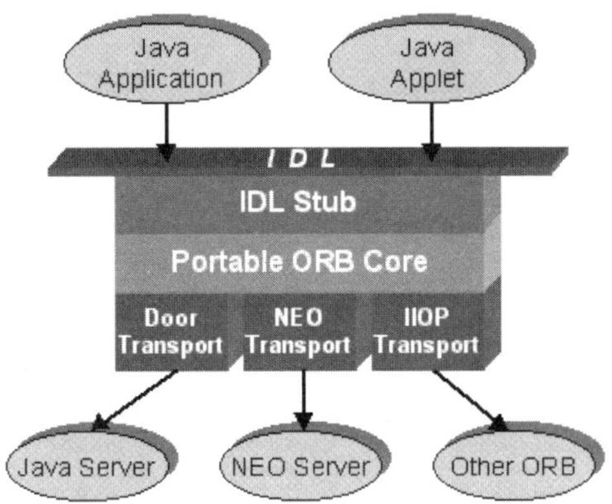

[그림 13-6] JavaIDL의 클라이언트 환경

찾아보기

[A]

accept() 220

[B]

BufferedReader 126
Byte Stream 113

[C]

Character Stream 125
close() 113, 211, 223, 272
connect() 192,

[D]

DatagramPacket 270
DatagramSocket 271

[E]

exit() 132, 258

[F

FileInputStream 118
FileReader 125
FTP 22

[G]

getAllByName() 177
getByname() 178
getHostAddress() 178
getHostName() 178
getInetAddress() 211
getInputStream() 193
getLocalAddress() 211
getLocalHost() 178
getLocalPort() 211
getName() 134
getOutputStream() 193
getPort() 211

[H]

HTML 35
HTTP 170
HTTP request

[I]

I/O Stream 109
InetAddress 클래스 177
IP 주소 166
IPv6 168

[J]

java.net 패키지 172

[L]

local class 103

[N]

Network 15

[P]

POP 22
protocol 173

[R]

Reader 클래스 125

[S]

ServerSocket 클래스 221
SMTP 22
Socket 클래스 204

[T]

TCP/IP 18
Telnet 24
Thread 131

[U]

UDP 174
UDP 소켓 270
URL 170
URL 클래스 182

[W]

write() 114

[가]

가상머신 62
게이트웨이 32, 200

[다]

다중정의 43
다형성 43

[마]

멀티스레딩 132

[사]

소켓 프로그래밍 203
스레드 131

[아]

웹 기술 22
인터넷 22

[파]

프로토콜 198

저자약력

• 윤천균

인하대학교 전자공학과(학사)
포항공과대학교 정보통신학과(석사)
조선대학교 전자계산학과(박사)
포스코 전기제어설비부 과장
현 호남대학교 정보통신대학 인터넷소프트웨어학과 교수

• 이재훈

조선대학교 전자계산학과(학사)
조선대학교 전자계산학과(석사)
조선대학교 전자계산학과(박사과정)
현 호남대학교 정보통신대학 인터넷소프트웨어학과 초빙교수
현 호남대학교 학교기업 HIMEC 교육운영팀 해외취업지원 IT Course Manager

JAVA와 함께하는

네트워크 프로그래밍

2007년 8월 17일 1판 1쇄 인쇄
2007년 8월 24일 1판 1쇄 발행

저 자 : 윤천균 · 이재훈
발행인 : 연 규 산
발행처 : 청범출판사

등 록 : 1991년 8월 13일 No. 5-282

주 소 : 서울시 노원구 공릉1동 598-7
전 화 : 02-971-5385
팩 스 : 02-977-8967

ISBN : 978-89-88247-34-1 93560

가격 15,000원